Das Buch

»Alle sind wie ich! Sie wollen alle lieber ein anderes Leben haben, jemand anders sein. Erzähl mir nichts. Wenn ich bloß eine einzige Person sein soll, dann bring ich mich um –« Wie Nadia in der Titelgeschichte geht es den meisten Protagonisten dieser dreizehn Erzählungen: Sie werden mit ihrem »einen Leben« nicht fertig. Dabei hatte mit Nadia und dem jungen Universitätsprofessor David vor sieben Jahren alles so vielversprechend begonnen... Liebe wird in diesen »psychologischen Kabinettstücken«, wie Agnes Meinold in der ›Welt am Sonntag‹ schreibt, »in vielerlei Gestalt wahrgenommen – als Mangel, als Perversion, als Neugier oder Enttäuschung und in den wenigsten Fällen als Glück und Erfüllung. Schon in früheren Erzählungen werden die Grunderfahrungen vom sehnsüchtig gewünschten, nie erreichbaren Glück auf der Erde variiert; hier werden mit subtiler Beobachtung menschliche Grenzsituationen beschrieben – das Umkippen von bürgerlicher Normalität in den Wahnsinn, die Gratwanderung zwischen Alltagsleben und hereinbrechender Psychose aus Mangel an Liebe im umfassenden Sinne.«

Die Autorin

Joyce Carol Oates, geboren am 16. Juni 1938 in Lockport/New York, lehrt heute an der Princeton University und gehört zu den großen Namen der amerikanischen Gegenwartsliteratur. Werke u.a.: ›Ein Garten irdischer Freuden‹ (1970), ›Jene‹ (1975), ›Grenzüberschreitungen‹ (1978), ›Lieben, verlieren, lieben‹ (1980), ›Bellefleur‹ (1982), ›Im Dickicht der Kindheit‹ (1983), ›Unheilige Liebe‹, ›Engel des Lichts‹ (1984), ›Letzte Tage‹ (1986), ›Die Schwestern von Bloodsmoor‹ (1987), ›Im Zeichen der Sonnenwende‹ (1990), ›Das Mittwochskind‹, ›Das Rendezvous‹ (1992).

Joyce Carol Oates:
Das Rad der Liebe
Erzählungen

Deutsch von
Barbara von Bechtolsheim
und Barbara Henninges

Deutscher
Taschenbuch
Verlag

Von Joyce Carol Oates
sind im Deutschen Taschenbuch Verlag erschienen:
Grenzüberschreitungen (1643)
Jene (1747)
Lieben, verlieren, lieben (10032)
Ein Garten irdischer Freuden (10394)
Bellefleur (10473)
Im Dickicht der Kindheit (10626)
Engel des Lichts (10741)
Unheilige Liebe (10840)
Letzte Tage (11146)
Die Schwestern von Bloodsmoor (11244)
Das Mittwochskind (11501)

Ungekürzte Ausgabe
Mai 1992
Deutscher Taschenbuch Verlag GmbH & Co. KG,
München
© 1965, 1966, 1967, 1968, 1969, 1970 Joyce Carol Oates
Titel der amerikanischen Originalausgabe:
›The Wheel of Love and Other Stories‹ (The Vanguard Press,
New York)
© 1988 der deutschsprachigen Ausgabe:
Deutsche Verlags-Anstalt GmbH, Stuttgart
ISBN 3-421-06460-1
Umschlaggestaltung: Celestino Piatti
Umschlagbild: Anja Verbeek
Gesamtherstellung: C. H. Beck'sche Buchdruckerei,
Nördlingen
Printed in Germany · ISBN 3-423-11539-4

Inhalt

Für Helen und Milton Covensky

Wir können durch sie sterben,
wenn wir nicht von der Liebe leben können,
und wenn uns niemand Monument und Katafalke baut,
so haben wir gelebt, ein Lied daraus zu machen;
wenn schon kein Nachruf unsern Grabstein ziert,
laßt uns in Versen schöne Räume bauen,
sie schmücken uns wie schön getriebne Urnen,
wie herrschaftliche Gräber
die schmücken, deren hochberühmte Asche
drinnen ruht.
Im Lied des Dichters wird die Nachwelt
· uns erkennen
als Heilige der Liebe...

John Donne, *The Canonization*

Im Eis

Schwester Irene war eine große, gewandte Frau Anfang dreißig. Was man von ihrem Gesicht sehen konnte, war auffallend
– ernste, harte graue Augen, eine lange, schmale Nase, ein
wächsernes, gedankenblasses Gesicht. Im richtigen Augenblick, aus dem richtigen Blickwinkel gesehen, war sie fast
schön. In ihren früheren Dozentenstellen hatte sie aus der
Tatsache, daß sie jung und glänzend begabt und obendrein
Nonne war, ein wenig Nutzen gezogen, aber davon kam sie
allmählich wieder ab.

Dies war eine neue Universität und eine vollkommen neue
Welt. Sie hatte gehört – und natürlich traf es zu –, daß die
jesuitische Hochschulleitung sie in letzter Minute eingestellt
hatte, um Geld zu sparen und um die Berufung eines Mannes
von zweifelhafter Glaubenshaltung abzuwenden. Sie hatte um
die notwendige Energie gebetet, dieses erste Semester durch-
zustehen. Der Unterricht an sich bereitete ihr keine Schwierigkeiten: Sobald sie in einem Hörsaal einer Gruppe von Studenten gegenüberstand, fühlte sie sich zu allem fähig. Aber die
Welt unmittelbar außerhalb des Hörsaals verwirrte und beunruhigte sie, obwohl sie sich nichts anmerken ließ – der Zynis-
mus der Kollegen, die Teilnahmslosigkeit vieler Studenten und
vor allem die Blicke, die sie trafen, und die bedeuteten, daß von
ihr nichts Besonderes erwartet wurde, weil sie Nonne war. Das
kostete Energie, Kraft. Mitunter war ihr zumute, als säße sie
auf der Anklagebank, und als seien die Ausreden, mit denen sie
ihr Unbehagen vor sich selber entschuldigte, nur die üblichen

Ausflüchte von Schuldigen. Aber vor den Studenten hatte sie keine Zeit, sich über sich selbst oder ihre inneren Konflikte den Kopf zu zerbrechen. Dort wurde sie ein für allemal zu einem Wesen, das nur zum Wohl der Anderen existierte, ein Instrument der Wissensvermittlung.

Ungefähr zwei Wochen nach Semesterbeginn bemerkte Schwester Irene einen neuen Studenten in ihrem Seminar. Er war schmächtig und hellhaarig, und sein Gesicht war ausdruckslos, aber nicht zufällig ausdruckslos, sondern absichtlich ausdruckslos, in eine gewollte Begriffsstutzigkeit gezwängt, die hysterisch wirkte. Schon bevor er die Hand hob, war sie auf ihn gefaßt, und als sie seinen Arm zucken sah, als hätte er die Herrschaft darüber verloren, nickte sie ihm ohne Zögern zu.

»Schwester, wie läßt sich das mit Shakespeares Weltbild im *Hamlet* vereinbaren? Wie können derart widersprüchliche Ansichten ein- und demselben Geist entspringen?«

Einige Studenten sahen, gelinde überrascht, zu ihm hin. Er gehörte nicht ins Seminar, das war an sich schon sonderbar, und dann noch dieses aufdringliche, kopflose Gehabe.

»Es besteht keine Notwendigkeit, widersprüchliche Ansichten zu vereinbaren«, sagte Schwester Irene und lehnte sich vor ans Pult. »In dem einen Stück drückt Shakespeare die eine Ansicht aus, in einem anderen wieder eine andere: Die Stücke sind nicht gleichzeitig entstanden, und selbst wenn es so wäre, würden wir doch niemals logische –«

»Wir müssen logische Konsequenz fordern«, sagte der junge Mann. »Der Bildungsgedanke an sich gründet doch auf Logik, Ordnung, Vernunft –«

Er hatte sie unterbrochen, und sie verhärtete ihr Gesicht gegen ihn, um seinetwillen, nicht um ihrer selbst willen, da sie es sich nicht wirklich zu Herzen nahm. Aber er merkte nichts. »Kommen Sie bitte nach der Stunde zu mir«, sagte sie.

Nach der Stunde hastete der junge Mann zu ihr nach vorn.

»Schwester Irene, ich hoffe, Sie haben nichts dagegen, daß ich heute einfach so in Ihren Unterricht gekommen bin. Mir war allerlei zu Ohren gekommen, allerlei Interessantes«, sagte er. Er sah sie erwartungsvoll an, und etwas an ihrer Miene ließ ihn lächeln. »Ich . . . könnten wir uns in Ihrem Büro unterhalten? Haben Sie Zeit?«

Sie gingen zu ihrem Zimmer. Schwester Irene setzte sich an ihren Schreibtisch, und der junge Mann setzte sich ihr gegenüber; einen Augenblick lang schwiegen sie befangen.

»Also, ich nehme an, Ihnen ist bekannt – daß ich Jude bin«, sagte er.

Schwester Irene blickte ihn verständnislos an. »Ja, und?« sagte sie.

»Was habe ich an einer katholischen Universität verloren, hm?« Er grinste. »Das wüßten Sie doch gern.«

Sie machte eine unbestimmte Handbewegung, um anzudeuten, daß sie sich darüber keine Gedanken machte, nicht im geringsten, aber er schien sie nicht wahrzunehmen. Er saß ganz vorn auf der Kante des Lehnstuhls. Sie bemerkte, daß er jung war, aber nicht wirklich jung aussah. Er hatte scharfe Falten beidseits des Mundes, als hätte er diesen jugendlichen Mund irgendwie mißbraucht. Seine Haut war fast so blaß wie die ihre, seine Augen waren dunkel und ein bißchen unstet. Er blickte sie an und durch sie hindurch und um sie herum, während seine Stimme sie beide umgab. Manchmal war seine Stimme ein wenig schrill.

»Hören Sie, ich habe genau das Richtige getan heute – Ihr Seminar zu besuchen! Gott, was für ein glücklicher Zufall; irgend so ein Blödmann hat von Ihnen gesprochen und behauptete, Sie seien eine gute Lehrerin – und ich dachte, so ein Schwachsinn! Diese Leute wollen was von guten Lehrern verstehen? Aber doch, hören Sie, doch, kein Witz – Sie sind gut. Im Ernst.«

Schwester Irene runzelte die Stirn. »Ich verstehe nicht recht, was das alles soll.«

Er lächelte und wischte ihre Förmlichkeit besserwisserisch beiseite. »Hören Sie, ich habe in Columbia meinen Bachelor gemacht, und dann bin ich in dieses lausige Kaff hier zurückgekommen. Ich meine, ich habe es absichtlich getan, ich wollte zurückkommen. Ich wollte es. Ich habe meine Gründe, wenn ich etwas tue. Ich habe ein Dreitausenddollar-Stipendium«, sagte er und ließ das erst einmal auf sie wirken. »Wissen Sie, mit dem Stipendium hätte ich praktisch überall hingehen können, aber ich bin wieder nach Hause zurückgekommen – ich bin hier in der Stadt zu Hause – und habe mich hier eingeschrieben. Das war letztes Jahr. Dies ist mein zweites Studienjahr hier. Ich schreibe an einer Arbeit, das heißt, das war einmal, an meiner Magisterarbeit – aber Schwamm drüber. Was ich Sie eigentlich fragen wollte: Kann ich mich für Ihr Seminar einschreiben, oder ist es dafür zu spät? Man braucht eine Sondererlaubnis, wenn man zu spät dran ist.«

Schwester Irene war, als bedränge sie etwas, eine ängstliche Unsicherheit in ihm, die an sie appellierte, ihm seine brüske, vertrauliche Art nicht übelzunehmen. Er schien ein anderes Ich, ein besseres Ich zu versprechen und sie mit seinem feinen, kindlichen, fast engelhaften Gesicht bluffen zu wollen, um sie abzulenken von dem, was seine Worte sagten.

»Studieren Sie Anglistik?« fragte sie.

»Bisher habe ich Geschichte studiert. Stellen Sie sich vor«, sagte er, und sein Mund tat etwas Sonderbares, er verzog sich nach unten zu einem Lächeln, das die Falten auf beiden Seiten wie Messer vertiefte, »stellen Sie sich vor, sie haben mich gefeuert.«

Er lehnte sich zurück und beobachtete sie. Er schlug die Beine übereinander. Er zog ein Päckchen Zigaretten hervor und bot ihr eine an. Schwester Irene schüttelte den Kopf und blickte unverwandt auf seine Hände. Sie waren klein und gedrungen, als gehörten sie einem Zehnjährigen, und die Nägel hatten eine eigentümliche, fast violette Färbung. Er brauchte eine Weile, bis er eine Zigarette hervorgeklaubt hatte.

»Tja, gefeuert. Was sagen Sie dazu?«

»Ich verstehe nicht.«

»Ich kam wunderbar mit meiner Magisterarbeit voran, und dann hat dieser Dreckskerl – ich meine, entschuldigen Sie, dieser Professor, ich will Ihr Zimmer nicht mit seinem Namen besudeln – angefangen, daran herumzukritisieren, er sagte, einiges sei unhaltbar, er –« Der junge Mann beugte sich vor und zog die schmalen Schultern in gespielter Heimlichtuerei hoch. »Wir haben Streit bekommen. Ich habe ihm ein paar Sachen ins Gesicht gesagt, Sachen, die nur ein aufgeschlossener Mensch sich sagen ließe. Das kostet Mut, nicht wahr? Und den hat er nicht gehabt! Er hat mich aus dem Magisterstudiengang gefeuert, deshalb fange ich jetzt mit Englisch an. Literatur ist doch was ganz anderes als Geschichte; europäische Geschichte ist ein einziger Müllhaufen, der zum Himmel stinkt. Unrat und vermodernde Kadaver, oder etwa nicht? Aristoteles sagt, Dichtung gehe über Geschichtswissenschaft; in Ihrem Seminar heute ist mir plötzlich klargeworden, daß das mein Fach ist, Shakespeare, nur Shakespeare kann – «

Schwester Irene vermutete, er wolle sagen, nur Shakespeare könne seinen Ansprüchen gerecht werden, und sie gewahrte den Augenblick des Erkennens, das Zögern, den halb erhobenen Arm, die vor Eifer gerunzelte Stirn, die verengten Augen; dann besann er sich und ließ den Satz unbeendet. »Die Studenten in Ihrem Seminar kann man größtenteils vergessen, das kann ich Ihnen versichern. Sie sind neu hier, und ich bin seit einem Jahr hier – eigentlich hätte ich mein Studium letztes Jahr abschließen können, aber mein Vater ist krank geworden, er mußte ins Krankenhaus, ich konnte nicht Examen machen, und es war eine einzige Katastrophe – aber Anglistik schaffe ich in einem Jahr, oder ich häng mich auf. Ich kann es schaffen, ich kann alles schaffen. Ich mache sechs Fächer auf einmal – «

Atemlos hielt er inne. Schwester Irene versuchte zu lächeln. »Also, abgemacht? Nehmen Sie mich auf? Habe ich bisher schon irgendwas verpaßt?«

Die Taktlosigkeit seiner Frage entging ihm völlig. Schwester Irene, die sich plötzlich erschöpft fühlte, sagte, »Ich gebe Ihnen einen Arbeitsplan mit.«

»Prima! Wunderbar!«

Er sprang begierig auf. Er überflog den Plan, murmelte vor sich hin, machte beifällige Geräusche. Schwester Irene kam plötzlich der Verdacht, daß es ein Fehler war, ihn aufzunehmen. Es gab Augenblicke, in denen es auf eine intelligente Entscheidung ankam . . . Aber sie empfand Mitleid mit ihm, ja. Irgend etwas an ihm sprach ihr Mitgefühl an.

Am nächsten Tag erfuhr sie seinen Namen: Allen Weinstein.

Von dieser Zeit an kam sie mit erwartungsvoller Unruhe in ihr Shakespeare-Seminar. Ihr war sofort klar, daß Weinstein der intelligenteste Student des Seminars war. Bevor er sich eingeschrieben hatte, war ihr nicht bewußt gewesen, was fehlte, ein Intellekt, der den ihren zu würdigen wußte. Binnen einer Woche hatte sein schroffer, sprunghafter Geist die übrigen Studenten abgeschreckt, und obwohl er mitten unter ihnen saß, wirkte er vollkommen allein, in eine eigene Miniaturwelt eingekapselt. Wenn er vom »frenetischen Humanismus der Hoch-Renaissance« sprach, fürchtete Schwester Irene die hochgezogenen Augenbrauen und das mitleidige Lächeln der Kommilitonen, die Weinstein nicht einmal mehr eines Blickes würdigten. Sie wollte ihn verteidigen, tat es aber nie, denn sein Wissen hatte etwas Rüdes und Freudloses; er gebrauchte es wie eine Waffe, wenn er sich hitzig über Nietzsche und Goethe und Freud ausließ, bis Schwester Irene gezwungen war, die Diskussion abzubrechen.

Während der Meditation, allein, dachte sie oft an ihn. Als sie versuchte, mit einer jungen Nonne, Schwester Carlotta, über ihn zu sprechen, hörte sich alles ungehörig an. »Aber nein, er ist ein ausgezeichneter Student«, beteuerte sie. »Ich bin sehr dankbar, ihn im Seminar zu haben. Es ist nur... er hält Gedanken für real.« Schwester Carlotta, die auch literaturbegeistert war, hatte während der vergangenen vier Jahre Grundschulrechnen unterrichten müssen. Womöglich war das der Grund, warum sie ein bißchen spitz entgegnete, »Halten Sie Gedanken nicht für real?«

Mit einem Lächeln stimmte Schwester Irene zu, aber natürlich war sie anderer Meinung: Nur die Realität ist real.

Als Weinstein an dem Tag, an dem die erste Seminararbeit abgeliefert werden mußte, nicht zum Unterricht erschien, war Schwester Irene niedergeschlagen, und irgendwie kam ihr dieser Seelenzustand vertraut vor. Sie begann ihre Stunde und wartete die ganze Zeit darauf, daß die Tür aufgehen und er geräuschvoll an seinen Platz hasten und ihr entschuldigend zugrinsen würde – aber nichts geschah.

Wenn sie von ihm getäuscht worden war, redete sie sich ärgerlich ein, dann als Lehrerin und nicht als Frau. Er hatte ihr nichts versprochen.

Am Tag darauf tauchte Weinstein vor der Treppe zur geisteswissenschaftlichen Fakultät auf. Sie hörte jemand hinter sich herrennen, einen atemlosen Ausruf: »Schwester Irene!« Sie drehte sich um und sah ihn keuchen und verschämt grinsen. Er trug einen dunkelblauen Anzug mit Krawatte und sah trotz seines kindlichen Gesichts wie ein kleiner alter Mann aus; er hatte etwas sonderbar Unsicheres und Zerbrechliches an sich. »Schwester Irene, ich bin Ihnen eine Erklärung schuldig, nicht wahr?« Er hob die Augenbrauen und lächelte ein trauriges, bekümmertes und dennoch aufreizend verschwörerisches Lächeln. »Die erste Seminararbeit – nicht rechtzeitig abgeliefert, und ich kenne Ihre Vorschriften . . . Sie nehmen verspätete Arbeiten nicht an, ich weiß – Disziplin muß sein – wenn ich mal unterrichte, werde ich es auch so machen. Aber ich konnte gestern beim besten Willen nicht in den Unterricht kommen. Es gibt viele – viele –« Er rang nach Luft, und Schwester Irene hatte das beunruhigende Gefühl, daß hinter der selbstsicheren Stimme der wirkliche Weinstein hervorstarrte, ein verängstigter Gefangener. »Es gibt alle möglichen Komplikationen im Familienleben. Vielleicht kennen Sie sich damit nicht so – ich meine –«

Sie mochte ihn nicht, aber sie verspürte dieses Mitleid, etwas, das erbittert an ihr zerrte, so wie ihre Eltern sich vor Jahren um ihre Liebe gerissen hatten. Sie waren wehleidige, weiche Menschen gewesen, und aus ihrem weinerlichen Bedürfnis nach Zuneigung war das Mädchen, das sie einst war (sie hieß Yvonne), als die Stärkere hervorgegangen, stärker als alle beide, als eine, die Tränen verabscheute, weil sie so viele gesehen hatte. Aber Weinstein war anders; er war nicht einfach schwach – vielleicht war er alles andere als schwach –, und seine Stärke war konfus und hysterisch. Sie spürte, daß die Strenge, die sie sich als Lehrerin angewöhnt hatte, ins Wanken geriet.

»Sie können Ihre Arbeit heute abgeben, wenn Sie sie dabeihaben«, sagte sie stirnrunzelnd.

Weinsteins Mund verzog sich ruckartig zu ungläubigem Grinsen. »Wunderbar! Herrlich!« sagte er. »Sie sind sehr verständnisvoll, Schwester Irene, das muß ich schon sagen. Ich muß sagen . . . ich hätte nicht gedacht, ehrlich . . .« Er kramte in einer schäbigen alten Aktentasche nach der Arbeit. Schwester Irene wartete. Sie war auf eine seiner Ausreden gefaßt, überzeugt, daß er die Arbeit nicht dabeihatte, als er sich plötzlich aufrichtete und ihr etwas reichte. »Da! Ich habe mir erlaubt, dreißig Seiten zu schreiben anstatt nur fünfzehn«, sagte er. Er war sichtlich erregt; seine Wangen waren rosa und weiß gefleckt. »Mag sein, daß Sie meine Interpretation scharf ablehnen – das erwarte ich von Ihnen, ich rechne sogar fest damit – aber ich mache Sie darauf aufmerksam, daß ich den eindeutigen Beweis besitze, hier, im Stück selbst!« Er klopfte dabei auf ein Buch, während seine Stimme immer lauter und schriller wurde. Erschrocken wollte Schwester Irene ihm die Hand auf den Mund legen, ihn besänftigen.

»Hören Sie«, sagte er atemlos, »kann ich mit Ihnen reden? Ich habe jetzt eine Vorlesung, die mir verhaßt ist, vor der mir graut, die stehe ich sowieso nicht durch! Kann ich stattdessen mit Ihnen reden?«

Da sie nervös war, blickte sie starr auf die Titelseite der Arbeit: »›Erotische Melodien in *Romeo und Julia*‹ von Allen Weinstein, Jr.«

»Einverstanden?« sagte er. »Können wir ein bißchen auf- und abgehen? Ist es Ihnen recht? Ich wollte schon die ganze Zeit mit Ihnen über einiges sprechen, was Sie im Unterricht gesagt haben.«

Sie war unschlüssig, aber er schien es nicht zu bemerken. Sie gingen langsam über die schattigen Wege des Universitätsgeländes. Natürlich riß Weinstein das Gespräch an sich, und in seinen Wortkaskaden erkannte Schwester Irene nichts von dem wieder, was sie im Unterricht geäußert hatte. »Dem Humanisten muß es um die Ganzheit des Lebens gehen«, sagte er leidenschaftlich. »Das ist der wunde Punkt überall in der akademischen Welt! Das habe ich in New York festgestellt, und ich habe es hier festgestellt, dabei bin ich kein blauäugiger Narr, ich laufe nicht herum und halte Maulaffen feil – ich habe Erfahrung, sehen Sie mal, ich bin in Europa gewesen, ich habe in Rom gelebt! Ich bin in Europa überall herumgekommen, abgesehen von Deutschland, von Deutschland rede ich nicht... Schwester Irene, denken Sie doch mal an die bedeutenden Männer des vergangenen Jahrhunderts, die Männer, die die Welt verändert haben! Alles Juden, nicht wahr? Marx, Freud, Einstein! Nicht daß ich von Marx überzeugt wäre, Marx ist ein Spinner... und Freud, nein, meine Sympathien gelten dem religiösen Humanismus. Ich glaube, daß die jüdische Rasse das ausschließliche... das ausschließliche, wie sagt man nochmal, das ausschließliche Medium ist, mit Hilfe dessen der Humanismus verbreitet werden wird... In seinen Anfängen schließt der Humanismus den Juden aus, und jetzt«, sagte er mit einem hohen, überraschten Lachen, »wird der Jude ihn vervollkommnen. Nach der Nazizeit ist nur der Jude legitimiert, den Humanismus, seine Grenzen und seine Möglichkeiten zu begreifen. Deshalb behaupte ich, daß es dem Humanisten um das Leben in seiner Gesamtheit geht und nicht nur um die Wissenschaft! Der religiöse Mensch ist ganz und gar religiös, er ist seine Religion! Was denn sonst? Ich erkenne in Ihnen die Humanistin und den religiösen Menschen –«

Aber er schien nicht mit ihr zu sprechen, schien sie nicht einmal anzusehen.

»Hier, lesen Sie das«, sagte er. »Das habe ich gestern abend geschrieben.« Es war ein langes Prosagedicht, auf einer Schreibmaschine mit abgenutztem Farbband getippt.

»Da ist diese leidige Geschichte mit meinem Vater, ein wunderbarer Mensch, ein ganz bezaubernder Mensch, aber seine Gesundheit – seine Kräfte lassen nach, verstehen Sie? Was muß es für ihn bedeuten, seinen Sohn heranwachsen zu sehen? Ich meine, ich bin jetzt ein Mann, und er wird alt und schwach, sein Gesundheitszustand ist schlecht – die Hölle auf Erden, nicht wahr? Ich kann es ihm nachfühlen. Ich würde alles für ihn tun, ich würde mir die Pulsadern aufschneiden, für einen

Vater tut man doch alles – nicht wahr? Deshalb war ich gestern nicht im Seminar«, sagte er, und seine Stimme senkte sich beim letzten Satz, als sei er von den Tatsachen gewaltsam wieder auf den Boden geholt worden.

Schwester Irene versuchte, das Gedicht zu lesen, dann tat sie, als lese sie es. Ein Wirrwarr von Worten, die von »Leben« und »Tod« und »Finsternis« und »Liebe« handelten. »Was meinen Sie?« fragte Weinstein nervös und versuchte, dicht an sie gedrängt, über ihre Schultern mitzulesen.

»Es ist sehr . . . leidenschaftlich«, sagte Schwester Irene.

Das war der richtige Kommentar; er nahm ihr das Gedicht schweigend wieder ab, das Gesicht vor Erregung gerötet. »Hier, an dieser Universität, habe ich wenige Leute, mit denen ich reden kann. Ich habe das Gedicht niemand sonst gezeigt.« Er sah sie mit seinem dunklen, eindringlichen Blick an, und Schwester Irene fühlte, wie er ihn auf sie heftete. Sie war bestürzt über das, was er zu tun versuchte – er versuchte, sie in eine menschliche Beziehung hineinzudrängen.

»Vielen Dank für Ihre Arbeit«, sagte sie und wandte sich ab.

Als er am nächsten Tag mit zehnminütiger Verspätung kam, tat er hochmütig und herablassend. Er hatte nichts zu sagen und saß mit verschränkten Armen da. Schwester Irene nahm ein Gefühl von Verrat und Verwirrung mit ins Kloster. Sie war gekränkt worden. Es war absurd, und dennoch – Sie verschwendete zu viele Gedanken auf ihn, als sei er eine Art Inkarnation ihrer eigenen Einsamkeit; dabei hatte sie kein Recht, so viel an ihn zu denken. Sie wollte nicht an ihn noch an ihre Einsamkeit denken. Aber Weinstein dachte nicht nur an seine Not, er ging viel weiter: er verkörperte sie, er lebte sie aus, und vielleicht war es das, was sie an ihm faszinierte. Es war, als führe er ihr einen Tanz vor, einen Tanz, der Scham und Schmerz und Entzücken ausdrückte, und solange er das tat, war sie in Sicherheit. Sie schämte sich für ihn und ängstigte sich um ihn: Sie wollte ihn beschützen. Als der für die höheren Semester zuständige Dekan sie nach Weinsteins Leistung fragte, betonte sie, er sei ein »ausgezeichneter« Student, obwohl sie wußte, daß der Professor das nicht hören wollte.

Sie betete um Rat, sie verbrachte Stunden mit Andachtsübungen, sie war ihrer Berufung so nah, wie schon seit Jahren nicht mehr. Das Leben im Kloster bekam etwas Unwirkliches, wurde zum schemenhaften Zerrbild, düster gestimmt wie die Himmel der nächtlichen Großstadt, vor denen sich einförmige Schornsteine türmten, die an die Wolken den Auswurf der bevölkerten und erfolgreichen Erde abgaben. Diese Stadt war nicht ihre Stadt, diese Welt nicht ihre Welt. Sie war nicht stolz auf diese Erkenntnis, es war eine Tatsache. Das kleine Kloster war nicht wie eine Insel inmitten dieser geräuschvollen Welt, eher eine Art Höhle oder Spalte, von der die Welt keine Notiz nahm, etwas Belangloses. Der Lebensrhythmus des Klosters hatte mit dem Rhythmus der Welt nichts zu tun, er störte oder beunruhigte ihn nicht im geringsten. Schwester Irene versuchte, die Bruchstücke ihres Lebens zusammenzubringen und irgendwie in ihrer Berufung als Nonne zu vereinen: Sie war Nonne, sie war anerkannt als Nonne und hatte sich freudig diesem Leben hingegeben, sie hatte einen Namen, einen Ort, an den sie gehörte, sie hatte ihre ungewöhnliche Intelligenz in den Dienst der Kirche gestellt, sie arbeitete, ohne Bezahlung oder Dank zu erwarten, sie hatte ihren Stolz aufgegeben, sie dachte nicht an sich, nur an ihre Arbeit und ihre Berufung, an nichts sonst; sie ließ sich täglich von dem Bewußtsein durchdringen, daß sie teilhatte am Mysterium des Christentums.

Jedoch ging dieses Wissen nun täglich mit einem Gefühl der Bestürzung einher, denn sie spürte, wie sie von diesem Studenten, diesem jungen Juden, in eine Beziehung hineingezogen wurde, zu der sie nicht bereit war. Sie wollte angstvoll aufschreien, daß sie in die Rolle einer Christin gedrängt wurde, und was hatte das zu bedeuten? Was konnten ihre Studien ihr sagen? Was konnten die anderen Nonnen ihr sagen? Sie war allein, niemand konnte helfen; er machte sie zu einer Christin, und für sie war das ein Mysterium, etwas Bestürzendes, etwas, das andere sich überstreiften wie ihre Kleider, unbekümmert und gedankenlos, das jedoch für Schwester Irene ein großartiges und erschreckendes Wunder war.

Tagelang trug sie Weinsteins Arbeit, die sie mit sehr gut

benotet hatte, mit sich herum; er kam nicht in den Unterricht. Eines Tages erkundigte sie sich im zuständigen Sekretariat nach ihm und erfuhr, Weinstein habe angerufen und mitgeteilt, daß sein Vater krank sei, und daß er eine Zeitlang nicht am Unterricht teilnehmen könne. »Er ist sonderbar, ich erinnere mich an ihn«, sagte die Sekretärin. »Im vergangenen Frühjahr hat er sämtliche Prüfungstermine verpaßt und uns eine Menge Scherereien gemacht. Er ging damals täglich bei uns ein und aus.«

Eine Zeitlang war Weinstein also von der Bildfläche verschwunden, und Schwester Irene rechnete nicht mehr damit, ihn in den Seminarraum hasten zu sehen. Dann, eines Morgens, fand sie in ihrem Briefkasten einen Brief von ihm.

Er hatte ihn mit schwarzer Tinte in Druckbuchstaben geschrieben, sehr sorgfältig, als hätte er der Schreibschrift nicht getraut. Die Absenderanschrift stand in kühnen Lettern da, die sich wie seine Stimme an sie zu klammern versuchten: Birchcrest Manor. Irgendwo im Norden der Stadt. »Liebe Schwester Irene«, sagten die Druckbuchstaben. »Es geht mir gut hier, und ich habe Zeit zum Lesen und Ausruhen. Das Heim ist ganz reizend. Ich habe einen ausgezeichneten Arzt hier, ein intelligenter Mann, der Zeit für mich hat, im Gegensatz zu meinem früheren Arzt. Wenn Sie Zeit haben, könnten Sie meinem Vater gelegentlich einen kurzen Besuch abstatten, der sich meiner Meinung nach zu viel um mich sorgt, und ihm erklären, wie es um mich steht. Er scheint es nicht zu begreifen. Mir ergeht es mit diesem neuen Leben so, wie es dem jungen Mann, sein Name ist mir entfallen, in *Maß für Maß* bei der Aussicht auf ein anderes Leben ergeht; Sie erinnern sich an die Stelle, wo er seiner Schwester, die ihn im Gefängnis besucht, sagt, was er sich von dem Schritt in eine andere Welt verspricht. Vielleicht könnten Sie meinem Vater das *erklären*, und dann würde er aufhören, sich Sorgen zu machen.« Der Brief endete mit dem Namen und der Anschrift des Vaters, in Buchstaben, die eine Spur zu groß waren. Schwester Irene, die langsam den Flur entlangging, während sie den Brief las, spürte, wie ihr alles vor den Augen verschwamm. Sie fror vor Angst, etwas, das sie noch nie erlebt hatte. Sie wußte, was Weinstein ihr zu sagen versuchte, und das Verzweifelte seines Versuchs machte es um so erschütternder; das hatte er nicht verdient, warum ließ Gott ihn so leiden?

Sie las noch einmal Claudios Worte an seine Schwester in *Maß für Maß*:

> Ja! Aber Sterben! Gehn, wer weiß wohin;
> In kalter Starre liegen und verwesen;
> Dies lebenswarme, fühlende Bewegen,
> Verschrumpft zum Kloß; der lebensfrohe Geist
> Getaucht in Feuerfluten oder schaudernd
> Umstarrt von Wüsten ewger Eisesmassen,
> Gekerkert sein in unsichtbare Stürme
> Und mit rastloser Wut gejagt rings um
> Die schwebende Erde; oder Schlimmres werden
> Als selbst das Schlimmste,
> Was Phantasie wild schwärmend, zügellos,
> Heulend erfindet! – ist zu entsetzlich! –
> Das schwerste, jammervollste irdsche Leben,
> Das Alter, Armut, Schmerz, Gefangenschaft
> Dem Menschen auflegt – ist ein Paradies
> Gegen das, was wir vom Tode fürchten.

Noch am selben Tag rief Schwester Irene die Nummer des Vaters an. »Hier bei Allen Weinstein, wen darf ich melden?« sagte eine gelangweilte Frauenstimme. »Kann ich Mr. Weinstein sprechen? Es ist dringend – es geht um seinen Sohn«, sagte Schwester Irene. Am anderen Ende entstand eine Pause. »Wollen Sie vielleicht seine Mutter sprechen?« sagte die Frau. »Seine Mutter? Ja, dann seine Mutter. Bitte. Es ist sehr wichtig.«

Sie sprach dann mit dieser sonderbaren, unvermuteten Frau, einer körperlosen Stimme, die absolut kein Gesicht suggerierte, und bestand darauf, noch am selben Nachmittag vorbeizukommen. Die Frau war nervös, aber Schwester Irene, die immerhin Universitätsdozentin war, verstand es, die eigene Nervosität zu verbergen. Sie wartete die ganze Zeit darauf, daß die Frau sagen würde, »Ja, Allen hat von Ihnen gesprochen...«, aber nichts geschah.

Sie überredete Schwester Carlotta mitzufahren. Dies Beschwörende an ihr war etwas, das alle verblüffte. Sie hätten nicht gedacht, daß aus ihren grauen Augen jemals diese blinde, verstörte Besorgnis sprechen könnte, dieser missionarische Eifer, der aus dem Nichts über sie gekommen zu sein schien. Schwester Irene fuhr im Feierabendverkehr durch die Stadt, begleitet von den hohen, wimmernden Geräuschen aus den Straßen der Villenvororte, wo Bäume in Stücke gesägt wurden. Sie begriff jetzt die verstohlene, süße Inbrunst, die Christus erfüllt haben mußte, als er sich für die Menschheit hingab, als er für die Milliarden von Menschen starb, die nie von ihm wissen und das Opfer nie begreifen würden. Zum ersten Male kam sie der Vergegenwärtigung dieser großen Tat nahe. Aufgewühlt wie sie war, kam ihr der Stadtverkehr wirr und dennoch sonderbar logisch vor, ein Abbild der Welt, die sich nie im Einklang befand mit dem, was in ihr vorging, da ihre innere Geschichte ständig mit dem äußeren Geschehen im Widerstreit lag. Mit diesem Opfer – nun zum Mysterium, zur Legende geworden, ja, mit der Zeit fast aus der Erinnerung getilgt – hatte Christus gleichzeitig sowohl Gott als auch die Menschheit überwunden, die Menschheit, weil es sein Schicksal war, zu tun, was kein anderer Mensch tun konnte, und Gott, weil kein Gott leiden konnte wie er. Sie spürte etwas wie einen Funken Wahnsinn in sich.

Sie fuhr nervös, unsicher, besorgt, die Straße zu verpassen und zugleich besorgt, sie zu finden, denn während ein Teil von ihr vorausstürzte, um diesen Leuten gegenüberzutreten, die ihren Sohn verraten hatten, hätte ein anderer Teil von ihr nichts lieber getan, als, wie gewöhnlich, im Schutz ihres Zimmers auf das Zeichen zum Abendessen zu warten... Als sie die Straße fand und hineinbog, war sie in einem Zustand atemloser Erregung. Hier waren die Rasenflächen leuchtend grün und nur von wenigen Blättern verunziert, wie von Zauberhand gepflegt, und die Häuser waren monströs und pompös, ein Stilgemisch aus Ranchhäusern, Kolonialstilhäusern, französischen Landhäusern, weißen Backsteinwundern mit gewölbten Glasflächen und formlosen Birkengruppen, irgendwie von weißem Beton eingefaßt. Schwester Irene sah sich verwundert um, als hätte sie sich in eine andere Welt verlaufen. Dies war eine Art Himmel, und sie war zu armselig dafür.

Das Haus der Weinsteins war das eigentümlichste von allen: Es sah aus wie ein kleines Gebirgschalet mit spitzgiebligem Vorbau. Schwester Irene fuhr die schwarz überdachte Einfahrt hinein und brachte den Wagen langsam zum Stehen; sie sagte Schwester Carlotta, sie werde nicht lange bleiben.

An der Haustür wurde sie von Weinsteins Mutter empfangen, einer kleinen, nervösen Frau, die die gleichen Hände hatte wie ihr Sohn. »Treten Sie ein, treten Sie ein«, sagte die Frau. Sie war offenkundig einmal schön gewesen, aber jetzt, mangels Schönheit, wirkte sie nicht hübsch oder auch nur attraktiv, nur verlebt und verschreckt unter dem unförmig aufgebauschten, von kundiger Hand frisierten weißblonden Haar, das sich wie eine Kappe über ihrem erstaunten Gesicht erhob. »Er kommt gleich. Allen?« rief sie. »Unser Besuch ist da.« Sie gingen ins Wohnzimmer. An dem einen Ende stand ein Flügel und am anderen eine Orgel. Dazwischen, zu verstreuten Sitzgruppen arrangierte, modisch elegante Möbel, und auf dem gebohnerten Fußboden mehrere flauschige, weiße Teppiche. Schwester Irene überkam ein unbezähmbares Frösteln.

»Frau Professor, es ist ganz sonderbar, aber lassen Sie mich sagen, als das Telefon klingelte, da hatte ich so ein Gefühl – ich hatte ein Gefühl«, sagte die Frau mit feuchten Augen. Schwester Irene setzte sich, und die Frau umkreiste sie unschlüssig. »Spricht man Sie mit Frau Professor an? Wir kennen uns nicht... wissen Sie... wir kennen uns nicht aus mit den Formalitäten im Zusammenhang mit... Allen, mein Sohn, wollte an der katholischen Universität hier studieren; ich habe zu meinem Mann gesagt, warum denn nicht? Sollen wir deshalb Streit anfangen? Es gilt eben als schick heutzutage, für Bildung tun sie doch alles. Und er mußte nach Hause kommen, wissen Sie. Er kam in New York nicht allein zurecht, das war der Anfang vom Übel... Spricht man Sie mit Frau Professor an?«

»Sie können Schwester Irene zu mir sagen.«

»Schwester Irene?« sagte die Frau und faßte sich ehrfürchtig an den Hals, als sei etwas Vertrauliches und Unerwartetes geschehen.

Dann kam Weinsteins Vater hereingehastet. Er machte lange, ungeduldige Schritte. Schwester Irene blickte ihn an und im gleichen Augenblick überfielen sie Zweifel – er war in den Fünfzigern, ein großer, auffallend gepflegter, gutaussehender Mann, schwer, aber nicht fett, der die Schultern anscheinend mit einer gewissen Anstrengung straffhielt, aber dennoch straffhielt. Er trug einen dunklen Anzug, und sein Gesicht war gerötet, als sei er weit gelaufen.

»Also«, sagte er, während er auf Schwester Irene zukam und seine Frau mit einer knappen Handbewegung wegwinkte, »also, dann wollen wir das mal klären. Eine Menge Wirbel wegen diesem Bengel, was?« Er zog sich einen Sessel heran und schrammte damit über einen Teppich, so daß eine Ecke umklappte und die braune Unterseite zum Vorschein kam. »Ich bin eigens deswegen früher nach Hause gekommen, Libby hat mich angerufen. Sie haben also einen Brief von ihm bekommen, Schwester, ja?«

Die Frau blickte Schwester Irene über den Kopf ihres Mannes hinweg an, als versuche sie, ihr irgendwie beizustehen, weil sie wußte, daß dieser Mann so laut und ungeduldig war, daß kein Mensch sich in seiner Gegenwart noch auf irgendetwas besinnen konnte.

»Einen Brief – ja – heute –«

»In dem er was sagt? Haben Sie den Brief dabei, hm? Kann ich ihn mal sehen?«

Sie reichte ihm den Brief und wollte etwas dazu sagen, aber mit einem herrischen Wink gebot er ihr Schweigen. Er überflog den Brief so schnell, daß Schwester Irene dachte, er wolle sie vielleicht mit seiner Lesegeschwindigkeit beeindrucken. »Ja und?« sagte er und hob die Augen mit einem Lächeln, »was soll das? Er fühlt sich wohl dort, sagt er. Mit uns verkehrt er nicht mehr, aber Ihnen schreibt er und sagt, daß er sich wohlfühlt – was soll das? Ich meine, was soll das heißen, in Dreiteufelsnamen?«

»Er fühlt sich aber nicht wohl. Er möchte wieder nach Hause kommen«, sagte Schwester Irene. Es war ihr so wichtig, ihm begreiflich zu machen, worum es ging, daß sie ihrer Stimme nicht traute; zum Äußersten getrieben von diesem Mann, würde sie sich womöglich überschlagen wie die seines Sohnes. »Irgendjemand liest dort anscheinend die Briefe, bevor sie abgeschickt werden, deshalb hat er versucht, mir etwas mitzuteilen mit einer Anspielung auf –«

»Was?«

» – mit einer Anspielung auf ein Theaterstück, damit ich weiß, was er meint. Er denkt möglicherweise an Selbstmord, er muß sehr unglücklich sein –«

Sie geriet in Atemnot. Weinsteins Mutter hatte zu weinen begonnen, aber der Vater schüttelte ruckartig den Kopf. »Entschuldigen Sie, Schwester, aber das ist doch alles Quatsch, er braucht die Klinik, er braucht Hilfe – klar? Die Geschichte kostet mich fünfzig Dollar pro Tag, und es ist die beste Einrichtung weit und breit, ich nehme an, es lohnt sich. Er braucht Hilfe, der Bengel, also was kümmert es mich, ob er sich wohlfühlt oder nicht? Er ist gestört!« sagte er ärgerlich. »Sie wollen, daß wir ihn wieder rausholen? Wir mußten uns zwei Stunden lang mit dem Richter herumstreiten, einem Bekannten von mir, um ihn reinzubekommen. Hören Sie, er verliert die Beherrschung, er hat hier Sachen kaputtgeschmissen, er war hysterisch. Diese Leute brauchen Hilfe, Werteste, und zwar schleunigst! Da muß man was unternehmen! Wir haben uns dazu durchgerungen, etwas zu unternehmen, und wir haben auch etwas unternommen! Dieser Brief da – was soll dieser Brief, zum Teufel? So hat er mit uns nie geredet!«

»Aber er meint das Gegenteil von dem, was er schreibt –«

»Dann ist er verrückt! Ich bin der erste, der das zugibt.« Er schwitzte, und sein Gesicht war dunkel angelaufen. »Den Stolz habe ich mir abgewöhnt auf meine alten Tage. Er ist ein kleines

Miststück, wenn Sie es wissen wollen. Er wirft mir Unver-schämtheiten an den Kopf, er ist unflätig, er hat ein dreckiges Mundwerk – ungeheuer intelligent, was? Haben die ihm viel-leicht für sein dreckiges Mundwerk so ein Mordsstipendium gegeben? Ich war auch an der Uni, und als ich wieder rauskam, hab ich was gewußt, und ich hab bei Gott auch was damit angefangen; meine Frau ist eine intelligente Person, eine gebil-dete Frau, hätten Sie gedacht, daß sie für die kleine Lokalzei-tung hier Buchbesprechungen schreibt? Intelligenz hat nichts mit Wahnsinn zu tun – und Wahnsinn hat nichts mit Intelli-genz zu tun. Mag sein, daß er für Sie an der Universität ganz nette Referate schreibt und prima Noten bekommt, aber hier, bei uns zu Hause, verliert er die Beherrschung. Deshalb haben wir ihn eingeliefert!«

»Aber –«

»Wir kriegen ihn schon wieder hin, keine Bange!« Er wandte sich zu seiner Frau. »Libby, geh raus hier, im Ernst. Tut mir leid, aber geh raus, du machst dich lächerlich, geh in die Küche oder sonstwohin und heul dich bei dem gottverdammten Haus-mädchen aus. Die spinnt nämlich auch, die spinnen alle, Schwester«, sagte er und senkte die Stimme, »ich bin Ihnen überaus dankbar, daß Sie hergekommen sind. Einfach großar-tig, Ihr Interesse für meinen Sohn. Und, wie ich sehe, bewun-dert er Sie – dieser Brief da. Aber was soll der Brief? Selbst wenn er wirklich rauswollte, was ich nicht glauben kann – er war bereit, sich einliefern zu lassen, am Ende hat er selber ja gesagt dazu – wenn er rauswollte, würde ich nicht mitmachen. Warum? Den einen Tag will er wieder nach Hause kommen, am nächsten Tag will er wieder was anderes, und was dann? Der Bursche ist krank, und ich bin der erste, der das zugibt.«

Schwester Irene spürte, wie diese Krankheit auf sie über-griff. Sie stand auf. Der Raum war riesig, man hätte ihn für einen öffentlichen Saal halten können; das Gespräch hatte nichts Persönliches oder Vertrauliches gehabt. Weinsteins Mutter stand schluchzend neben dem offenen Kamin. Der Vater sprang auf und wischte sich die Stirn mit einer Geste, die Schwester Irene das Gehen erleichtern sollte. »Gott, was für ein Tag«, sagte er und suchte verständnisheischend ihre Augen, »wissen Sie – so ein verfahrener Tag, von A bis Z? Schwester, ich danke Ihnen vielmals. Es sollte mehr Leute auf der Welt geben, die sich so um andere kümmern wie Sie. Im Ernst!«

Auf der Rückfahrt zum Kloster fielen ihr die Worte des Mannes wieder ein, aber sie bekam sie nicht in den Griff; sie konnte nicht einmal Ärger empfinden. Sie war abgewürgt, zurückgewiesen worden, was konnte sie tun? Wäre Weinstein imstande gewesen, sie irgendwie von einem vergitterten Fenster aus zu beobachten, hätte er bestimmt verstanden. Der eigentümliche Gedanke, der ihr auf der Hinfahrt gekommen war, irgendetwas von wegen Christus begreifen zu können, kam ihr wieder in den Sinn und bereitete ihr Übelkeit. Aber es war eine kleine Übelkeit. Sie ließ sich beherrschen.

Etwa einen Monat nach ihrem Besuch bei seinem Vater tauchte Weinstein selber auf. Er trug einen Anzug, wie zuvor, sogar dieselbe Krawatte. Er kam geradewegs in ihr Arbeitszimmer, als habe er einen Stoß bekommen und könne nicht mehr anhalten.

»Schwester«, sagte er und schüttelte ihr die Hand. Er mußte ihr Angst angesehen haben, denn er lächelte ironisch. »Hören Sie, ich bin entlassen worden. Sie haben mich aus der Irrenanstalt rausgelassen. Kann ich mich setzen?«

Er setzte sich. Schwester Irene atmete schnell, wie im Angesicht eines Feindes, der nicht weiß, daß er ein Feind ist.

»Also, sie haben mich endlich rausgelassen. Ich habe gehört, was Sie getan haben. Sie haben mit ihm geredet, das war alles, was ich wollte. Außer Ihnen hat sich kein Aas gekümmert. Weil sie Humanistin und ein religiöser Mensch sind, achten Sie . . . das Individuum. Hören Sie«, sagte er flüsternd, »es war die Hölle da draußen! Höllenpfuhl Birchcrest Manor! Super eingerichtet, schicke Stühle und überall Ausgaben von *Life* – aber wie behandeln sie einen? Sie haben mich eingesperrt, sie haben mich mit Elektroschocks behandelt! Elektroschocks, wie finden Sie das, das ist inzwischen allgemein verpönt – die sind selber verrückt da draußen, alles Sadisten. Sie haben mich eingesperrt, sie haben mir subkutane Spritzen gegeben, sie haben mich nicht wie ein menschliches Wesen behandelt! Wissen Sie, wie das ist«, fragte Weinstein grimmig, »nicht wie ein menschliches Wesen behandelt zu werden? Sie haben mich zum Tier gemacht – für fünfzig Dollar pro Tag! Diese dreckigen, miesen Schweine! Jetzt bin ich ambulanter Patient, weil ich aufgehört habe, sie anzupöbeln. Ich habe eine Haarklammer von irgendjemand gefunden, und jedesmal, wenn ich schreien wollte, habe ich sie mir unter den Fingernagel gedrückt, und das hat mich gebremst – das Schreien ging nach innen und nicht nach außen – und da haben sie positive Gutachten geschrieben über mich, diese Drecksäcke. Jetzt bin ich ambulant und kann frei herumlaufen und dieselben stinkenden Abgase von den Bussen einatmen wie Ihr normalen Leute! Großer Gott«, sagte er und ließ sich gegen die Stuhllehne fallen.

Schwester Irene sah ihn starr an. Sie wollte seine Hand nehmen, irgendeine Geste machen, die die schmerzliche Kluft zwischen ihnen überbrückte. »Mr. Weinstein –«

»Nennen Sie mich Allen!« sagte er scharf.

»Es tut mir so leid – es tut mir schrecklich leid –«

»Meine eigenen Eltern haben mich eingeliefert, aber natürlich wußten sie nicht, wie es dort ist. Es war die Hölle«, sagte er heiser, »aber es gibt keine Hölle außer dem, was andere einem antun. Der Psychiater dort, der Oberseelenklempner, ist außerdem noch Judenhasser, das haben ein paar von uns genau gemerkt, dabei hat er eine noch größere Nase als ich, einen richtigen Zinken.« Er machte ein abfälliges Geräusch. »Ein Drecksack, ein mieser, elender Drecksack – die ganze Bande. Wie dem auch sei, ich haue ab, und ich bin hergekommen, um Sie um einen Gefallen zu bitten.«

»Was wollen Sie damit sagen?«

»Ich haue ab. Ich gehe weg. Ich gehe rauf nach Kanada und mach mich aus dem Staub. Ich werde mir einen Job besorgen und alles vergessen. Vielleicht bringe ich mich um – das kommt auf dasselbe raus. Können Sie mir ein bißchen Geld leihen?«

»Geld?«

»Bloß ein bißchen! Ich muß an die Grenze, ich fahre mit dem Bus.«

»Aber ich habe kein Geld –«

»Kein Geld?« Er starrte sie an. »Heißt das – daß Sie überhaupt keins haben? Etwas haben Sie doch bestimmt!«

Sie sah ihn starr an, als habe er sie gebeten, etwas Obszönes zu tun. Vor ihren Augen war alles fleckig und unbestimmt.

»Sie müssen . . . Sie müssen wieder zurückgehen«, sagte sie, »Sie machen einen –«

»Ich zahle es zurück. Hören Sie, ich zahle es ja zurück, können Sie nicht dahin gehen, wo Sie wohnen oder so, und es holen? Ich hab's eilig. Meine Freunde sind Schweine: Einer von denen hat gestern so getan, als würde er mich nicht sehen – ich stand mitten auf dem Fußweg und habe ihn angeschrien, ich habe ihm ordentlich Bescheid gesagt! Der und mich nicht gesehen! Sie sind die einzige, die mich versteht, Sie haben für mich das Verständnis einer Dichterin, Sie –«

»Ich kann Ihnen nicht helfen, es tut mir leid – ich . . .«

Er ließ den Blick von ihr abgleiten und wieder zurückschnellen, als habe er ihn in der Gewalt. Er schien um klare Sicht bemüht.

»Sie haben die Seele einer Dichterin«, flüsterte er, »Sie sind die einzige. Alle anderen sind von Grund auf schlecht! Können Sie mir nicht ein bißchen Geld leihen, zehn Dollar vielleicht? Ich habe dreitausend auf der Bank und komme nicht dran! Sie nehmen mir alles weg, sie machen mich zum Tier . . . Sie wissen, daß ich kein Tier bin, nicht wahr? Nicht wahr?«

»Selbstverständlich«, flüsterte Schwester Irene.

»Sie könnten doch Geld besorgen. Helfen Sie mir. Geben Sie mir Ihre Hand oder irgendetwas, fassen Sie mich an, helfen Sie mir – bitte . . .« Er griff nach ihrer Hand, und sie wich zurück. Er starrte sie an, und sein Gesicht schien im Begriff, sich hilflos zu verziehen wie bei einem kleinen Kind. »Ich möchte etwas von Ihnen, aber ich weiß nicht was – ich möchte irgendetwas!« schrie er. »Etwas Wirkliches! Ich möchte, daß Sie mich ansehen wie ein menschliches Wesen, ist das zu viel verlangt? Ich habe ein Hirn, ich lebe, ich leide – was hat das zu bedeuten? Hat das denn nichts zu bedeuten? Ich möchte etwas Wirkliches und nicht diesen scheinheiligen christlichen Liebesfirlefanz – das ist alles bloß Büchergeschwafel, es ist so unpersönlich – ich möchte etwas Wirkliches – hören Sie . . .«

Er versuchte wieder, ihre Hand zu ergreifen, und diesmal zuckte sie zurück. Sie stand auf. »Mr. Weinstein«, sagte sie, »bitte –«

»Sie! Sie Nonne!« sagte er höhnisch, den Mund zu einem krampfhaften Grinsen verzerrt. »Sie Nonne! Da ist nichts unter diesen häßlichen Klamotten, oder? Und soviel, wie Sie meinen, haben Sie gar nicht auf dem Kasten; mein Vater hat mehr Grips im kleinen Zeh als Sie –«

Er stand auf und stieß den Stuhl zurück.

»Du Luder!« schrie er.

Sie schrak zurück gegen ihren Schreibtisch, als fürchte sie, er könne sie schlagen, aber er lief nur aus dem Zimmer hinaus. Weinstein: Der Name sollte sich im Laufe der Zeit von der Gestalt lösen. Das Semester verging, der herbstliche Nieselregen verwandelte sich in Schnee, Schwester Irene fuhr viermal in der Woche morgens zur Universität und machte sich nachmittags wieder auf den Rückweg, anonym in ihrem schwarzen Wintermantel, still und benommen. An der Universität Unterricht zu geben war eine anonyme Aufgabe, jeder Tag abgetrennt von den übrigen, und zwischen den Lehrkräften keinerlei Gemeinschaftssinn: Sie kamen und gingen, jeder für sich, und konnten einen Kollegen, der sein Arbeitszimmer jeweils fünf Minuten vor ihrer Ankunft verließ, ein Jahr lang immer knapp verpassen, und es kümmerte niemanden.

Sie erfuhr von Weinsteins Tod, seinem Selbstmord durch Ertrinken, von der Sekretärin der Englisch-Abteilung, einer gutaussehenden, weißhaarigen Frau, die ein Transistorradio auf ihrem Schreibtisch stehen hatte. Schwester Irene war nicht überrascht; sie hatte seit Monaten an ihn gedacht, als sei er tot. »Sie haben ihn mit Hilfe des Fernsehens identifiziert, mit so einem Spezialverfahren, das es heute gibt«, sagte die Sekretärin. »Sie wollen die Leiche nach hier überführen. Es war oben in Quebec . . .«

Schwester Irene spürte, wie ein Teil von ihr in die Ferne schweifte, nach Norden gelockt von den weißen Schneefeldern, in die Ruhe, die Leere, die Weite der großen Seen bis hinauf in die Stille Kanadas. Aber sie rief diesen Teil von sich wieder zurück. Sie konnte in der Spanne ihres Lebens nur eine Person sein. Es war die häßliche Wahrheit, dachte sie, daß sie um Weinsteins Leiden und Tod nicht wirklich trauern konnte; sie besaß nur ein Leben, und das hatte sie bereits einem anderen hingegeben. Er war zu spät zu ihr gekommen. Fünfzehn Jahre früher vielleicht, aber nicht jetzt.

Sie war nur eine Person, dachte sie, während sie wie im Traum den Flur entlangging. War sie in dieser einen Person geborgen, oder war sie darin gefangen wie in einer Falle? Sie hatte nur eine Identität. Sie konnte nur eine Wahl treffen. Was sie getan oder nicht getan hatte, war das Ergebnis dieser Wahl, inwiefern war sie schuldig? Hätte sie Schuld fühlen können, dachte sie, dann hätte sie wenigstens etwas gefühlt.

Ins Deutsche übertragen von Barbara Henninges

Wo willst du hin, wo kommst du her?

Für Bob Dylan

Sie hieß Connie. Sie war fünfzehn und hatte die Angewohnheit, blitzschnell und nervös kichernd den Hals zu recken, um in den Spiegel zu gucken oder um sich in den Gesichtern anderer Menschen zu vergewissern, ob das eigene in Ordnung war. Ihre Mutter, die alles merkte und alles wußte, und die nicht mehr viel Grund hatte, das eigene Gesicht zu betrachten, schimpfte deswegen immer mit Connie. »Hör auf, dich anzugaffen. Für wen hältst du dich eigentlich? Du meinst wohl, du wärst wunder wie hübsch?« sagte sie dann. Connie hob die Brauen über diese altvertrauten Klagen und blickte durch ihre Mutter hindurch in ein schemenhaftes Bild von sich selbst, wie sie in diesem Augenblick war: Sie wußte, daß sie hübsch war, und darauf kam es an. Auch ihre Mutter war einst hübsch gewesen, wenn man den alten Fotos im Album glauben durfte, aber nun war nichts mehr davon übrig, und darum zog sie immer über Connie her.

»Warum machst du dein Zimmer nicht so schön sauber wie deine Schwester? Wie hast du denn deine Haare frisiert – was stinkt hier so gottserbärmlich? Haarspray? Deine Schwester käme nie auf die Idee, solchen Mist zu benützen.«

Connies Schwester June war vierundzwanzig und lebte noch immer zu Hause. Sie war Sekretärin an Connies Highschool, und als sei das noch nicht schlimm genug – mit ihr in ein- und demselben Schulgebäude – war sie obendrein noch unscheinbar und stämmig und solide und Connie mußte sich von früh bis spät die Loblieder ihrer Mutter und der Schwestern ihrer Mutter über sie anhören. June tat dies, und June tat das, sie sparte und half putzen und kochte, und Connie konnte rein gar nichts und hatte bloß Flausen im Kopf. Der Vater war die meiste Zeit weg, arbeiten, und wenn er nach Hause kam, wollte er sein Abendessen, und beim Essen las er Zeitung und nach dem Essen ging er ins Bett. Er würdigte sie kaum eines Wortes, aber um seinen gebeugten Kopf herum hackte die Mutter ununterbrochen auf Connie herum, bis Connie wünschte, ihre Mutter wäre tot und sie selbst wäre tot, und es wäre alles vorbei. »Manchmal kommt mir fast das Kotzen wegen ihr«, beschwerte sie sich bei ihren Freunden. Sie hatte eine hohe, atemlose, schnippische Stimme, die allem, was sie sagte, etwas Geziertes gab, ob es aufrichtig war oder nicht.

Ein Gutes gab es: June ging oft mit ihren Freundinnen aus, mit Mädchen, die ebenso unscheinbar und solide waren wie sie, und daher hatte die Mutter nichts einzuwenden, wenn Connie auch ausgehen wollte. Der Vater von Connies bester Freundin fuhr die beiden Mädchen die fünf Kilometer in die Stadt und setzte sie an einem Einkaufszentrum ab, wo sie durch die Geschäfte bummeln oder ins Kino gehen konnten, und wenn er sie um elf wieder abholen kam, fragte er nie, was sie getrieben hatten.

Sie mochten einen vertrauten Anblick bieten, wenn sie so durchs Einkaufszentrum schlenderten, in Shorts und flachen Ballerinaschuhen, die immer leicht übers Pflaster schlappten, und an den dünnen Handgelenken Armbänder, mit klimpernden Glücksbringern behängt; sie steckten die Köpfe zusammen und flüsterten und lachten verstohlen, wenn jemand vorbeikam, der sie belustigte oder interessierte. Connie hatte lange, dunkelblonde Haare, die alle Blicke anzogen, einen Teil davon trug sie hochgebunden und toupiert, den Rest ließ sie den Rücken hinunterfallen. Sie trug ein Polohemd, das zu Hause anders aussah als woanders. Alles an ihr hatte zwei Seiten, eine für zu Hause und eine für überall dort, wo nicht zu Hause war: ihr Gang, der kindlich und wippend sein konnte, oder so träge, daß es den Anschein hatte, als höre sie im Geist Musik; ihr Mund, der meistens blaß wirkte und süßlich lächelte, an solchen Abenden jedoch rosig und leuchtend aussah; ihr Lachen, das zu Hause zynisch und gedehnt war – »Haha, sehr komisch« – aber anderswo hell und nervös klang wie das Klimpern der Glücksbringer an ihrem Armband.

Manchmal gingen sie tatsächlich einkaufen oder ins Kino, aber manchmal flitzten sie auch über die dicht befahrene Schnellstraße hinüber zu einem Drive-in Lokal, in dem sich die älteren Jugendlichen trafen. Das Lokal hatte die Gestalt einer Riesenflasche, gedrungener als eine richtige Flasche, und oben, auf der Verschlußkappe, saß die Figur eines grinsenden Jungen, der einen Hamburger emporhielt und sich unentwegt drehte. An einem Abend im Hochsommer rannten sie auch wieder hinüber, atemlos vor Übermut, und schon beugte sich jemand aus einem Wagenfenster und winkte sie zu sich heran, aber es war bloß ein Junge aus der Highschool, den sie nicht leiden konnten. Es gab ihnen ein Hochgefühl, ihm die kalte Schulter zeigen zu können. Sie gingen durch den Irrgarten geparkter und auf- und abfahrender Autos auf das hell erleuchtete, fliegenverseuchte Lokal zu, mit frohen, erwartungsvollen Gesichtern, als näherten sie sich einer geweihten Stätte, die aus der Nacht vor ihnen aufragte und ihnen die Zuflucht und die Segnungen bot, nach denen sie verlangten. Sie setzten sich an die Theke und überkreuzten die Fußgelenke, die dünnen Schultern steif vor Erregung, und lauschten der Musik, die alles so schön machte: Die Musik war immer da, im Hintergrund, wie die Musik beim Gottesdienst in der Kirche; etwas, worauf man sich verlassen konnte.

Ein Junge namens Eddie kam herein und plauderte mit ihnen. Er saß rittlings auf seinem Hocker und beschrieb ruckartig Halbkreise, bremste und schwenkte wieder in die andere Richtung, und nach einer Weile fragte er Connie, ob sie etwas essen wolle. Sie sagte ja und berührte im Hinausgehen flüchtig den Arm ihrer Freundin – die Freundin schnitt eine tapfere, drollige Grimasse –, und Connie sagte, sie würde sich um elf auf der anderen Seite wieder mit ihr treffen.

»Ich finde es gemein, sie so allein zu lassen«, sagte Connie ernst, aber der Junge sagte, sie würde nicht lange allein sein.

Also gingen sie zu seinem Wagen hinaus, und unterwegs ließ Connie unwillkürlich den Blick über die Windschutzscheiben und Gesichter ringsum wandern, und ihr Gesicht strahlte vor Wonne, eine Wonne, die mit Eddie nichts zu tun hatte, nicht einmal mit diesem Ort, vielleicht mit der Musik. Sie zog die Schultern hoch und holte tief Luft vor lauter Lust, am Leben zu sein, und in diesem Moment blickte sie zufällig in ein Gesicht, das nur wenige Schritte von ihr entfernt war. Es gehörte zu einem jungen Mann mit zottligem, schwarzem Haar in einem klapprigen, alten, goldlackierten Cabrio. Er sah sie reglos an, und dann verzogen sich seine Lippen zu einem Grinsen. Connie schoß ihm aus zusammengekniffenen Augen einen Blick zu und wandte sich ab, aber unwillkürlich guckte sie zurück und merkte, daß er ihr noch immer nachsah. Er drohte ihr mit dem Finger und lachte und sagte, »Ich krieg dich noch, Baby«, und Connie wandte sich wieder ab, ohne daß Eddie etwas gemerkt hatte.

Sie verbrachte drei Stunden mit ihm, zuerst im Restaurant, wo sie Hamburger aßen und aus gewachsten Pappbechern, die immer schwitzten, Cola tranken, und dann in einer kleinen, dunklen Seitenstraße, ein oder zwei Kilometer weit weg. Als er sie fünf Minuten vor elf wieder absetzte, war im Einkaufszentrum nur noch das Kino geöffnet. Connies Freundin stand schon da und unterhielt sich mit einem Jungen. Als Connie auf sie zukam, lächelten die beiden Mädchen sich an, und Connie fragte, »Wie war der Film?« und das Mädchen sagte, »Dreimal darfst du raten.« Müde und zufrieden fuhren sie mit dem Vater des Mädchens nach Hause, und Connie drehte sich unwillkürlich um nach dem in Dunkelheit getauchten Einkaufszentrum mit dem riesigen, leeren Parkplatz und den Reklameschildern, inzwischen verblaßt und geisterhaft, und nach dem Drive-in Lokal weiter drüben, wo noch immer Autos unermüdlich ihre Runden drehten. Die Musik konnte sie aus dieser Entfernung nicht mehr hören.

Am nächsten Morgen fragte June sie, wie der Film war, und Connie sagte, »So-so, là-là«.

Sie und diese Freundin und mitunter noch ein anderes Mädchen gingen mehrmals in der Woche aus, und die übrige Zeit verbrachte Connie zu Hause – sie hatte Sommerferien –, wo sie ihrer Mutter ständig in die Quere kam und an die Jungen dachte oder von den Jungen träumte, mit denen sie sich traf. Aber alle Jungen verschwammen zu einem einzigen Gesicht, nicht einmal zu einem Gesicht, eher zu einem Bild, einem Gefühl, das sich mit dem beschwörenden, hartnäckigen Dröhnen der Musik und mit der feuchten Nachtluft der Juliabende vermischte. Ihre Mutter zerrte sie immer wieder zurück ans Tageslicht, indem sie sich Aufgaben für sie ausdachte oder unvermittelt sagte, »Wie war das nochmal mit der kleinen Pettinger?«

Connie sagte dann nervös, »Ach, die. Diese doofe Nuß.« Sie zog immer dicke, klare Trennungsstriche zwischen sich selbst und solchen Mädchen, und ihre Mutter war einfältig und gutmütig genug, ihr zu glauben. Ihre Mutter war so einfältig, dachte Connie, daß es vielleicht grausam war, sie so hinters Licht zu führen. Sie schlurfte in alten Hausschuhen durchs Haus und beschwerte sich am Telefon bei der einen Schwester über die andere, dann rief die andere an, und beide beschwerten sich gemeinsam über die dritte. Wenn Junes Name fiel, klang die Stimme der Mutter beifällig, und wenn Connies Name fiel, klang sie abfällig. Das bedeutete nicht, daß sie Connie nicht mochte. Connie meinte sogar, daß ihre Mutter sie June vorzog, nur weil sie hübscher war, aber miteinander taten sie immer gereizt, und sie spürten, daß sie sich um etwas stritten und kabbelten, das ihnen beiden wenig bedeutete. Manchmal, beim Kaffeetrinken, waren sie fast wie Freundinnen miteinander, aber dann kam etwas auf – ein Ärger, der ihnen plötzlich wie eine Fliege um die Köpfe schwirrte –, und sie bekamen verkniffene, verächtliche Gesichter.

An einem Sonntag stand Connie um elf auf – keiner von ihnen ging in die Kirche – und wusch sich die Haare, um sie den Tag über an der Sonne trocknen zu lassen. Die Eltern und die Schwester wollten zu einem Grillfest bei einer Tante gehen, und Connie hatte keine Lust mitzukommen und verdrehte die Augen, um ihrer Mutter klarzumachen, was sie von der Einladung hielt. »Dann bleibst du eben allein zu Hause«, sagte ihre Mutter in scharfem Ton. Connie setzte sich draußen hinter dem Haus auf einen Liegestuhl und sah ihnen zu, wie sie losfuhren, der Vater schweigend und kahlköpfig, nach hinten gekrümmt, um den Wagen rückwärts aus der Einfahrt zu fahren, die Mutter mit einem Ausdruck, der noch immer verärgert war, kein bißchen gemildert durch die Windschutzscheibe, und auf dem Rücksitz die gute, arme June, die sich feingemacht hatte, als wüßte sie nicht, wie es bei einem Grillfest zuging, nichts als tobende, schreiende Gören und Fliegen. Connie saß mit geschlossenen Augen in der Sonne, träumend und benommen von der Wärme, die sie umgab, als sei dies eine Art Liebe, eine einzige Liebkosung, und ihre Gedanken glitten ab zu dem Jungen, mit dem sie am Abend zuvor zusammengewesen war, wie nett er gewesen war, wie himmlisch es immer war, nicht so, wie jemand wie June denken würde, nein, himmlisch sanft, so wie es in den Filmen war, und wie es die Schlager verhießen; und als sie die Augen öffnete, wußte sie kaum noch, wo sie war, der Garten lief aus in wucherndes Unkraut und eine zaunartige Zeile von Bäumen, und der Himmel dahinter war makellos blau und still. Das »Ranch«-Haus, das mittlerweile drei Jahre alt war, verblüffte sie – es sah so klein aus. Sie schüttelte den Kopf, um wieder zu sich zu kommen.

Es war zu heiß. Sie ging ins Haus und stellte das Radio an, um die Stille zu übertönen. Sie setzte sich auf die Bettkante, barfuß, und lauschte eineinhalb Stunden lang einem Programm, das sich XYZ-Sonntags-Schlagertreff nannte, eine Platte nach der anderen, harte, schnelle, gellende Songs, die sie laut mitsang, hier und da unterbrochen vom Geschrei des Diskjockeys »Bobby King«: »Und jetzt, alle Mädchen, die heute im »Napoleon« arbeiten – Son und Charley wünschen, daß ihr genau hinhört bei dem Song, den wir gleich bringen!«

Und Connie hörte selbst genau hin, in eine Aureole sanft pulsierender Wonne getaucht, die auf geheimnisvolle Weise aus der Musik zu steigen schien und träge in dem luftlosen, kleinen Zimmer lag, und die sie mit jedem leisen Heben und Senken der Brust ein- und ausatmete.

Nach einer Weile hörte sie einen Wagen die Einfahrt herauf-
kommen. Sie richtete sich verblüfft auf, denn ihr Vater konnte
es so rasch noch nicht wieder sein. Der Kies knirschte auf der
ganzen Strecke von der Straße bis ans Haus – die Einfahrt war
lang –, und Connie rannte ans Fenster. Es war ein Wagen, den
sie nicht kannte. Ein offener Wagen, in einem hellen Goldton
lackiert, der das Sonnenlicht diffus reflektierte. Ihr Herz begann zu klopfen, ihre Finger fuhren prüfend in die Haare, und
sie flüsterte, »Lieber Gott, lieber Gott«, und fragte sich, wie
übel sie wohl aussah. Der Wagen hielt neben dem Seitenaus-
gang, und die Hupe gab viermal kurz Laut, als sei dies ein
Zeichen, das Connie kannte.

Sie ging in die Küche, näherte sich langsam der Tür und
beugte sich dann zur Außentür mit dem Fliegengitter hinaus,
die nackten Zehen um die Kante der Stufe geklammert. Zwei
junge Burschen saßen in dem Wagen, und nun erkannte sie den
Fahrer, er hatte zottelige, schmuddelige schwarze Haare, die
komisch aussahen wie eine Perücke, und grinste sie an.

»Ich bin doch nich zu spät dran, oder?«

»Für wen hältst du dich eigentlich?«

»Ich hab dir doch gesagt, daß ich rauskomm, oder nich?«

»Ich weiß nicht mal, wer du überhaupt bist.«

Sie sprach in mürrischem Ton, bemüht, keine Neugier oder
Freude zu zeigen, und er sprach in einem hastigen, hellen
Singsang. Connie blickte an ihm vorbei und sah sich den
anderen Burschen genau an. Er hatte hellbraunes Haar, von
dem ihm eine Strähne in die Stirn fiel. Seine Koteletten gaben
ihm etwas grimmig Verschämtes, und bisher hatte er sie noch
keines Blickes gewürdigt. Beide jungen Männer trugen Son-
nenbrillen. Die Brille des Fahrers glänzte metallisch und spie-
gelte alles verkleinert.

»Willsten Stück mitfahrn?« fragte er.

Connie lächelte geziert und ließ ihre Haare locker über eine
Schulter fallen.

»Findste mein Auto nich gut? Frisch lackiert«, sagte er.
»Ey.«

»Was?«

»Du bist süß.«

Sie tat geschäftig und verscheuchte Fliegen von der Tür.

»Glaubstes etwa nich?« sagte er.

»Also, hör mal, ich weiß nicht mal, wer du bist«, sagte Connie entrüstet.

»Ey, Elli hatn Radio, da, kuck mal. Meins is kaputt.« Er hob den Arm seines Freundes hoch und zeigte ihr das kleine Transistorradio, das dieser umklammert hielt, und jetzt konnte Connie auch die Musik hören. Es war das gleiche Programm, das drinnen im Haus lief.

»Bobby King?« fragte sie.

»Den hör ich mir immer an. Ich find ihn Spitze.«

»Er ist ziemlich Spitze«, sagte Connie widerstrebend.

»Hör mal, der Mann *is* Spitze. Er weiß, wo was abgeht.«

Connie errötete leicht, weil die Brille es ihr unmöglich machte zu sehen, wo der junge Mann hinguckte. Sie war sich unschlüssig, ob er ihr gefiel, oder ob sie ihn blöd fand, daher trödelte sie in der Türöffnung herum und konnte sich weder entschließen, zu ihm hinauszugehen, noch ins Haus zurückzukehren. »Was soll das ganze Zeugs da auf dem Wagen?«

»Kannste nich lesen?« Er öffnete seine Tür sehr behutsam, als fürchte er, sie könne abfallen. Ebenso behutsam schlüpfte er hinaus und stemmte die Füße auf den Boden, und die winzige, metallene Welt in seinen Brillengläsern kam ins Stocken wie erstarrende Gelatine, mittendrin Connies hellgrüne Bluse. »Also, das da is erst mal mein Name«, sagte er. ARNOLD FRIEND war in teerartigen, schwarzen Buchstaben auf die Seite gepinselt und daneben ein rundes, grinsendes Gesicht, das Connie an einen Kürbis erinnerte, nur daß es eine Sonnenbrille trug. »Darf ich mich vorstellen, ich bin Arnold Friend, das ist mein richtiger Name, und ich werd jetzt dein Freund, Süße, und das da im Wagen is Ellie Oscar, er is bißchen schüchtern.« Ellie hob sein Transistorradio auf eine Schulter und balancierte es darauf. »Diese Zahlen hier sind ein Geheimcode, Süße«, erläuterte Arnold Friend. Er las die Ziffern 33, 19, 17 ab und blickte sie mit hochgezogenen Brauen an, um zu sehen, was sie davon hielt, aber sie hielt nicht viel davon. Der linke, hintere

Kotflügel war eingedellt, und rund herum stand auf dem glänzend goldenen Untergrund: VON BEKNACKTEM WEIB GERAMMT. Darüber mußte Connie lachen. Arnold Friend war erfreut und blickte zu ihr auf. »Auf der andern Seite is auch noch ne Menge – willstes dir mal ankucken?«

»Nein.«

»Warum nich?«

»Wozu denn?«

»Willste nich sehn, was alles auf dem Wagen is? Willste nichn Stückchen mitfahrn?«

»Ich weiß nicht.«

»Warum nich?«

»Ich hab alles mögliche zu tun.«

»Zum Beispiel?«

»Alles mögliche.«

Er lachte, als hätte sie etwas Witziges gesagt. Er schlug sich auf die Schenkel. Er hatte eine eigentümliche Art dazustehen, an den Wagen gelehnt, als hätte er Mühe, die Balance zu halten. Er war nicht groß, nur wenige Zentimeter größer als sie wäre, wenn sie zu ihm hinunterginge. Connie gefiel, wie er gekleidet war, im gleichen Stil, wie sie alle sich kleideten: enge, ausgebleichte Jeans, in schwarze, abgestoßene Stiefel gesteckt, ein Gürtel, der die Taille betonte und zeigte, wie dünn er war, dazu ein weißes Polohemd, ein bißchen schmuddelig, und drunter, deutlich sichtbar, die derben, kleinen Muskelpakete seiner Arme und Schultern. Er sah aus, als würde er schwere Arbeiten verrichten. Lasten heben und tragen. Selbst sein Hals sah muskulös aus. Und sein Gesicht war irgendwie vertraut: Unterkiefer und Kinn und Wangen schimmerten dunkel, weil er sich ein oder zwei Tage lang nicht rasiert hatte, und die lange Habichtsnase witterte, als sei sie ein leckerer Braten, den er gleich mit großem Vergnügen verschlingen würde.

»Connie, du sagst nich die Wahrheit. Du hast dir den Tag extra freigehalten für ne kleine Runde mit mir, das weißt du doch«, sagte er, noch immer lachend. Aber die Art, wie er sich aufrichtete und sich von seinem Lachanfall erholte, zeigte, daß alles Verstellung war.

»Woher weißt du eigentlich, wie ich heiße?« fragte sie argwöhnisch.

»Du heißt Connie.«

»Vielleicht, vielleicht auch nicht.«

»Ich kenn doch meine Connie«, sagte er und drohte ihr mit dem Finger. Jetzt konnte sie sich noch deutlicher an ihn erinnern, damals vor dem Lokal, und ihr wurde warm bei dem Gedanken, wie sie genau in dem Augenblick, als sie an ihm vorbeiging, tief Luft geholt hatte – wie sie auf ihn gewirkt haben mußte. Und er hatte sich an sie erinnert. »Ellie und ich sind extra wegen dir hier rausgekommen«, sagte er. »Ellie kann sich nach hinten setzen. Na, wie wärs?«

»Wohin?«

»Was wohin?«

»Wohin fahren wir?«

Er blickte sie an. Er nahm die Sonnenbrille ab, und sie sah, wie blaß die Hautstellen rings um seine Augen waren, wie Löcher, nicht aus Schatten, sondern aus Licht. Seine Augen waren wie Glassplitter, die das Licht auf spielerische Art einfangen. Er lächelte. Es war, als sei der Gedanke, irgendwohin, an irgendeinen Ort spazierenzufahren, für ihn selbst neu.

»Bloß bißchen spazierenfahrn, Connielein.«

»Wer sagt denn, daß ich Connie heiße?« fragte sie.

»Ich weiß es eben. Ich weiß, wie du heißt, ich weiß alles über dich, ne ganze Menge«, sagte Arnold Friend. Er hatte sich noch nicht vom Fleck gerührt, stand noch immer an die Seite seines Cabrios gelehnt. »Du bist mir aufgefalln, son hübsches Mädchen, und ich hab alles über dich rausgefunden – ich weiß zum Beispiel, daß deine Eltern und deine Schwester irgendwo hingefahrn sind, und ich weiß auch wohin, und wie lang sie weg sind, und ich weiß, mit wem du gestern abend zusammen warst, und deine beste Freundin heißt Betty. Stimmts?«

Er sprach mit einfacher, rhythmischer Stimme, als sage er den Text eines Liedes auf. Sein Lächeln versicherte ihr, daß alles in Ordnung sei. Ellie, der noch immer im Wagen saß, stellte sein Radio lauter und schenkte ihnen keine Beachtung.

»Ellie kann auf den Rücksitz«, sagte Arnold Friend. Mit

lässiger Kinnbewegung deutete er auf seinen Freund, als zähle Ellie nicht, als brauche sie ihm keine Beachtung zu schenken.

»Wie hast du das alles rausgekriegt?« fragte Connie.

»Hör dir das an: Betty Schultz und Tony Fitch und Jimmy Pettinger und Nancy Pettinger«, leierte er. »Raymond Stanley und Bob Hutter–«

»Kennst du die alle?«

»Ich kenn alle.«

»Hör mal, du willst mich auf den Arm nehmen. Du bist doch gar nicht von hier.«

»Aber klar doch.«

»Aber – wie kommt es dann, daß wir dich noch nie gesehen haben?«

»Klar hast du mich schon mal gesehen«, sagte er. Er blickte auf seine Stiefel hinunter, als sei er ein wenig beleidigt. »Du erinnerst dich bloß nich mehr dran.«

»Ich glaub, an dich würde ich mich schon erinnern«, sagte Connie.

»Tatsache?« Er blickte auf und strahlte. Er fühlte sich geschmeichelt. Er begann, im Takt mit der Musik aus Ellies Radio die Fäuste gegeneinanderzuschlagen. Connie guckte von seinem Lächeln weg auf den Wagen, der so leuchtend lackiert war, daß es fast wehtat hinzusehen. Sie schaute auf den Namen, ARNOLD FRIEND. Und oben, am vorderen Kotflügel, stand ein vertrauter Spruch – BEMANNT DIE FLIEGENDEN UNTERTASSEN. Der Spruch war im vergangenen Jahr unter den Jugendlichen Mode gewesen, aber in diesem Jahr nicht mehr. Sie schaute die Wörter eine Weile an, als bedeuteten sie etwas für sie, das sie selbst noch nicht wußte.

»An was denkste? Hm?« wollte Arnold Friend wissen. »Haste etwa Angst, daß der Wind dir die Haare zerwühlt im Auto?«

»Nein.«

»Meinste vielleicht, daß ich nich gut Auto fahrn kann?«

»Woher soll ich das wissen?«

»Du machst es eim aber schwer. Was issen los?« fragte er. »Haste nich kapiert, daß ich dein Freund bin? Haste nich mitgekriegt, wie ich mein Zeichen gemacht hab, wie du vorbeigegangen bist?«

»Was für ein Zeichen?«

»Mein Zeichen.« Er malte ein X in die Luft und beugte sich dabei zu ihr vor. Sie standen vielleicht drei Meter voneinander entfernt. Als die Hand wieder an seiner Seite heruntergefallen war, stand das X noch immer in der Luft, fast sichtbar. Connie ließ die Außentür zufallen, blieb reglos dahinter stehen und hörte, wie die Musik aus ihrem Radio und aus dem des jungen Mannes verschmolz. Sie blickte Arnold Friend starr an. Er stand so gezwungen lässig da, spielte den Lässigen, die eine Hand wie zufällig auf dem Türgriff, als halte er sich daran aufrecht und habe nicht die Absicht, sich je wieder vom Fleck zu rühren. Das meiste an ihm kam ihr bekannt vor, die engen Jeans, unter denen sich Schenkel und Hintern abzeichneten, und die speckigen Lederstiefel und das enge Hemd, und selbst dieses schlüpfrige, freundliche Lächeln, dieses tranige, träumerische Lächeln, mit dem alle Jungen einem immer Dinge mitzuteilen versuchten, die sie nicht in Worte fassen wollten. All das kam ihr bekannt vor und auch seine singende Art zu sprechen, ein bißchen spöttisch, neckisch, und doch ernst und ein wenig melancholisch, und auch seine Art, die eine Faust gegen die andere zu schlagen, als Huldigung an die allgegenwärtige Musik hinter ihm, auch das kam ihr bekannt vor. Aber sie konnte sich auf alles keinen Reim machen.

Sie fragte unvermittelt, »He, wie alt bist du eigentlich?«

Sein Lächeln erstarb. In diesem Augenblick bemerkte sie, daß er kein Jugendlicher war, er war viel älter – dreißig, vielleicht mehr. Bei dieser Erkenntnis begann ihr Herz schneller zu klopfen.

»Was für ne verrückte Frage. Siehste nich, daß ich so alt bin wie du?«

»Wer's glaubt, wird selig.«

»Oder vielleicht paar Jährchen älter. Achtzehn bin ich.«

»Achtzehn?« sagte sie zweifelnd.

Er grinste, um sie zu beruhigen, und um seine Mundwinkel herum wurden Falten sichtbar. Seine Zähne waren groß und weiß. Er grinste so breit, daß seine Augen sich zu Schlitzen verengten, und sie sah, wie dick seine Wimpern waren, dick und schwarz, als seien sie mit irgendeinem schwarzen, teerartigen Zeug getuscht. Dann schien er mit einem Mal verlegen zu werden und guckte über die Schulter auf Ellie. »*Der* da is bekloppt«, sagte er. »Is er nich zum Brüllen? Er hat ne Macke, n echtes Original.« Ellie lauschte noch immer der Musik. Seine Brillengläser ließen nicht erkennen, was er dachte. Er trug ein hell orangefarbenes Hemd, halb aufgeknöpft, das seine Brust zeigte, eine blasse, bläuliche Brust, nicht muskulös wie die von Arnold Friend. Sein Hemdkragen war rund herum aufgestellt, und die Kragenecken ragten über sein Kinn hoch, als schützten sie ihn. Er preßte sich den Transistor ans Ohr und saß da wie betäubt, mitten in der Sonne.

»Er is bißchen komisch«, sagte Connie.

»Ey, sie sagt, du wärst bißchen komisch! Bißchen komisch!« schrie Arnold Friend. Er hämmerte auf den Wagen, um Ellie auf sich aufmerksam zu machen. Ellie drehte sich zum ersten Mal herum, und Connie sah voll Schreck, daß auch er kein Jugendlicher war – er hatte ein helles, haarloses Gesicht mit leicht geröteten Wangen, als lägen die Adern zu dicht unter seiner Hautoberfläche, das Gesicht eines vierzigjährigen Säuglings. Bei diesem Anblick überkam Connie Schwindel, und sie starrte ihn an, als warte sie darauf, daß irgendetwas den Schreckensmoment verwandeln und alles wieder in Ordnung bringen werde. Ellies Lippen formten unentwegt Worte und murmelten mit den Worten mit, die ihm ins Ohr gellten.

»Ich glaub, ihr zwei fahrt besser wieder weg«, sagte Connie matt.

»Was? Wieso?« rief Arnold Friend aus. »Wir sind hier rausgekommen, weil wir mit dir ne Runde spazierenfahren wolln. Es is Sonntag.« Er hatte jetzt die Stimme des Radioansagers. Es war die gleiche Stimme, dachte Connie.

»Hast du vergessn, daß den ganzn Tag lang Sonntag is? Und, Süße, egal mit wem du gestern abend zusammen warst, heut bist du mit Arnold Friend zusammen, vergiß das nich! Vielleicht kommst du besser mal hier raus«, sagte er, und nun klang seine Stimme verändert. Ein wenig flacher, als setze ihm die Hitze allmählich zu.

»Nein, ich hab zu tun.«

»Ey.«

»Ihr solltet besser wegfahren.«

»Wir fahrn nich weg, bevor du rauskommst.«

»Ich werd den Teufel tun –«

»Connie, mach kein Quatsch. Ich mein – ich mein, mach kein *Quatsch*«, sagte er und schüttelte den Kopf. Er lachte ungläubig. Er schob die Sonnenbrille hoch und setzte sie sich auf den Kopf, behutsam, als hätte er tatsächlich eine Perücke auf, und streifte die Bügel hinter die Ohren. Connie blickte ihn starr an, von einer erneuten Welle von Schwindel und Furcht gepackt, so daß sie ihn einen Augenblick lang nicht einmal mehr scharf sah, nur als verschwommenen Klecks, der an seinem goldenen Wagen lehnte, und ihr war, als sei er zwar die Einfahrt heraufgefahren, davor aber von nirgendwo hergekommen und gehöre nirgendwo hin, und als sei alles an ihm, selbst an der Musik, die ihr so vertraut war, nur halb wirklich.

»Wenn mein Vater kommt und dich hier sieht –«

»Der kommt nich. Der is auf nem Grillfest.«

»Woher willst du das wissen?«

»Bei Tante Tillie. Im Moment sin sie grade – äh – am Trinken. Am Rumsitzen«, sagte er vage und kniff die Augen zusammen, als blicke er angestrengt hinüber in die Stadt und weiter bis in Tante Tillies Garten. Dann schien er klar zu sehen und nickte energisch. »Genau. Sie sin am Rumsitzen. Deine Schwester is auch dabei, in eim blauen Kleid, richtig? Und mit Stöckelschuhn, das arme Luder – nich mit dir zu vergleichen, Schätzchen! Un deine Mutter hilft irgendso ner dicken Frau beim Maisputzen – Maisenthülsen –«

»Was denn für eine dicke Frau?« rief Connie.

»Was weiß ich, was für ne dicke Frau, ich kenn doch nich jede bescheuerte dicke Frau auf der Welt!« lachte Arnold Friend.

»Ach, das ist Mrs. Hornsby ... Wer hat die denn eingeladen?« fragte Connie. Ihr wurde seltsam leicht im Kopf. Ihr Atem ging rasch.

»Sie is zu dick. Ich kann dicke Fraun nich leiden. Ich mag sie
so wie du bist, Süße«, sagte er und lächelte sie schläfrig an. Sie
starrten einander eine Weile durch das Fliegengitter der Außentür an. Er sagte sanft, »Also, du machst jetzt folgendes: Du
kommst aus der Tür da raus. Du setzt dich zu mir nach vorn in
den Wagen, und Ellie setzt sich hinten hin, Ellie hat nix zu
melden, klar? Das hier is nich sein Bier. Du bist mein Mädchen.
Ich bin dein Schatz, Süße.«

»Was? Du bist wohl verrückt –«

»Ja, ich bin dein Schatz. Du weißt noch nich, was das is, aber
du wirsts bald wissen«, sagte er. »Auch das weiß ich. Ich weiß
alles über dich. Aber kuck mal: Es is was ganz Schönes, un du
kannst dir kein Bessern wünschen als mich, kein Höflicheren.
Und was ich versprech, das halt ich auch. Ich sag dir, wies is, ich
bin am Anfang immer ganz lieb, beim ersten Mal. Ich halt dich
so fest, daß dir gar nich mehr nach Weglaufen is oder nach
irgendwelchen Ausredn, weil du weißt, dasses nich geht. Und
dann komm ich in dich rein, wos so schön heimlich is, und dann
wirst du ganz weich werden und ganz lieb sein zu mir –«

»Halt den Mund! Du bist verrückt!« sagte Connie. Sie wich
von der Tür zurück. Sie hielt sich die Hände an die Ohren, als
hätte sie etwas Schreckliches gehört, etwas, das nicht für ihre
Ohren bestimmt war. »So redet man nicht, du bist verrückt«,
murmelte sie. Ihr Herz war jetzt fast zu groß für ihre Brust,
und es pochte so heftig, daß ihr der Schweiß aus allen Poren
trat. Sie guckte hinaus und sah Arnold Friend kurz zögern und
dann einen Schritt auf die Veranda zumachen und straucheln.
Fast wäre er gestürzt. Aber mit der Gewitztheit eines Betrun-
kenen fing er sich wieder. Er kippelte in seinen hohen Stiefeln
und griff Halt suchend nach einem der Verandapfosten.

»Süße?« sagte er. »Hörst du mir noch zu?«

»Hau bloß ab!«

»Sei nett zu mir, Süße. Paß mal auf.«

»Ich rufe die Polizei –«

Er kippelte wieder und spuckte blitzschnell einen Fluch aus
dem Mundwinkel, zur Seite hin, als solle sie ihn nicht hören.
Aber selbst dieses »Sakrament« klang aufgesetzt. Dann begann

er wieder zu lächeln. Sie sah dieses Lächeln kommen, verzerrt, als lächle er aus einer Maske heraus. Sein ganzes Gesicht war eine Maske, dachte sie panisch, seine Sonnenbräune ging ihm bis zum Hals und lief dann aus, als hätte er sich Make-up aufs Gesicht gekleistert und den Hals vergessen.

»Süße –? Paß mal auf, es is so. Ich sag immer die Wahrheit, und ich versprech dir: Ich komm dir nicht nach ins Haus.«

»Das läßt du auch besser bleiben! Ich rufe die Polizei an, wenn du – wenn du nicht –«

»Du«, sagte er mitten in ihre Stimme hinein, »Süße, ich komm nich da rein, aber du kommst hier raus. Weißt du auch warum?«

Sie keuchte. Die Küche sah aus wie ein Ort, den sie noch nie gesehen hatte, ein Raum, in den sie hineingelaufen war, der aber nicht das Richtige war, der ihr nichts nützen würde. Das Küchenfenster hatte in drei Jahren noch keinen Vorhang bekommen, und im Waschbecken stand Geschirr, das sie – vermutlich – abwaschen sollte, und wenn man mit der Hand über den Tisch fuhr, würde man vermutlich etwas Klebriges fühlen.

»Hörst du mich, Süße? He?«

» – rufe gleich die Polizei –«

»Wenn du das Telefon anfaßt, brauch ich mein Versprechen nich halten un kann reinkomm. Das willst du doch bestimmt nich haben.«

Sie stürzte vor und versuchte, die Tür zu verriegeln. Ihre Finger bebten. »Aber wozu denn den Riegel zumachen«, sagte Arnold Friend sanft und sprach ihr direkt ins Gesicht. »Das is doch bloß ne Fliegentür. Das is doch gar nix.« Einer seiner Stiefel war eigentümlich abgewinkelt, im Fußgelenk nach links geknickt, als stecke kein Fuß darin. »Ich mein, jeder kann durch ne Fliegentür und durch Glas und Holz und Eisen durchbrechen, wenn es sein muß, jeder, allen voran Arnold Friend. Wenn in der Bude plötzlich Feuer ausbrechen würde, Süße, dann würdst du rausgerannt kommen in meine Arme, direkt in meine Arme, wo du hingehörst, – als würdst du wissen, daß ich dein Schatz bin und würdst keine Zicken mehr machen. Ich hab nix gegen ein nettes, schüchternes Mädchen, aber ich kanns nich leiden, wenn ein Mädchen Zicken macht.« Einige dieser Worte waren in leicht rhythmischem Tonfall vorgebracht worden, und sie kamen Connie irgendwie bekannt vor – wie das Echo eines Schlagers aus dem letzten Jahr über ein Mädchen, das sich ihrem Freund in die Arme wirft und wieder da ist, wo es hingehört.

Connie stand barfuß auf dem Linoleumfußboden und starrte ihn an. »Was willst du?« flüsterte sie.

»Ich will dich«, sagte er.

»Was?«

»Ich hab dich neulich abend gesehn, un da hab ich mir gedacht, das ist die Richtige, jawoll. Ich hab nich zwei Mal hinsehn brauchen.«

»Aber mein Vater kommt gleich zurück. Er holt mich ab. Ich hab bloß noch meine Haare waschen müssen.« Sie sprach mit trockener, hastiger Stimme, kaum laut genug, daß er sie hören konnte.

»Dein Daddy kommt nich, nee, und stimmt, du hast deine Haare waschen müssen, und zwar für mich. Sie sind schön und glänzen, alles für mich. Ich danke dir, Schätzchen«, sagte er mit einer gespielten Verbeugung, aber wieder verlor er beinah das Gleichgewicht. Er mußte sich hinunterbeugen und den Sitz seiner Stiefel korrigieren. Offensichtlich reichten seine Füße nicht bis ganz hinein; die Stiefel mußten mit etwas ausgestopft worden sein, damit er größer wirkte. Connie blickte starr zu ihm hinaus und hinter ihm auf Ellie, der noch immer im Wagen saß und rechts an Connie vorbei ins Nichts zu gucken schien. Dieser Ellie sagte plötzlich, und er pflückte die Worte eins nach dem anderen aus der Luft, als entdecke er sie gerade erst, »Willste, daß ich das Telefon rausreiß?«

»Halt den Mund und laß ihn schön fest zu«, sagte Arnold Friend, im Gesicht rot vom Bücken oder vielleicht vor Verlegenheit, weil Connie seine Stiefel gesehen hatte. »Das hier geht dich nix an.«

»Was – was machst du? Was willst du?« sagte Connie. »Wenn ich die Polizei rufe, holen sie dich, dann verhaften sie dich –«

»Ich hab versprochen, daß ich nich reinkomm, wenn du die Finger von dem Telefon läßt, und versprochen is versprochen«, sagte er. Er nahm wieder eine aufrechte Stellung ein und bemühte sich krampfhaft, seine Schultern zu straffen. Er hörte sich an wie ein Kinoheld, der etwas Wichtiges verkündet. Aber er sprach übertrieben laut, und es war, als spreche er mit jemand hinter Connie. »Ich hab nich vor, das Haus zu betreten, wo ich nich hingehör, ich will bloß, daß du rauskommst zu mir, wie sichs gehört. Weißt du nich, wer ich bin?«

»Du bist wahnsinnig«, flüsterte sie. Sie wich von der Tür zurück, wollte aber nicht in einen anderen Teil des Hauses gehen, als würde ihm das die Berechtigung geben, zur Tür hereinzukommen. »Was hast du ... du bist wahnsinnig, du ...«

»Hm? Was sagte, Süße?«

Ihre Blicke schossen kreuz und quer durch die Küche. Sie konnte sich nicht erinnern, was das war, dieser Raum.

»Ich sag dir, was du jetzt machst, Kleines: Du kommst raus und wir fahren los und machen ne nette kleine Runde. Aber wenn du nich rauskommst, dann warten wir, bis deine Leute nach Hause kommen, und dann können sie alle was erleben.«

»Willste das Telefon raushaben?« fragte Ellie. Er hielt das Radio vom Ohr weg und zog eine Grimasse, als könne er die Luft ohne das Radio nicht ertragen.

»Ich hab gesagt halt die Klappe, Ellie«, sagte Arnold Friend, »du bis wohl taub, besorg dirn Hörapparat, ja? Reiß dich zusammen. Die Kleine hier is okay, sie wird nett sein zu mir, also halt dich da raus, das is nich dein Mädchen, – alles klar? Öd mich nich an, mach keinen Stunk, geh mir nich auf die Nüsse, schnüffel nich hinter mir her, rück mir von der Pelle«, sagte er mit hastiger, nichtssagender Stimme, als probiere er alle Ausdrücke durch, die er gelernt hatte, weil er nicht mehr sicher war, welcher davon Mode war, und haspelte noch weitere herunter, die er mit geschlossenen Augen erfand. »Komm mir nich ins Gehege, mach mir nich meinen Hamster scheu, steck deine Nase nich in meine Sachen, leck mich am Ärmel, behalt deine dreckigen Pfoten, wo se hingehörn!« Er schirmte seine

Augen ab und spähte zu Connie hinein, die mit dem Rücken am Küchentisch stand. »Kümmer dich nich um den, Süße, das is ein Depp. Er is ein Armleuchter. Klar? Ich bin der Mann für dich, und, wie gesagt, du kommst jetzt hier raus, lieb und nett, und gibst mir deine Hand, und dann passiert niemand was, ich mein deinen netten, glatzköpfigen ollen Vater und deine Mammi und deine Schwester in ihrn Stöckelschuhn. Denk mal nach: warum willste die da reinziehn?«

»Laß mich in Ruhe«, flüsterte Connie.

»He, kennst du die alte Frau, unten an der Straße, die mit den Hühnern und so – kennst du die?«

»Die ist tot!«

»Tot? Was denn? Kennst du sie?« sagte Arnold Friend.

»Sie ist tot –«

»Kannst du sie nich leiden?«

»Sie ist tot – sie ist – sie ist nicht mehr da –«

»Aber magst du sie nich, ich mein, hast du was gegen sie? Bist du ihr vielleicht böse, wegen irgendwas?« Dann senkte er die Stimme, als sei er sich einer Gemeinheit bewußt geworden. Er faßte nach der Sonnenbrille, die oben auf seinem Kopf steckte, als wolle er sich vergewissern, daß sie noch da war. »Jetzt sei ein artiges Mädchen.«

»Was hast du vor?«

»Bloß zwei Sachen, oder vielleicht drei«, sagte Arnold Friend. »Aber ich versprech, es wird nich lange dauern, und du wirst mich lieb haben, wie man Leute lieb hat, die einem nahstehn. Ganz bestimmt. Du hast nix mehr zu suchen hier, also komm raus. Du willst doch nich, daß deine Leute Ärger kriegen, oder?«

Sie drehte sich um und rempelte einen Stuhl oder irgendetwas, ihr Bein tat weh, aber sie rannte in den hinteren Raum und nahm den Telefonhörer ab. Etwas dröhnte in ihr, ein winziges Dröhnen, und sie war so wahnsinnig vor Angst, daß sie auf nichts sonst mehr hören konnte – das Telefon war klamm und sehr schwer, und ihre Finger griffen blind nach der Wählscheibe, waren aber zu schlaff, sie zu berühren. Sie begann, in den Hörer, in das Dröhnen hineinzuschreien. Sie schrie drauflos, sie schrie nach ihrer Mutter, sie fühlte ihren Atem in ihren Lungen hin- und herzucken, als sei er etwas, womit Arnold Friend unsanft wieder und wieder auf sie einstach. Ein lautes, kummervolles Wimmern erhob sich rings um sie her, und sie war darin eingesperrt, so wie sie in dieses Haus eingesperrt war.

Nach einer Weile konnte sie wieder hören. Sie saß auf dem Fußboden, den nassen Rücken an die Wand gelehnt.

Arnold Friend sagte von der Tür her, »So isses brav. Leg den Hörer wieder auf.«

Sie stieß den Hörer von sich weg.

»Nein, Kleines. Nimm ihn in die Hand. Leg ihn schön wieder auf.«

Sie nahm ihn in die Hand und legte ihn auf. Das Rufzeichen hörte auf.

»So isses brav, mein Mädchen. Und jetzt komm raus.«

Sie war wie ausgehöhlt von dem, was Angst gewesen war, was jetzt nur noch Leere war. Das viele Schreien hatte es aus ihr herausgefegt. Sie saß da, ein Bein verkrampft unter sich angezogen, und tief in ihrem Hirn war etwas wie ein winziger Lichtpunkt, der unaufhörlich leuchtete und ihr keine Ruhe ließ. Sie dachte, nie wieder werde ich meine Mutter sehen. Sie dachte, nie wieder werde ich in meinem Bett schlafen. Ihre hellgrüne Bluse war durchnäßt.

Arnold Friend sagte mit volltönender Stimme, die wie eine Theaterstimme klang, »Das Zuhause, wo du herkommst, gibts nicht mehr, und das, wo du hinwolltest, hat sich erledigt. Die Bude, in der du jetzt bist – das Haus von deim Pappi – is nix weiter wien Kartenhaus, das ich jederzeit zu Kleinholz machen kann. Das weißt du, und du hast es immer gewußt. Hörst du?«

Sie dachte, ich muß nachdenken. Ich muß überlegen, was ich machen soll.

»Wir fahrn raus ins Grüne, aufs Land, wos so gut riecht und wo die Sonne schön scheint«, sagte Arnold Friend. »Ich nehm dich so fest in meine Arme, daß du gar nich mehr an weglaufen denkst, und ich zeig dir, was Liebe is, wie sich das anfühlt. Dieses Haus is doch ein Witz! Es sieht zwar einigermaßen stabil aus«, sagte er. Er fuhr mit einem Fingernagel über das Fliegengitter, und das Geräusch ließ Connie nicht schaudern, wie es ihr noch am Tag zuvor ergangen wäre. »Jetzt leg mal die Hand auf dein Herz, Süße. Spürst dus? Das fühlt sich auch stabil an, aber das kennwer schon. Sei nett zu mir, sei so lieb, wie du kannst, was bleibt eim Mädchen wie dir denn übrig, als lieb und hübsch sein und willig – und sich ausm Staub machen, bevor ihre Leute wieder nach Hause kommen?«

Sie tastete nach ihrem pochenden Herzen. Ihre Hand schien es zu umschließen. Zum ersten Mal in ihrem Leben war ihr, als sei es nicht ein Stück von ihr, das ihr gehörte, sondern nur ein pochendes, lebendes Etwas in diesem Körper, der auch nicht so recht zu ihr gehörte.

»Du willst doch nich, daß denen was passiert«, fuhr Arnold Friend fort. »Steh jetzt auf, Süße. Steh ganz von selber auf.«

Sie stand auf.

»Jetzt kommst du hier lang. So isses gut. Komm hier rüber zu mir. – Ellie, steck das weg, habbich dir das nich gesagt? Du Blödmann. Du elender, dämlicher Blödmann«, sagte Arnold Friend. Seine Worte waren nicht böse, nur Teil einer Beschwörung. Die Beschwörung war einschmeichelnd. »Jetzt kommst du durch die Küchentür raus zu mir, Süße, und zeig uns mal ein Lächeln, versuchs mal, du bist ein tapferes, süßes kleines Mädchen, und jetzt essen sie Mais und Bratwürste, die ham sie überm offenen Feuer gegrillt, bis sie platzen, und sie wissen rein gar nix über dich, hamsie auch noch nie gewußt, und Süße, du bist besser als die, weil – sowas hätte keiner von denen für dich gemacht.«

Connie spürte das Linoleum unter ihren Füßen; es war kühl. Sie strich sich die Haare aus den Augen. Arnold Friend ließ den Pfosten vorsichtig los und breitete die Arme aus mit nach innen, aufeinander zugekehrten Ellbogen und lockeren Handgelenken, zum Beweis, daß dies eine unbeholfene Umarmung war, auch ein wenig verspielt, er wollte sie nicht verlegen machen.

Sie streckte die Hand nach dem Fliegengitter aus. Sie sah sich selbst zu, wie sie langsam die Tür aufdrückte, als sei ihr eigentliches Ich irgendwo in der anderen Türöffnung in Sicherheit und schaute diesem Körper und diesem Kopf mit den langen Haaren zu, wie er sich hinausbewegte ins Sonnenlicht, wo Arnold Friend wartete.

»Mein süßes, kleines blauäugiges Mädchen«, sagte er in einem halb gesungenen Seufzer, der nichts zu tun hatte mit ihren braunen Augen, aber gleichwohl von dem weitläufigen, sonnenbeschienenen Land hinter ihm und rings um ihn herum aufgenommen wurde – so viel Land, das Connie noch nie zuvor gesehen hatte und nicht erkannte, von dem sie nur wußte, daß sie dorthin unterwegs war.

Ins Deutsche übertragen von Barbara Henninges

Wie ich die Welt von der Detroiter Jugendstrafanstalt betrachtete und mein Leben von vorne anfing

Anmerkungen zu einem Essay für eine
Englischklasse in der Baldwin Country Tagesschule;
Stöbern im Schutt; Ekel und Neugier;
Offenbarung vom Sinn des Lebens; ein happy end...

I. EREIGNISSE

1. Das Mädchen (ich selbst) geht durch Brandens, das exzellente Kaufhaus. Vorort einer berühmten Großstadt, die ein Symbol für berühmte amerikanische Großstädte ist. Das Ereignis schleicht sich an das Mädchen heran, das meint, es mit einem kleinen, starren Lächeln zu beherrschen, ein Mädchen von fünfzehn, unschuldig in seinen Erfahrungen. Sie schlendert in einem gewissen Stil an einem Ladentisch mit Modeschmuck vorüber. Ringe, Ohrringe, Halsketten. Preise von 5 bis 50 Dollar, alles in Reichweite. Alles häßlich. Sie schlendert hinüber zu dem Ladentisch mit Handschuhen, wo auch alles häßlich ist. In ihrem enganliegenden Mantel mit dem schwarzen Pelzkragen betrachtet sie den Luxus von Brandens, den sie seit vielen Jahren kennt: seine vielen milden, blassen Lampen, angenehm fürs Auge und für die Seele, seine kunstvollen, tingeligen Dekorationen, seine Käuferinnen mit ihren exzellenten Schuhen und Mänteln und Frisuren, alle graziös schlendernd, ohne jede Eile.

Wer war hier je in Eile?

2. Das Mädchen zuhause sitzend. Eine kleine Bibliothek, mit Eiche getäfelte Wände. Jemand spricht zu mir. Eine ernste, heisere, weibliche Stimme drängt sich in meine Ohren, nervös, ängstlich tastet sie um mein Herz herum und sagt: »Wenn du Handschuhe wolltest, warum hast du nichts gesagt? Warum

hast du nicht darum gebeten?« Dieses Kaufhaus, Brandens, gehört Raymond Forrest, der in Du Maurier Drive wohnt. Wir wohnen in Sioux Drive. Raymond Forrest. Ein gutaussehender Mann? Ein häßlicher Mann? Ein Mann von fünfzig oder sechzig, mit grauem Haar, oder ein Mann von vierzig mit ernsten, höflichen Augen, ein guter Golfspieler; wer ist Raymond Forrest, dieser Mann, der meine Rettung ist? Vater hat mit ihm gesprochen. Vater ist nicht sein Arzt; Dr. Berg ist sein Arzt. Vater und Dr. Berg überweisen sich gegenseitig Patienten. Es besteht da eine Verbindung. Mutter spielt Bridge mit . . . Montags und mittwochs arbeitet unser Mädchen Billie bei . . . Die Fäden ziehen sich zusammen und bilden ein Netz, um dich zu retten, wenn du fällst . . .

3. *Harriet Arnolds*. Ein kleines Geschäft, besser als Brandens. Mutter in ihrem schwarzen Mantel, ich in meinem enganliegenden, blauen Mantel. Einkaufen. Jetzt sieh dir das mal an, ist das nicht süß, möchtest du das haben, warum möchtest du das nicht haben, probier das mal an, nimm das mit in die Umkleidekabine, nimm das auch, was ist los mit dir, was kann ich für dich tun, warum bist du so komisch . . .? »Ich wollte klauen und nicht kaufen«, sage ich ihr nicht. Das Mädchen hängt in Mantel und Handschuhen und Lederstiefeln herum, ihre Augen suchen den Horizont ab, der pastell-rosa ist und dekoriert wie bei Brandens, geschmackvolle Wände und moderne Decken mit graziös schimmernden Lampen.

4. Wochen später, das Mädchen an der Bushaltestelle. Zwei Uhr nachmittags, ein Dienstag; offensichtlich ist sie aus der Schule weggelaufen.

5. Das Mädchen aus dem Bus aussteigend. Nachmittags, Wetter veränderlich, eher kälter. Detroit. Bürgersteig und geschlossene Geschäfte; Gitterwerk an den Fenstern eines Pfandhauses. Was ist ein Pfandhaus genau?

1. Das Mädchen ist einszweiundsechzig groß. Eine normale Größe. Die Baldwin Country Tagesschule zieht sie zu dieser Größe heran. Sie träumt die Flure entlang und drückt ihr Gesicht gegen die Thermopenscheiben. Kein Frost oder Dampf kann sich je auf diesem Glas bilden. Ein Fettfleck von ihrer Stirne... könnte sie zu Fett zusammengekocht werden? Sie trägt ihr Haar lose und lang und glatt im 68er-Teenager-Stil der Vorstädte. Augen verschmiert mit Lidstrich, dunkelbraun. Braunes Haar. Unbestimmt grüne Augen. Ein hübsches Mädchen? Ein häßliches Mädchen? Sie singt leise vor sich hin, auf dem Flur trödelnd denkt sie an ihre vielen Geheimnisse (die dreißig Dollar, die sie einmal aus der Handtasche der Mutter eines Freundes genommen hat, nur zum Spaß, das Kellerfenster, das sie in ihrem eigenen Haus nur zum Spaß eingeworfen hat) und denkt an ihren Bruder, der auf die Susquehanna Jungenschule geht, ein ausgezeichnetes Privatinternat in Maine, erinnert sich undeutlich an ihn... er hat lange, wüste Haare und eine piepsige Stimme, und er sieht aus wie einer von den beliebten Teenager-Sängern von 1968, einer von denen in einer Gruppe, *The Certain Forces, The Way Out, The Manics Responsible*. Das Mädchen sieht ihrerseits wie eines von den Horden von Mädchen aus, die den Jungen beim Singen zuhören, ruhelos träumen und dösen, in hohes, verdrossenes Lachen ausbrechen, unschuldig in ihren Erfahrungen.

2. Die Mutter. Eine Midwestern Frau aus Detroit und seinen Vororten. Gehört zum Detroiter Sportclub. Auch zum Detroiter Golfclub. Auch zum Bloomfield Hills Country Club. Zum Village Frauenclub, bei dem jeden Winter Vorträge über Genet und Sartre und James Baldwin gehalten werden, vom Direktor des Erwachsenenbildungsprogramms der Wayne State University... Zum Bloomfield Kunstverein. Auch zur Gründungsgesellschaft des Detroiter Kunstinstituts. Auch... Oh, sie ist ständig unterwegs, diese Dame, Haare wie aufgeblasenes Gold und feiner als Gold, Haar und Finger und Körper von unschätz-

barer Grazie. Schwer lastet das Gold auf dem Rücken ihrer Haarbürste und ihres Handspiegels. Schwer, schwer die Kerzenleuchter im Eßzimmer. Sehr schwer ist das große Auto, ein Lincoln, lang und schwarz, das eines kühlen Herbsttages ein Eichhörnchen in zwei ungleiche Teile geteilt hat.

3. Der Vater. Dr.   . Er gehört zu denselben Clubs wie Nr. 2. Ein Squash- und Golf-Spieler; er hat einen gestreiften Golfschirm, rot-weiß wie Bonbons. In seinem Mund wird allerdings nichts zu Zucker; hier wirkt Spucke keine Wunder. Er behandelt die Leichtkranken. Die Kranken werden anderswohin geschickt (zu Dr. Berg?), die Todkranken werden zu weiteren Untersuchungen zurückgeschickt, und ihre Rechnungen werden ihnen nach Hause geschickt, die Nicht-Kranken werden zu Dr. Coronet (Isabel, eine Dame) geschickt, eine exzellente Psychiaterin für nicht-kranke Leute, die finster daran glauben, sie seien krank, und etwas dafür tun wollen. Wenn sie einen männlichen Psychiater wollen, werden die Nicht-Kranken von Dr.   (meinem Vater) zu Dr. Lowenstein geschickt, einem Psychiater, exzellent und teuer, mit beschränkter Praxis.

4. Clarita. Sie ist zwanzig, fünfundzwanzig, sie ist dreißig oder älter? Hübsch, häßlich, was? Sie ist eine Frau, die sich am Straßenrand räkelt, in Jeans und Pullover, per Anhalter fährt, oder sie lümmelt sich an eine Theke in irgendeinem Straßenlokal. Eine harte Kinnlinie. Neugierige Augen. Belustigte Augen. Hinter ihren Augen bewegen sich Prozessionen, Beerdigungsumzüge, Cartoons. Sie sagt, »Ich kann mir nicht vorstellen, warum Mädchen wie du hier rumgammeln. Wonach suchst du überhaupt?« Ein Geruch von Tabak um sie. Ungewaschene Unterwäsche, oder keine Unterwäsche, ungewaschene Haut, sandige Zehen, Haare lang und in Strähnen fallend, länger nicht gewaschen.

5. Simon. In dieser Stadt ändert sich das Wetter plötzlich, also ändert sich Simons Wetter plötzlich. Er schläft den ganzen

Nachmittag. Er schläft den ganzen Morgen. Wenn er aufsteht, tastet er herum nach etwas, das ihm aufhilft, nach einer Zigarette oder einer Pille, die ihn auf die Straße treibt, wo die Temperatur um 2 Grad schwebt. Warum fällt sie nicht? Warum, warum kommt nicht die kalte, frische Luft von Kanada herunter; muß er dafür bis nach Kanada raufgehen? Muß er sein Geburtsland verlassen und sich in Kanadas Frostfeldern niederlassen...? Wird der FBI (von dem er dauernd träumt) ihn zu Fuß über die kanadische Grenze jagen in einem Wirbelsturm von zerbrochenem Glas und Geweihen...?

»Ich war einmal Huckleberry Finn«, sagt Simon, »aber jetzt bin ich Roderick Usher.« Von Ekstasen und Ängsten besessen, dieser Mann läßt's mir kalt den Rücken runterlaufen, er nimmt grüne Pillen, gelbe Pillen, weiße Pillen und dunkelblaue und grüne Kapseln... er nimmt andere Sachen, die ich nicht erwähnen darf, denn was ist, wenn Simon mich ausfindig macht und in mein Mädchenschlafzimmer hier in Bloomfield Hills einsteigt und mich erwürgt, was dann...? (Während ich dies schreibe, beginne ich zu zittern. Warum zittere ich? Ich bin jetzt sechzehn, und sechzehn ist kein Alter zum Zittern.) Es kommt von Simon, der immer kalt ist.

III. WELTEREIGNISSE

Nichts.

IV. LEUTE & UMSTÄNDE,
DIE ZU DIESER STRAFTAT BEITRAGEN

Nichts.

V. SIOUX DRIVE

George, Clyde G. 240 Sioux. Vertreter; Kinder, ein Hund, eine Frau. Georgia-Stil mit den üblichen Säulen. Man denkt ans Weiße Haus, dann an Thomas Jefferson, dann wird es leer im

Kopf angesichts der weißen Säulen, und man denkt an nichts. Norris, Ralph W. 246 Sioux. Öffentlichkeitsarbeit. Kolonialstil. Erkerfenster, Backstein, Zement, Holz, grüne Läden, Gehweg, Außenlampe, Rasen, Bäume, Asphaltzufahrt, zwei Kinder, eins von ihnen meine Klassenkameradin Esther (Esther Norris). Frau, Autos. Ramsey, Michael D. 250 Sioux. Kolonialstil. Großes Wohnzimmer, 10 mal 12 Meter, Kamine im Wohnzimmer, Bibliothek, Hobbyraum, getäfelte Wände Bar fünf Badezimmer fünf Schlafzimmer zwei Toiletten Air conditioner automatische Rasensprenger automatische Garagentür drei Kinder eine Frau zwei Autos ein Frühstückszimmer eine Veranda ein großes umzäuntes Grundstück vierzehn Bäume eine Haustür mit Messingklopfer, nie geklopft. Nebenan ist unser Haus. Klassisch zeitgenössisch. Traditionell modern. Angebaute Garage, angebauter Wintergarten, angebaute Veranda, daneben Pool und Badehaus, ausgebautes Dach. Ein Briefkasten in der Haustür, durch den das *Time Magazine*, *Fortune*, *Life*, *Business Week*, das *Wall Street Journal*, die *New York Times*, der *New Yorker*, das *Saturday Review*, M. D., *Modern Medicine*, *Disease of the Month* rutschen... und außerdem... Und zu alledem noch ein geheimer, versiegelter Brief von der Schule, in dem es heißt: *Ihre Tochter leistet nicht das, was sie entsprechend ihren Testergebnissen im Stanford-Binet leisten müßte*... Und Ihr Sohn läßt zu wünschen übrig, läßt sehr zu wünschen übrig, sehr bedauerlich. Wo ist überhaupt Ihr Sohn? Einmal hat er einem sechsjährigen Kind Zaubertütenbonbons geklaut, er selbst war ganze zehn. Die Anfänge. Jetzt klaut Ihre Tochter. In der Drogerie hat sie sich davongemacht, jawohl, das hat sie, leugnen Sie nicht, hat sie sich ohne Grund mit einem Heft vom *Pageant Magazine* davongemacht, sie hat eine Rolle Drops in einer grünen Verpackung geklaut und brauchte diese Süßigkeiten keineswegs lebensnotwendig; als sie gerade acht Jahre alt war, hat sie, werden Sie nicht rot, hat sie ein Päckchen Magentabletten geklaut, bloß weil sie auf dem Ladentisch auslagen, und die nette Dame hinter der Theke (jetzt nicht mehr am Leben) hat nichts gesagt... Sioux Drive. Ahorn, Eichen, Ulmen. Kranke Ulmen gefällt. Sioux Drive mündet in den Roosevelt Drive. Langsame, gewundene Wege, keine Straßen, alles Alleen und Wege und Pfade. Privatpolizei. Ruhige Privatpolizei in unkenntlichen Wagen. Samstags abends auf der Streife mit väterlichem Lächeln für die Anwohner, die in die Häuser strömen und aus diesen wieder hinaus, zu Parties kommen und gehen, tausend Parties, leicht schwindelerregend, die Frauen in ihren Pelzen aus den Wagen steigend, Ford und General Motors und Chrysler, sehr schwere Wagen. Keine ausländischen Wagen. Detroit. Auf 275 Sioux an der Ecke, in der prächtigen französischen Villa, wohnt selber, der das C Konto hat, man stelle sich mal vor! Sieh bloß mal, wie er wohnt, und was für riesige Bäume und Schornsteine, stell dir mal seine vielen Kamine vor, seine Frau und Kinder, stell dir das Haar seiner Frau vor, ihre Fingernägel, ihre Badewanne in weichem, sauberen, glänzenden Rosa, stell dir ihre Umarmungen vor, seine Hosentaschen voll mit einem Sammelsurium von Münzen und Schlüsseln und Staub und Erdnüssen, stell dir ihre Erregungen in Sioux Drive vor, stell dir ihre Einkommensteuerrückzahlung vor, stell dir den Stolz ihres kleinen Jungen in seinem Spielauto vor, ein kleiner C, wie er auf den Bürgersteigen durch die Nachbarschaft tobt und die Hunde und die Negermädchen erschreckt, o stell dir all das vor, tob im Geiste durch Sioux Drive und Du Maurier Drive und Roosevelt Drive und Ticonderoga Pass und den Burning Bush Way, und Lincolnshire Pass und Lois Lane.

Wenn der Frühling kommt, wehen seine Winde nichts nach Sioux Drive, keinen Duft von Rosenstöcken oder Forsythien, nichts, was Sioux Drive nicht schon hat, alles ist gepflanzt und gedeiht. Die Wetterfahnen, wenn es welche gäbe, müßten sich nicht im Wind drehen, müßten nicht mit dem Wetter kämpfen. Es gibt dort kein Wetter.

VI. DETROIT

In Detroit ist immer irgendein Wetter. Die Temperatur in Detroit ist immer o Grad. Schnell fallende Temperaturen.

Langsam ansteigende Temperaturen. Wind aus Nord-Nord-Ost mit vier bis vierzig Meilen pro Stunde, Kleinbootwarnung, heute teils wolkig und Mittwoch Wechsel zu teils sonnig bis Donnerstag... leichte Frostwarnung, Rußwarnung, Verkehrswarnung, gefährliche Seebedingungen für Kleinboote und Schwimmer, unruhige Negerbanden, unruhige Wolkenbildungen, unruhige Temperaturen, die unten durch das Thermometer zu fallen drohen oder oben rauszuschießen und alles in rotem Quecksilber überkochen lassen.

Detroits Temperatur ist o Grad. Schnell fallende Temperaturen. Langsam ansteigende Temperaturen. Wind aus Nord-Nord-Ost mit vier bis vierzig Meilen pro Stunde...

VII. EREIGNISSE

1. Das Herz des Mädchens pocht. In ihrer Tasche sind ein Paar Handschuhe! In einer Plastiktüte! Luftdichte, atemdichte Plastiktüte, Handschuhe, die am Ladentisch bei Brandens fünfundzwanzig Dollar kosten! In ihrer Tasche! Geklaut! ... In ihrer Handtasche ist ein blauer Kamm, nicht sehr sauber. In ihrer Handtasche ist eine Lederbrieftasche (ein Geburtstagsgeschenk von ihrer Großmutter in Philadelphia) mit Schnappschüssen von der Familie in sauberen Plastikfenstern, in der Brieftasche sind Geldscheine, sie weiß nicht wieviele Geldscheine. ... In ihrer Handtasche ist ein ominöser Brief von ihrer Freundin Tykie *Was ist los mit Joe H. und den Kindern, die Samstagabend bei Louise herumhingen? Hast du was gehört?* ..., den sie im Französischunterricht zugesteckt bekam. In ihrer Handtasche sind lauter schmutzige Kleenex, ihrer Mutter würde das Herz brechen, wenn sie so viel schmutzige Kleenex sehen würde, und ganz unten in ihrer Handtasche sind braune Haarklammern und Sicherheitsnadeln und ein kaputter Bleistift und ein Kugelschreiber (blau), irgendwo liegengeblieben und dann geklaut, und ein kleines Make-up-Etui, Ivory Rose. ... Ihr Lippenstift ist Broken Heart, ein korruptes Rosa; ihre Finger zittern wie verrückt; ihre Zähne fangen zu klappern

an; ihre Innereien rumoren; ihre Augen glühen im Kopf; sie sagt in das erstaunte Gesicht ihrer Mutter *ich will klauen und nicht kaufen.*

2. Bei Clarita. Tags oder Nachts? Welches Zimmer ist dies? Ein Bett, ein normales Bett, und eine Matratze auf dem Boden daneben. Tapete in Streifen herunterhängend. Clarita sagt, sie hat das so mit den Zähnen runtergerissen. Sie hat in dieser Nacht gegen einen barbarischen Stamm gekämpft, high von irgendwelchen Pillen; sie hat um ihr Leben gekämpft mit Männern, die schwere Eisenhelme trugen, mit Visieren grad wie christliche Kreuze zum Durchatmen, jeder einzelne von diesen Bastarden sah aus wie ihr Liebhaber Simon, der große Schwierigkeiten zu haben scheint, durch die Schlitze von Mund und Nasenlöchern in seinem Gesicht zu atmen. Clarita hat noch nie von Sioux Drive gehört. Raymond Forrest bricht bei ihr kein Eis, das C Konto und seine Millionen auch nicht; die Harvard Business School könnte an der Ecke von Vernor und der Zwölften Straße sein, soweit sie das interessiert, und Vietnam könnte inzwischen unter seinen Tonnen von Schutt ins Tote Meer gesunken sein, es würde sie nicht verwundern. . . .ihr Gesicht ist überarbeitet, im Alter von zwanzig (dreißig?) ist es schon erschöpft, aber lebhaft und jederzeit zum Lachen bereit. Clarita sagt bekümmert zu mir *Schätzchen. Irgendwer schmeißt dich noch raus, ich warne dich.* In einem Film spät abends im Fernsehen ist Clarita nicht so chaotisch sondern eine Krankenschwester mit kurzem, hübschen Haar und hingebungsvollem Blick, verliebt in ihren Arzt und die Patienten ihres Arztes und in deren Krankheiten, bewaffnet mit Nadeln und Schwämmchen von Alkohol . . . Oder nein: Sie ist Privatsekretärin. Robert Cummings ist ihr Chef. Sie hilft ihm, fantastische Dinge zu planen, das Publikum lacht auf Band, nein, das Publikum lacht nicht, weil es überhaupt nicht lustig ist, stattdessen ist ihr Chef Robert Taylor, und sie sind nicht Chef und Sekretärin sondern Mann und Frau, sie wird bedroht von einem jungen Star, sie ist verbissen, gutaussehend, fraulich, eine gute Partnerin für einen guten Mann. . . .

Sie ist Claudette Colbert. Ihre Schwester ist auch Claudette Colbert. Sie sind Zwillinge, eineiige Zwillinge. Ihr Mann Charles Boyer ist ein sehr reicher, gutaussehender Mann und ihre Schwester, Claudette Colbert, plant ihren Tod, um ihren Platz als die reiche Frau des Mannes einzunehmen, keiner wird etwas davon wissen, weil sie *eineiige Zwillinge* sind ... All diese wunderbaren Leben hätte Clarita leben können, aber sie ist mit dreizehn aus dem Leben herausgefallen. In dem Alter, in dem ich mein Übernachtungszeug für eine Nachthemdparty bei Toni Deshield packte, hat sie dreckige Laken von einem Bett abgezogen und einen Ausschlag auf den Armen aufgekratzt. ... Dreizehn ist ungewöhnlich jung für ein weißes Mädchen in Detroit, sagte Miss Brock von der Detroiter Jugendstrafanstalt in einem betrüblichen Zeitungsinterview für die *Detroit News*; fünfzehn und sechzehn ist üblicher. Elf, zwölf, dreizehn überrascht bei Farbigen nicht. ... die sind frühreifer. Was kann man machen? Die Steuern steigen und die Besteuerungsgrundlage verliert an Wert. Die Temperatur steigt langsam, aber fällt schnell. Alles fällt unten raus, Woodward Avenue ist dreckig, Livernois Avenue ist dreckig! Papierschnitzel fliegen durch die Luft wie Tauben, Dreck fliegt rum und einem grad in die Augen, oh, Detroit zerfällt in gefährliche Stückchen von Zeitungspapier und Dreck, paß auf. ...

Claritas Wohnung ist über einem Restaurant. Simon, ihr Liebhaber, taucht aus dem Morgengrauen auf. Mrs. Olesko, eine Nachbarin von Clarita, ein alter, weißer Besen von einer Frau, beschwert sich nicht, sondern schnüffelt voll Zufriedenheit an Claritas lautem Leben und sagt den Bullen nichts, sie haßt die Bullen, wenn die Bullen kommen. Ich sollte mehr falsche Namen geben, mehr Namen offenlassen, statt all diese Geheimnisse zu erzählen. Ich bin selbst ein Geheimnis; ich bin minderjährig.

3. Mein Vater hält einen Vortrag bei einem Medizinerkongreß in Los Angeles. Da steht er, am Rand des nordamerikanischen Kontinents, als der Geheimdetektiv im Gang bei Brandens ganz leicht seine Hand auf meinen Arm legt und sagt,

»Miss, würden Sie für eine Minute hier herüberkommen?«

Und wo war er, als Clarita ihre Hand auf meinen Arm legte, an diesem dunklen, schwefligen, schmerzhaften Wintertag in Detroit, zwischen geschlossenen Friseurläden, geschlossenen Kinos, Häusern, Fenstern, Kellern, Gesichtern. . . . sie legte ihre Hand auf meinen Arm und sagte, »Schätzchen, suchst du hier jemanden?« Und war er zu Hause in Sorge um mich, als ich ganze zwei Wochen weg war, als sie mich wegschleppten. . .? Sie mußten mich zu dritt in den Polizeistreifenwagen bringen, sagten sie, und sie haben mehr als nur ihre Hände auf meinen Arm gelegt.

4. Ich arbeite für diese Stunde. Mein Englischlehrer ist Mr. Forest, er ist aus dem Staat Michigan. Mr. Forest sieht nicht gut aus, und sein Name ist einfach, anders als der von Raymond Forrest, aber er ist süß, wie ein Nagetier, er hat sich mit dem Direktor und meinen Eltern zusammengesetzt, und alles ist abgemacht. . . behandeln Sie sie, als wäre nichts passiert, ein neuer Anfang, beginn von vorne, nur sechzehn Jahre alt, welche Schande, wie ist das passiert? – nichts ist passiert, nichts hätte passieren können, eine leichte, physiologische Veränderung, über die nur ein Frauenarzt Bescheid weiß oder Dr. Coronet. Ich arbeite für meine Stunde. Ich sitze in meinem rosa Zimmer. Ich schaue mich mit traurigen, rosa Augen im Zimmer um. Ich seufze, ich trödle, ich halte inne, ich verschlinge die Zeit, ich bin schlapp und glücklich, zu Hause zu sein, ich bin plötzlich sechzehn Jahre alt, mein Kopf hängt schwer wie ein Kürbis auf meinen Schultern, und mein Haar ist gerade von Mr. Faye im Crystal Salon geschnitten und angeblich sehr kleidsam.

(Auch Simon legte seine Hand auf meinen Arm und sagte, »Schätzchen, du mußt mit mir kommen«, und in seinem winzigen Zimmer haben wir uns kennengelernt. Würde ich zu Simon zurückgehen? Würde ich mich mit ihm hinlegen bei soviel Dreck und Verrücktheit? Immer und immer wieder.

eine Clarita wird verführt, als sie vor einem Cunningham Drugstore sich nervös einen Farbigen ausguckt, der Geld haben könnte oder auch nicht, oder einen nervösen weißen Jungen um die zwanzig mit Koteletten und vierschrötigem Aussehen, der in seiner Jackettasche ein Messer haben könnte oder auch nicht, oder einen stämmigen Mann mit rotem Gesicht und freundlichem Gesichtsausdruck, der Mitglied der Sittenpolizei sein könnte oder auch nicht, draußen auf einem frühen Dämmerspaziergang.)

Ich arbeite an meiner Stunde für Mr. Forest. Ich hab elf Seiten vollgeschrieben. Die Worte fließen aus mir heraus und hören gar nicht auf. Ich will alles erzählen. . . . Was für ein Lied hat Simon immer gesummt, und wer war Simons Freund in einem sehr neuen Trenchcoat mit einem alten Examensring am Finger . . . ? Simons Freund mit dem Bart? Als ich zu weit runtergekommen war für ihn, hat Simon mich vor die Tür gesetzt und mich ihm für drei Tage überlassen, ich glaube auf der Vierzehnten Straße in Detroit, ein luftiges Zimmer mit kalter grausamer Zugluft und Zeitungspapier auf dem Boden . . . Kann ich mich wirklich daran erinnern, oder stückle ich das zusammen aus dem, was man mir erzählt hat? Haben sie die Wahrheit gesagt? Haben sie viel von der Wahrheit gewußt?

VIII. CHARAKTERE

1. Mittwochs nach der Schule um vier; Samstags morgens um zehn. Mutter fährt mich zu Dr. Coronet. Farne im Büro, Plastik oder echt, sie sehen gleich aus. Dr. Coronet ist königlich, eine elegante, nikotin-fleckige Dame, die bei Freud studiert hätte, wenn die Umstände sie nicht daran gehindert hätten, etwas Katholisches ist an ihr, jederzeit bereit, dir ein Geheimnis aufzutischen. Sehr von Vater empfohlen! Vierzig Dollar die Stunde! Fortschritte! Aufschaun! Besser aussehn! Dieser neue Haarschnitt ist so kleidsam, sagt selbst Dr. Coronet, womit sie zeigt, wie normal sie ist für eine Frau mit einem IQ von 180 und vielen hohen, akademischen Abschlüssen.

2. Mutter. Eine Dame in einem braunen Wildledermantel. Stiefel aus glänzendem, schwarzen Material, schwarze Handschuhe, ein schwarzer Pelzhut. Sie würde sich gedemütigt fühlen, wenn sie wüßte, daß auf der ganzen Welt gerade mein Exliebhaber Simon genauso wie sie geht... so selbstbewußt und wirklichkeitsfremd, sanfter Musik lauscht, etwas O-beinig und stämmig...

3. Vater. Bindet einen Schlips. In Eile. An meinem ersten Abend zu Hause legt er seine Hand auf meinen Arm und sagt »Schätzchen, wir werden das alles vergessen.«

4. Simon. Draußen fliegt ein Flugzeug quer über den Himmel, hier drinnen sind wir in Eile. Morgens. Es muß morgens sein. Das Mädchen verliert fast den Verstand, wimmernd und unsicher; Simon, ihr guter Freund, ist an diesem Morgen deprimiert... er ist deprimiert über den Morgen an sich... er zwingt sie, ihm eine Spritze mit der Nadel zu geben, von der sie weiß, daß sie verschmutzt ist, sie fürchtet sich vor Nadeln und chirurgischem Gerät und dem Geruch von Sachen, die ins Blut geschickt werden sollen, denkt dabei irgendwie an ihren Vater. ... Dies ist ein schlechter Morgen, Simon sagt, daß sein Kopf aus der Form gebracht ist, und so überläßt er sich der Nadel, die er normalerweise verachtet, und beißt sich mit seinen gelblichen Zähnen in die Lippe, sein Gesicht wird ganz blaß. *Ah baby!* sagt er mit seiner weichen, neckenden Stimme, in die er bei allen Frauen das Necken der Liebe legt, *mach es so – langsam* — Und das Mädchen, verstört, läßt beinah die wertvolle Nadel fallen, aber es gelingt ihr, sie ins Licht zu halten, das vom Fenster kommt... ist es also eine Verlängerung ihrer selbst? Sie kann ihm also dieses Geschenk machen? *Ich wünschte, du würdest mir das nicht antun,* sagt sie, klug in ihrer Angst, weil es ihr scheint, daß Simons Gefährdung – in wenigen Minuten könnte er tot sein – eine Art ist, sie gegen sich zu drücken, die mächtiger ist als jede andere Umarmung. Sie muß seinen Arm massieren, die verknoteten, zerstochenen Venen seines Arms, ihre Stirn naß von Schweiß, während sie

die Nadel einsticht und wieder losläßt und auf dieses flüssige Gemisch starrt, das jetzt von Simons hellem Blut gefleckt ist... Als die Droge ihn trifft, spürt sie es selbst, sie spürt diesen Zauber, der mehr ist, als jede Frau ihm geben kann, bis in seinen Hinterkopf reichend verzerrt sie sein Gesicht wie von den Strahlen einer schrecklichen Sonne... Sie versucht, ihn zu umarmen, aber er schiebt sie zur Seite und stolpert über seine Füße. *Mein Gott*, sagt er...

15. Princess, ein achtzehnjähriges Negermädchen. Wofür ist sie angeklagt? Sie hält den Mund darüber, gerissen und schweigsam, man sieht, daß niemand sie auf irgendeinem Bürgersteig hat überwältigen müssen, um sie hier reinzubringen; sie ist mit Würde gekommen. Im Hobbyraum sitzt sie da und liest *Nancy Drew and the Jewel Box Mystery*, was winzige Fältchen von Wachheit und Interesse in ihr Gesicht zeichnet: was für ein Gesicht! Hellbraune Haut, schwer beschattete Augen, schwere Augenlider, ernste, finstere, dunkle Brauen, graziöse Finger, graziöse Handgelenke, graziöse Beine, Lippen, Zunge, eine zuckersüße Stimme, langbeiniger Schritt, männlicher als der von Simon und meiner Mutter, herausgeputzt mit einer fleckigen, weißen Bluse und fleckigen weißen Hosen; irgendwie matrosenhaft ist der Stil von Princess. ... Beim Frühstück hat sie die Aufgabe, den Tisch abzudecken, und beugt sich über mich und sagt, *Schätzchen, hast du wirklich genug gegessen?*

6. Das Mädchen kann nicht schlafen, in Gedanken. Warum hier, warum nicht dort? Warum Bloomfield Hills und nicht das Gefängnis? Warum das Gefängnis und nicht ihr rosa Zimmer? Warum Detroit im Zentrum und nicht Sioux Drive? Was ist da der Unterschied? Liegt es an Simon? Im Kopf des Mädchens marschieren die Fragen vorbei. Sie ist fast sechzehn, ihr Atem ist ein einziges Staunen, noch nicht lange her, da hat sie mit Buntstiften gemalt, und jetzt verschmiert sie die Landschaft mit Farben, die nicht mehr weggehn, auch nicht von ihren Fingern. Sie sagt zu der Aufseherin *Ich rede über nichts*, nicht,

weil alle sie gewarnt haben, nicht zu reden, sondern, sondern, sie will nicht reden; sie will nichts über Simon sagen, der ihr Geheimnis ist. Und sie sagt zu der Aufseherin *Ich will nicht nach Hause gehn*, bis zu der Nacht im Waschraum, in der sich alles geändert hat... »Nein, ich will nicht nach Hause gehn, ich will hierbleiben«, sagt sie und hört dabei ihre eigenen Worte mit Staunen, denkt, daß Unkraut über das ganze wunderbare 180 000-Dollar-Haus wachsen könnte und Dinosaurier könnten wieder auftauchen und den beigefarbenen Teppichboden verdrecken, aber nie nie wird vier Uhr morgens in Detroit mit dem acht-Uhr-Frühstück in Bloomfield Hills zusammengehen können... oh, sie sehnt sich immer noch nach Simons Händen und nach seinem zärtlichen Atem, obwohl er ihr nicht viel Genuß verschafft hat, er hat ihr alles genommen (Fünf-Dollar-Scheine, Zehn-Dollar-Scheine, die von Männern in ihre tauben Hände geraten waren, und von Simon aus ihren Händen genommen wurden) bis sie selbst in die Hände von anderen Männern, Polizei, geriet, als Simon sie und ihre Hysterien offensichtlich satt hatte. ... *Nein, ich will nicht nach Hause gehn. Ich will nicht entlassen werden.* Das Mädchen denkt wie ein *störrisches, verwahrlostes Kind* (eine von verschiedenen Anklagen, die gegen sie erhoben werden), und die Aufseherin versteht ihre verrückten, weißgeränderten Augen, die sich nach neuer Gewalt umsehen, die sie im Gefängnis halten würde, falls jemand damit drohen sollte, sie freizulassen. Solche Kinder versuchen, die Aufseherinnen, das Personal, oder sich gegenseitig zu erwürgen... Sie wollen die Schlösser für immer verschlossen, die Türen zugenagelt... und dieses Mädchen ist genauso bis zu dieser Nacht, in der man sie verändert hat...

IX. DIESE NACHT

Princess und Dolly, ein kleines, weißes Mädchen von vielleicht fünfzehn, verwegen wie ein Polizist und in der Jugendstrafanstalt wegen bewaffneten Raubs, stellen sie im Waschraum an einem der hintersten Becken, und die anderen Mädchen schauen weg und marschieren ab ins Bett, verlassen sie. Gott, wie sie zusammengeschlagen wird! Warum wird sie zusammengeschlagen? Warum schlagen sie sie, warum dieser Haß? Princess tobt den Haß von tausend stillen Wintern in Detroit an ihrem Körper aus, an diesem Mädchen, deren Körper mir gehört, wild reitet sie auf dem zarten, blaugeschlagenen Körper dieses Mädchens über die Ebenen des Mittleren Westens ... Rache für die unterdrückten Minderheiten von Amerika! Rache für die hingeschlachteten Indianer! Rache für das weibliche Geschlecht, für das männliche Geschlecht, Rache für Bloomfield Hills, Rache Rache ...

X. DETROIT

In Detroit lastet das Wetter schwer auf allen. Der Himmel türmt sich riesig auf. Der Horizont schimmert in Qualm. Im Zentrum sind die Gebäude undeutlich im Dunst. Ständiger Dunst. Ständige Bewegung im Dunst. Auf der anderen Seite des unruhigen Flusses ist die Stadt Windsor, in Kanada. Ein Teil des Kontinents zieht sich hier zusammen und tritt bauchig hervor an der Spitze von Detroit; ein kalter, heftiger Regen fällt ewig auf die Schnellstraßen. ... Die Einkaufenden kaufen verbissen ein, ihre Autos sind nicht sicher geparkt, ihre Windschutzscheiben werden vielleicht eingeschlagen und graziöse Ebenholzhände ziehen sie durch ihre bruchsicheren, zerschlagenen Scheiben raus mit dem Schrei *Rache für die Indianer!* Ach, sie haben alle Angst, Hudsons zu verlassen und an den Stadtrand gezerrt und vom Parkdach von Cobo Hall, diesem teuren Grab, in den Fluß geworfen zu werden. ...

XI. CHARAKTERE MIT DENEN
WIR FÜR EWIG VERFLOCHTEN SIND

1. Simon hat mich in seine empfindlichen, verfaulenden Arme
gezogen und mir Schwerkraft eingehaucht. Dann bin ich zu
Boden gegangen, niedergedrückt. Er hat gesagt *Du bist so ein
kleines Mädchen* und er hat mich mit seinem Vergnügen niedergedrückt. In seinen Handflächen hatte sein früheres Leben
Spuren von Zähnen hinterlassen. Er war fünfunddreißig, sagte
sie. Man stelle sich Simon in diesem Zimmer vor, in meinem
rosa Zimmer: Er ist etwa einsachtzig groß und geht leicht
gebeugt, wie eine Katze, immer in Gedanken, immer auf der
Hut, mit seinen abgetragenen, leichten Wildlederschuhen und
seinen Kleidern, die jedermanns Kleider sind, leicht zerdrückte,
gewöhnliche Kleider, die gewöhnliche Männer bei leidlichen
Jobs tragen könnten. Simon hat blondes, langes Haar, lockiges
Haar, müde, matte Locken wie ... genau wie die Locken von
Sägespänen wenn man sie anfaßt, ich versuche genau zu
sein ... und er riecht nach ungeheizten Morgenstunden und
Kaffee und zu vielen Pillen, die seine Zunge mit einem blassen,
grün-weißen Schaum überziehen ... Lieber Simon, der in diesem Zimmer und in diesem Haus Angst hätte (grade eben saugt
Billie nebenan im Zimmer meiner Eltern; das Geräusch eines
Staubsaugers zeigt, daß die Welt noch in Ordnung ist), Simon,
von dem man sagt, daß er vor Jahren aus einem ganz ähnlichen
Elternhaus kam wie diesem, ist auf der Flucht vor all den
Teppichböden und polierten Treppengeländern ... Simons Gesicht ist vom Tod gezeichnet, nur Verzweifelte verlieben sich in
ihn. Sein Gesicht ist knochig und vorsichtig, seine Backenkno-
chen stehen hervor wie von der Härte, mit der er endlos
nachdenkt, plant, denn er muß mit Mädchen Geld verdienen,
die sich aus Geld nichts machen, sie sind so heruntergekom-
men, daß sie es kaum zählen können, und in gewisser Hinsicht
kann auch er mit Geld nichts anfangen, außer als Mittel, um
weiterzuleben. *Each Day's Proud Struggle*, der Titel eines
Romans, den wir im Gefängnis lesen könnten. ... Jeden Tag
braucht er eine bestimmte Geldmenge. Er verschlingt Geld. Es

war nicht Liebe, was er mit seinen ausgehöhlten Augen und seinem höflichen Lächeln, dieser Erinnerung an eine wohlhabende Vergangenheit, in mir ausgelöst hat; es war vielmehr eine dunkle Angst, die sich platt gegen ihn drücken mußte, oder gegen einen anderen Mann ... aber er war der erste, er ist zu mir rübergekommen und hat mich am Arm gefaßt, erhob Anspruch. Wir haben auf den Treppen gekämpft, und ich habe gesagt *Laß mich los, du tust mir am Hals weh und im Gesicht* es war so überraschend, daß meine Haut wehtat, wo er sie rieb, und nachher haben wir Gesicht an Gesicht gelegen, und er hat alles in mich hineingeatmet. Am Ende, glaube ich, hat er mich angezeigt.

2. Raymond Forrest. Ich habe gerade heute morgen gelesen, daß Raymond Forrests Vater, der Vorstandsvorsitzende bei , auf dem Flug nach London an einem Herzanfall gestorben ist. Ich würde Raymond Forrest gerne einen Beileidsbrief schreiben. Ich würde ihm gerne dafür danken, daß er vor hundert Jahren keine Anzeige gegen mich erstattet hat, mich gerettet hat, so großzügig war ... ja, Menschen wie Raymond Forrest sind großzügig, nicht wie Simon. Ich würde ihm gerne einen Brief schreiben, in dem ich von meiner Liebe spreche, oder von irgendeinem anderen Gefühl, das positiv und gesund ist. Nicht wie Simon mit seinen Gedichten, die er hinkritzelte, wenn er high war, und an denen er nie ein Wort änderte ... aber wenn ich überlege, was ich sagen soll, fällt mir wieder Simons Sprache ein, in meinem Kopf hängengeblieben wie ein billiger Song, immer ist es Simons Sprache:

> *Wirklichkeit gibt es nicht, nur Träume*
> *Es kann dir an den Kragen gehn, wenn du aufwachst*
> *meine Liebe kommt zu einem grausamen Ende*
> *Sie will immer fort*
> *Meine Liebe strebt abwärts*
> *Und ich strebe aufwärts*
> *Sie wird auf dem Gehweg zusammenbrechen*
> *Und ich werde mich in Wolken auflösen*

1. Aus dem Krankenhaus entlassen, zerschlagen und traurig und bekehrt, noch das Stöhnen von Princess im Haar verfangen . . . und Vater in seinem Mantel, selbst wie ein Prinz aussehend, kommt, um mich mitzunehmen. Auf die Schnellstraße und nördlich raus nach Hause. Herr Gott, aber die Luft ist hier dünner und sauberer. Riesige Häuser. Herzzerreißende Wege, so sauber.

2. Weinen im Wohnzimmer. Die Decke ist zwei Etagen hoch, und zwei Kronleuchter hängen da runter. Weinen, weinen, obgleich das Mädchen Billie *wahrscheinlich zuhört*. Ich gehe nie wieder von zu Hause weg. Nie. Nie wieder von zu Hause weg. Nie wieder gehe ich hier von zu Hause weg, nie.

3. Gebäck zum Frühstück. Der Toaster glänzt sehr, und mein Gesicht ist darin verzerrt. Ist das mein Gesicht?

4. Das Auto wendet in der Einfahrt. Vater bringt mich nach Hause. Mutter umarmt mich. Sonnenlicht fällt in Flecken wie im Kino auf das Dach unseres traditionell modernen Hauses, das für den bekannten Autodesigner entworfen wurde. Sie würden ihn alle kennen, wenn ich Ihnen den Namen des bekannten Autos nennen würde, das er entworfen hat, also kann ich ihn nicht verraten, weil meine Zähne bei dem Gedanken an ein Gerichtsverfahren klappern. . . . oder weil jemand mit einem Seil in mein Schlafzimmerfenster einsteigen könnte, um mich zu erwürgen . . . Das Auto biegt in den Asphaltweg ein. Das Haus öffnet sich für mich wie ein Puppenhaus, so hübsch in der Sonne, das große Wohnzimmer verbeugt sich mit seinen Wänden, die im Freudentaumel über meine Rückkehr auseinanderfallen, das Mädchen Billie hört *zweifellos* aus der Küche zu, wie ich in Tränen ausbreche und hysterisch werde, was Simon so satt hatte. Verkrampft in Vaters Armen sage ich, ich werde nie wieder weggehen, nie, warum bin ich weggelaufen, wohin, was ist passiert, ich habe den Kopf verloren, mein

Körper ist ein einziger blauer Fleck, mein Rückgrat ist völlig ausgesaugt, es waren nicht die Männer, die mich verletzt haben, und Simon hat mir nie was angetan, nur diese Mädchen da... mein Gott, wie sie mir wehgetan haben... Ich gehe nie wieder von zu Hause weg... Das Auto taucht dauernd auf dem Weg auf, und ich breche dauernd im Wohnzimmer zusammen, und wir nehmen dauernd die rechte Ausfahrt von der Schnellstraße (Lahser Road), und die Wand des Waschraums hämmert dauernd gegen meinen Kopf und dauernd bewegen sich Simons Hände über meinen Körper und zählen alles zusammen und auch Vaters Hände sind auf meinem zitternden geschlagenen Rücken, weit weg von der Oberfläche meiner Haut, auf der Oberfläche meines guten, blauen Kaschmirmantels (gereinigt für meine Entlassung)... Ich weine über all das Geld hier, über Gott, der mit goldnen und beigefarbenen Teppichböden ausgelegt ist, über die Schönheit von Kronleuchtern und das Wunder eines sauber polierten, glänzenden Toasters und der Wasserhähne, aus denen heißes und kaltes Wasser fließt, und ich sage ihnen, *ich werde nie wieder von zu Hause weggehn, dies ist mein Zuhause, ich habe alles hier so gern, ich bin hier in alles verliebt*... Ich bin zu Hause.

Ins Deutsche übertragen von Barbara von Bechtolsheim

Das Rad der Liebe

Einige müssen brechen auf dem Rad der Liebe,
Aber nicht jene fremd geheimnisvollen Herrscher,
die nur der Tod besiegt.

Stanley Kunitz, *Lovers Relentlessly*

Er und Nadia bogen in den Fußweg zu ihrem Apartmenthaus ein.

Er und Nadia würden an diesem Abend zum Essen ausgehen.

Er und Nadia konnten wegfahren, wann sie wollten, wohin sie wollten: Sie waren frei.

David ertappte sich dabei, daß er »Er und Nadia« dachte und an sich selber in der dritten Person dachte, wie er an Nadia denken mußte, die tot war. Seit drei Monaten war sie jetzt schon tot. Aber die Sätze hörten nicht auf, ihm im Kopf herumzugehen, sie stocherten in der Vergangenheit herum und erschreckten ihn mit ihrem Hunger nach Zukunft. Es gab kein »Er und Nadia konnten wegfahren, wann sie wollten...« mehr. In Wirklichkeit waren sie, solange sie am Leben gewesen war, nie einfach so weggefahren; wem wollte er etwas vormachen?

Deshalb dachte er bewußt deutlich: »Ich muß aufpassen. Ich darf nicht vergessen, was passiert ist und was deswegen nicht mehr sein kann.«

Er war an diesem Abend unterwegs zur Wohnung eines ehemaligen Studenten, der ihn zum Essen eingeladen hatte. Für einen Mann, für den es so neu war, einsam zu sein, allein zu sein, verhieß eine Einladung ein paar Stunden im Leben anderer Menschen und damit Befreiung vom eigenen Leben, und sie verhieß die Möglichkeit von Gelächter, das ihn überraschen würde – wie gut es war, lebendig und gesund zu sein, einen Körper zu besitzen, der trotz allem nicht aufgegeben hatte. Wenn er mit anderen Menschen zusammen war, merkte er, daß er doch nicht mit Nadia gestorben war.

Das Eigentümliche war, daß er Einladungen scheute. Er scheute sich, das Spiel wieder mitzuspielen, so wie man sich scheut, sich noch einmal auf ein Kindheitsspiel einzulassen, das einst so unbeschwert war. Es strengte ihn fast zu sehr an, zu beweisen, daß er am Leben war, wo sich doch jede Faser seines Körpers schmerzlich danach sehnte zu sterben und es hinter sich zu bringen. Aber er schlug Einladungen nie aus. Er sagte nie nein, weil er, liebenswürdig und verstört wie er war, zu den Menschen gehörte, die mit allem einverstanden waren; und was, wenn er eines Tages doch wieder mitspielen wollte und dann nicht mehr mitkam? Er hatte seinen Wagen weiter unten an der Straße geparkt und ging jetzt schnell auf den Wohnblock seines ehemaligen Studenten zu. Beim Gehen lauschte er dem merkwürdig einsamen Geräusch seiner Schritte, einem Geräusch, das er, bevor Nadia starb, wahrhaftig noch nie gehört hatte, und er beschwichtigte die Panik, die in ihm aufstieg, indem er sagte: »Unsinn. Alles Unsinn«, und sich einredete, daß er alles verkraften konnte, jetzt, wo er so viel verkraftet hatte, daß er die paar Stunden mit einem früheren Studenten auch überstehen würde, ohne zusammenzubrechen.

Das Apartmenthaus wirkte elend, und er spürte, wie sein Anzug mit dem Gebäude litt und schlaff und faltig wurde. Ja, ihm war elend zumute, er war müde. Wozu es verbergen? Jeder, der ihn sah, sagte, »das ist der, dessen Frau sich umgebracht hat«, und machte ein feuchtes, schnalzendes Geräusch mit dem Mund; sie hätten sich gewundert, hätte er nicht elend gewirkt. Ein junges Paar, im Begriff auszugehen, hielt ihm die Tür auf, und er murmelte danke und drückte sich an ihnen vorbei. Vermutlich sah er so aus, als wohne er hier. Zeit seines Lebens war David in Landschaften aufgegangen, ebenso wie Nadia sich stets davon abgehoben hatte. In der Eingangshalle des teuren Apartmenthauses, in dem er wohnte, sah er aus, als gehöre er dort hin. Und in einem der ärmlichen Studentenlokale sah er auch aus, als gehöre er dort hin. Nadia hatte die Gabe besessen, jeden Hintergrund auszulöschen. Es war nicht so sehr ihr Gesicht, dieses knochige, auffallende, nervöse Gesicht, das den Blick immer wieder magisch anzog, auch nicht ihr langer, schlanker Körper, der immer aussah wie auf dem Sprung, rastlos in Bewegung . . ., sondern etwas an ihrer Art, eine undefinierbare Ungeduld oder Unduldsamkeit in der Stimme. Sie löschte Landschaften und andere Menschen aus, und David war, als lösche sie allmählich auch das ganze Leben aus, das er bis zum Zeitpunkt ihres Todes geführt hatte.

Die Zeit führte wie ein holpriger Weg eine leichte Anhöhe hinauf, und auf deren dürftigem Gipfel war der Höhepunkt seines Lebens: Jene paar Minuten, in denen man ihm mitgeteilt hatte, daß sie tot war. Dann führte die Zeit wieder bergab, auf demselben bescheidenen, holprigen Weg.

Im Vorraum drückte er auf den Klingelknopf neben dem Namensschild von Jerry Randolph und bekam prompt Antwort von einem Summer, der die Innentür entriegelte. Wozu die Vorsicht, dachte David, in einer Gegend wie dieser? Warum sollte irgendwer hier einbrechen wollen? Das Summen machte ihn nervös, und er versuchte, die schwere Tür gewaltsam hinter sich zuzuziehen, aber sie schloß sich langsam von selbst und ließ sich nicht drängen. Er hatte gerade aufgehört, sich mit der Tür abzumühen, und war noch nicht wieder weitergegangen, als er hörte: »Dr. Hutter? Guten Tag.«

Jerry stand auf dem Treppenabsatz und lächelte nervös. »Guten Tag«, sagte David. Sie lächelten beide. Es folgte das peinliche Geschäft, unter Jerrys Augen die Stufen hinaufzugelangen, aber dann waren sie auf einer Ebene, und es war wieder gut. »Wir wohnen da hinten«, sagte Jerry. Sie gingen rasch nebeneinander her. Der Hausflur war grau und gab David das Gefühl, kurzsichtig zu sein: Die Beleuchtung hatte etwas Unbestimmtes, Diffuses. »Wir hatten Glück, hier reinzukommen, so nah an der Uni . . . Irgendwer sagte, er würde ausziehen . . .« David nickte zu allem, ohne wirklich hinzuhören. Er wünschte plötzlich, er wäre zu Hause geblieben. Er wünschte, er wäre im Schutz seiner eigenen Wohnung geblieben und ließe die Stunden bis zur Schlafenszeit verrinnen, ohne auch nur Licht zu machen, säße einfach im Wohnzimmer, mit Blick auf den

Park . . . Aber Jerry redete, und David wandte sich ihm schuldbewußt zu.

»Meine Frau Betty —«

Das war eine Überraschung: eine Ehefrau. »Freut mich sehr, Sie kennenzulernen«, hörte er seine Stimme sagen. Sie errötete liebenswürdig, ein hübsches Mädchen, gewöhnlich und hübsch und sehr jung, wie alle Mädchen, die ihm in letzter Zeit aufgefallen waren. Die beiden geleiteten ihn in die Wohnung. Sie plauderten miteinander über das Wohnzimmer, über Jerrys Bücher und Platten, er besaß so viele, und David tat, als höre er zu. Wenn er bis zu dem Augenblick durchhielt, in dem sie ihm etwas zu Trinken anboten, dann würde alles gutgehen.

Jerry bot ihm den besten Stuhl an. Er setzte sich. Die Kleine fragte ihn, ob er einen Drink wolle, und er sagte, »Ja, egal was«, und sie verschwand. Gut. Jerry setzte sich, und einen Augenblick herrschte Schweigen. Aber glücklicherweise lief eine Platte, und sie lauschten aufmerksam.

»Ah, Ives«, sagte David.

»Ist er nicht großartig?« sagte Jerry.

David konnte der Musik die Antwort überlassen. Er lehnte sich zurück und entspannte sich. Aber er war in letzter Zeit, seit Nadia ihn zum letzten Mal verlassen hatte, so ein Heuchler geworden, daß selbst seine Entspannung nur Verstellung war. Er hatte vergessen, wie man sich entspannt.

». . . nur noch drei Fächer. Ich kann es kaum glauben«, sagte Jerry soeben. David fragte ihn nach seinen Plänen fürs nächste Jahr. Der junge Mann redete, und dann bekam David den Drink. Er lächelte dem Mädchen, wie-war-doch-ihr-Name, zu und nahm ihn entgegen. Weil er ihn so dringend brauchte, zwang er sich, ruhig sitzenzubleiben und einen von Jerrys Sätzen bis zu Ende anzuhören. Schließlich sagte er, »Auf Ihre neue Wohnung. Sie ist sehr nett.«

Sie tranken alle. Das Mädchen lächelte, und dann erlahmte ihr Lächeln, wurde bedeutungsschwer. Ein Kribbeln im Magen zeigte David immer an, wenn andere an Nadia dachten; er wandte den Blick ab.

»Woran arbeiten Sie dieses Semester?« fragte er Jerry.

Jerry beugte sich vor; er konnte stundenlang reden. Er sprang von einem Thema zum anderen, wie früher im Unterricht, sein Gesprächsstil eine Art freies Assoziieren von Gedanken und Eindrücken, ähnlich der radikalen Poesie, die im Literaturmagazin der Studenten veröffentlicht wurde. Das Mädchen war etwas verlegen. David fiel eine gewisse Unruhe an ihr auf – sie war blond und braungebrannt, nicht der Typ, auf den David bei Jerrys redseliger, gutmütiger Art getippt hätte, und sie trug ein massives Goldarmband, das schwer an ihrem Handgelenk hing. Zu gut für Jerry. Besserer Stall. Gleich würde Jerry auf die Universität zu sprechen kommen und auf die Gesellschaftsklasse, die sie repräsentierte, und die nicht seine Klasse gewesen war: Sein Vater war jahrelang arbeitslos gewesen, und er, Jerry, beendete erst jetzt, mit sechsundzwanzig, sein Studium.

»... die Trägerorgane der Universität und das Establishment sind doch ein und dasselbe«, sagte Jerry soeben.

Sie redeten, und das Mädchen hörte zu, gleich fasziniert von Ehemann und Professor. Als sie sich entschuldigte und in die Küche hinausging, sagte David, »Ein ganz bezauberndes Mädchen.« Das »ganz« machte es unaufrichtig, und das überraschte ihn, weil er es ernstgemeint hatte.

»Ja«, sagte Jerry verlegen. »Sie ist diejenige, von der ich... von der ich Ihnen damals ein paarmal erzählt habe. Wir haben dann im Oktober geheiratet. Ich muß Ihnen immer furchtbar auf die Nerven gegangen sein mit meinem ichbezogenen Privatkram und habe ihnen bestimmt die Zeit gestohlen...«

»Aber keineswegs«, sagte David unbestimmt.

»Ihr Rat hat mir immer viel bedeutet. Ohne Sie hätte ich das Studium vielleicht gar nicht geschafft.«

Erschrocken nahm David einen Schluck. Er wollte an diesem Abend nichts Freimütiges oder Persönliches gesagt bekommen. Er wünschte sich nichts sehnlicher, als das Spiel mitzuspielen und sich hinter Drinks und Essen und gewöhnlicher, eintöniger Unterhaltung zu verstecken. Großer Gott, dachte er, meint er das im Ernst? Er versuchte sich zu erinnern, was er diesem jungen Burschen gesagt haben mochte, während er selbst tagtäglich die Zentnerlast einer sich auflösenden Ehe, einer sich auflösenden Ehefrau, mit sich herumtrug...

Aber Jerry war so taktvoll, das Thema zu wechseln, und kam auf die Rassendiskriminierung an der Universität zu sprechen, ein so vertrautes Problem, daß jedermann sich intelligent dazu äußern konnte. Und so weiter bis zum Abendessen. Sie aßen in der Küche, wo das Deckenlicht ausgeknipst worden war und Kerzen auf dem Tisch standen. Es rührte David zu sehen, wie sehr die Kleine sich anstrengte.

»Noch ein bißchen von dieser Sauce?«

»Danke, nein.«

Essen war eine angenehme Ablenkung, und es gelang ihm, sich ein wenig zu entspannen. Er fragte sich, ob wohl zutraf, was jemand gesagt hatte – er sehe müde aus, ob er nicht Erholung brauche? Eine Welle von Selbstmitleid überrollte ihn, und er hätte am liebsten gesagt, ja, ja, ich bin müde, ich bin todmüde, irgendwer muß mir helfen, bitte. Aber als er dann sprach, klang seine Stimme so nichtssagend wie das Scheppern eines Metallstücks.

». . . . Was halten Sie von diesem neuen Gesetz? Daß sie die Leute auf offener Straße anhalten und filzen dürfen?«

David versuchte sich zu erinnern, worum es ging. Er las keine Zeitungen mehr; er hatte sie schlicht vergessen. »Ist es denn nicht verfassungswidrig?« fragte er. Das mußte eine gute Antwort gewesen sein, denn sie brachte Jerry in Fahrt. Er stieß in seiner Erregung an den Tisch, während David das Essen auf seinem Teller herumschob. Das Mädchen sagte, »Ach, Liebling«, und David konnte verstohlen auf seine Uhr schauen. Es war noch immer früh. Jerry sprach jetzt davon, daß die Polizei eine Schwarze mißhandelt, und daß diese versucht habe, sich in ihrer Zelle die Pulsadern aufzuschneiden. Wieder sagte das Mädchen in scharfem, befremdetem Ton, »Liebling«. Und jegliche Unterhaltung erstarb.

David aß weiter. Er hätte gern erklärt, daß alles in Ordnung sei. Daß sie sich keine Gedanken machen sollten. Bitte redet weiter. Redet. Er aß, um ihnen zu zeigen, wie gefaßt er nach drei Monaten schon wieder war; er dachte nicht mehr ununterbrochen an seine Frau, die sämtliche Tabletten aus dem Medizinschränkchen genommen hatte, wie ein spielendes Kind, und sich die Arterien vollgepumpt hatte mit Giften, die sich sogar noch untereinander bekriegt haben mußten.

»Kennen Sie das Quartett von Shapero? Ich würde es ihnen gerne vorspielen«, sagte Jerry, und als er aufstand, stieß er wieder an den Tisch. Das Mädchen hielt den Tisch fest und bemühte sich, David anzulächeln, aber ihr Lächeln war nicht überzeugend.

Aus dem anderen Raum rief Jerry herüber: »Hören Sie sich diese Präzision an – sie ist umwerfend.«

»Mögen Sie Musik?« fragte das Mädchen schüchtern.

Eigentlich nicht, dachte David. Nicht mehr. Aber er sagte ja, weil nur die Häßlichen und die Gefühllosen, die nie irgendwohin eingeladen werden, zugeben, daß sie keinen Gedanken an Musik verschwenden – ob sie sie mögen oder nicht.

Sie hörten sich die Platte an. Sie aßen Dessert. David dachte, während er aß, daß Essen eine Realität war, die er fast vergessen hatte. Es war wirklich. Musik und Gespräch waren etwas Flüchtiges, das sich in Nichts auflöste, alles Schall und Rauch, aber Essen war wirklich und bewies ihm, daß er am Leben war. Essen gab es immer wieder. Musik und Gespräch und selbst Menschen konnten sich in Nichts auflösen, aber Essen nie.

Jerry stand auf und legte die Platte noch einmal auf. Sie hörten zu. Die Kleine tat, als höre sie zu, und David fand ihre vor Konzentration gerunzelte Stirn bezaubernd.

Nach dem Essen blieb sie draußen in der Küche, und er und Jerry waren allein, unter Männern. Mit der unbeholfenen Aufrichtigkeit, deretwegen David ihn immer gemocht hatte, sagte Jerry, »Es hat mir ehrlich leid getan, von der Sache zu hören. Ich . . . ich konnte es zuerst gar nicht glauben . . .« Aber wenn er Nadia gekannt hätte, würde er es sofort geglaubt haben. ». . . Die Studenten waren alle ganz . . . Ich erinnere mich noch an das eine Seminar, in dem Sie über Keats sprachen . . .« Das Seminar nahm in Davids Vorstellung Gestalt an, dieser Hörsaal voller Gesichter, denen er nie angesehen hatte, daß sie sich so viel aus ihm machten, daß sie so mitfühlend, so neugierig waren. Das Mädchen kam wieder herein, schüchtern lächelnd, und Jerry brach das Gespräch würdelos ab. Er war brüsk, linkisch. Die Kleine blickte starr auf ihre Füße – Lackschuhe, sehr niedlich –, und David verspürte den Wunsch, die Hände der beiden zu nehmen und ineinanderzulegen, sie miteinander bekannt zu machen und dann zu gehen, nichts wie weg. Was hatte er, ein vierzig Jahre altes Wrack, das noch mit dem restlichen Schwung von vierzig Jahren Fahrt dahertaumelte, in diesem beengten, glücklichen kleinen Apartment zu suchen? Heute nacht würde das Mädchen sich in Jerrys Arme kuscheln und vielleicht sogar ein paar Tränen vergießen, nicht wegen David, sondern wegen der Tragik des Ganzen, wie traurig es doch alles war . . .

Jetzt sprachen sie über Politik, und damit konnte David immerhin umgehen. Er fühlte sich gealtert, erschöpft, ein Tennisspieler, der sich auf ein Spiel mit einem zwanzig Jahre Jüngeren eingelassen hatte und Bällen hinterherhechtete, die ihm ohnehin kein Mensch mehr zutraute. Er trank. Jerry trank, und die Kleine setzte sich auf den Boden, die Beine sittsam unterm Rock angezogen. Das gefiel ihr, diese Art Gespräch. Ihre Augen leuchteten. Sie hatte so viel von Dr. Hutter gehört, von dem intellektuellen Dr. Hutter, und David durfte sie jetzt nicht im Stich lassen. Er mußte seinen Part spielen, so erschöpft er auch war. Jede Faser seines Körpers schmerzte, aber er spielte weiter.

»Es hat uns wirklich ungeheuer viel bedeutet – daß Sie heute abend hergekommen sind«, sagte Jerry. »Betty meinte, wir sollten Sie vielleicht lieber nicht behelligen, aber –« Jerry schwatzte drauflos, ohne den durchdringenden, warnenden Blick seiner Frau zu bemerken. Er hatte ein schmales, ernstes, eifriges Gesicht, dieser junge Mann, der kein Jüngling mehr war, sondern ein Mann, der ins Mannesalter hineinwuchs und dadurch Männer wie David in die mittleren Jahre abdrängte, bevor sie reif dafür waren. Der Gedanke, daß er die Bewunderung des jungen Mannes nicht verdiente, versetzte David einen Stich. Er verdiente niemandes Bewunderung. Er wollte ihnen das erklären, aber sein Gehirn war umwölkt vom Alkohol und von der Anstrengung, das Gespräch in Gang zu halten, seine Gesichtszüge unter Kontrolle zu halten. Jerry stockte, verlegen und glücklich, wie nur Studenten glücklich sein können, und seine Frau hörte mit einem kleinen, besorgten Lächeln zu, in der Hoffnung, daß ihm nicht noch ein Ausrutscher passierte.

Dann war es Zeit zu gehen. Er würde vom Gesprächsstrom direktenwegs zur Tür hinaus und den Hausflur hinunter in Sicherheit getragen werden. Im Stehen unterhielten sie sich ein wenig zwangloser als zuvor. Er war lange genug geblieben. Die warme Luft des Raums schien ihn wie trunken zu bedrängen, ihm auf die Brust zu drücken, und ihm war, als werde gleich etwas Furchtbares geschehen.

»Ich sollte – vielleicht sollte ich Ihnen erklären –« hob er an.

Sie warteten, aber er fuhr nicht fort. Er sah blicklos an ihnen vorbei und schwieg.

Dann wieder der Abschiedschor und die offene Tür und der Hausflur, in dem er sich so kurzsichtig fühlte; und endlich die Nachtluft.

Draußen wußte er wieder, was er ihnen gern gesagt hätte. Es fiel ihm schlagartig ein. Sie mußten wissen – da sollten sie sich gar nichts vormachen –, daß er nicht Nadias Tod betrauerte, sondern seinen eigenen Tod. Er nahm Nadia die Selbstsüchtigkeit ihres Todes übel und haßte sie, weil sie ihn für immer in den Schatten gestellt, ihn vernichtet hatte, als hätte sie ein Insekt unter ihrem Schuh zerquetscht. Er würde für die anderen immer der Mann sein, dessen Frau sich das Leben genommen hatte. Das würde das einzig Erwähnenswerte an ihm sein, und wie sollte er je durch irgendetwas Eigenes darüber hinauswachsen?

»Wie eine Schnecke. Eine dreckige Nacktschnecke«, sagte er laut. Seine tote Frau war eine Schnecke, die ihre Schleimspur über die Weiße seines Lebens geschleift hatte, und genau das hatte er seinem Studenten und diesem besorgten kleinen Mädchen eigentlich sagen wollen. Einen Augenblick lang erwog er, zurückzugehen und es ihnen zu sagen, zurückzurennen und an die Tür zu hämmern. »Ich will, daß ihr die Wahrheit erfahrt!

Die Wahrheit!« Dann kam er zur Besinnung und ging weiter, nach Hause.

II

Vor drei Monaten, am Tag bevor Nadia starb, waren sie miteinander zu ihrer Mutter hinausgefahren. Es war ein Sonntag, und dieser Tag blieb in Davids Bewußtsein immer fahl, diffus, blaß, der Himmel nicht blau, aber auch nicht weiß, dunstverhangen.

Sie fuhr, und ihm gefiel nicht, wie sie alle überholte, als wolle sie wirklich da ankommen, wo sie hinfuhren. Aber sie sagte, »Ich kann mit dem Wagen umgehen. Ich schaff das schon.« Sie trug einen schwarzweiß karierten Mantel, schlicht und teuer geschnitten wie alle ihre Kleider. Wenn David nach Hause kam und wieder einmal einen jener Kartons auf ihrem Bett vorfand, hauchdünnes Seidenpapier in der langen, rechteckigen Pappschachtel oder halb zerknautscht auf dem Bett, empfand er immer eine Mischung aus Ärger und Ohnmacht. Das neue Kostüm oder Kleid hing bereits im Schrank, und er wußte nie, welches es war, aber die Schachtel war liegengeblieben, versehentlich, nachlässig, als hätte sie vergessen, wie ihm zumute war, wenn ihre Mutter ihr Geld gab. Mit großen Augen, die unstet in ihren tiefen Höhlen flackerten, sagte sie dann, »Wenn meine Mutter es unbedingt will, warum soll ich es ihr abschlagen?«

Wieder setzte sie zum Überholen an und scherte auf die linke Spur aus. David sagte, »Du hättest mich fahren lassen sollen.« Sie entgegnete sofort, »Sprich nicht so mit mir. Ärgere mich nicht.« Der Wagen beschleunigte und ließ den anderen Wagen in rasanter Fahrt hinter sich. David zündete sich eine Zigarette an und bemerkte, daß sie lächerlich heftig zwischen seinen Fingern zitterte.

»Dauernd hast du etwas an mir auszusetzen«, sagte sie.

»Na gut.«

»Nie läßt du mich in Ruhe.« Von der Seite sah Nadias Gesicht schmal und angespannt aus; sie hatte die dünne, argwöhnische Nase eines Spielers. Für sie waren Worte nur Laute, die sie David oder sonstwem entgegenschleuderte – selbst ihrem Arzt, der sich zu guter Letzt mit David in Verbindung gesetzt und ihn um seine Unterstützung gebeten hatte –, um sie alle auf Abstand zu halten, sie abzulenken. Sie achtete nicht wirklich auf das, was sie selber sagte, und daher überraschte es, wenn sie sich an beiläufige, zusammenhanglose kleine Bemerkungen von ihm erinnerte, die schon Jahre zurücklagen. Dann lächelte sie ihn mit ihrem versonnen abschätzenden Lächeln an und gab Äußerungen wieder, die er vor Jahren gemacht hatte, als er noch ein anderer gewesen war. Ihr Gesicht übte die gleiche magische Kraft auf ihn aus, etwas, das für ihn unvorstellbar gewesen war, bis er es immer wieder erlebt hatte: die Kraft, ihren Blick unverwandt auf ihn zu richten und ihn so zu erregen, zu erschüttern, daß er sich hilflos fühlte, ebenso ausgeliefert wie damals, als sie einander zum ersten Mal begegnet waren.

»Wegen der Art, wie wir zusammengekommen sind, kannst du mich einfach nicht ernstnehmen«, sagte sie jetzt. Ihre Auseinandersetzungen bereiteten ihm Kopfschmerzen, weil er immer nachgab und im Nachgeben erkannte, daß es ihr auf den Sieg gar nicht ankam; ihre Gedanken waren bereits woanders.

»Sieh mal«, sagte er. »Es ist ein herrlicher Tag. Es ist Sonntag. Warum entspannst du dich nicht ein bißchen?«

»In jedem Auto auf diesem Highway sagt irgendwer grade zu irgendwem, daß er sich entspannen soll«, murmelte Nadia. »Was wirst du meiner Mutter sagen? Wegen meiner Reise nach Toronto?«

»Nichts.«

Nadia sah ihn flüchtig von der Seite an. »Hast du dir wirklich solche Sorgen gemacht?«

Er antwortete nicht. Sein Kopf schmerzte.

»Sieh mal, David«, sagte sie. »Ich weiß ja, wie dir zumute ist. Ich weiß. Aber was ist mit mir? Ich muß andauernd daran denken wegzufahren, in wildfremde Gegenden ..., kannst du das nicht verstehen? Du hast nie versucht, es zu verstehen. Ich sehe alte Busse vor mir, ich sehe mich zu Fuß laufen, Anhalter fahren . . ., wenn du eines morgens aufwachst und losgehst und aus deinem Leben wegläufst, kommst du dann nicht in einem neuen Leben an? Aber in was für einem? Und wenn du einen Tag früher weggelaufen wärst, wärst du dann nicht in noch einem anderen Leben, in noch einer anderen Welt, angekommen? Wie kann ein Mensch, wenn er das weiß, es immer an einem Ort aushalten?«

»Nadia, laß uns nicht wieder davon anfangen. Nicht jetzt.«

»Aber du, du bleibst immer da, wo du bist, und du bist so beharrlich«, sagte sie, »Du kommst mir schwer und fremd vor, wie ein Denkmal. Ich spüre dich hinter mir, wenn ich weggehe, ich kreise um dich und spüre dich dort, ich weiß auch nicht, was da passiert . . . Er hat mir gesagt, ich soll diesen Dr. Hack anrufen, aber das werde ich nicht tun. Ich weiß ganz genau, was Dr. Hack ist.«

»Wir werden ihn morgen anrufen.«

»Alle sind wie ich! Sie wollen alle lieber ein anderes Leben haben, jemand anders sein. Erzähl mir nichts. Wenn ich bloß eine einzige Person sein soll, dann bring ich mich um –«

»Sprich nicht so, Nadia. Bitte.«

»Was für ein Tag ist heute? Sonntag?« Sie runzelte die Brauen, und er sah scharfe Falten auf ihrer Stirn, zwischen den Augen. In wenigen Jahren würde sie wie eine Hexe aussehen, dachte er ungerührt. Die Liebe, die er für diese Frau empfand, war ein Zustand, in dem er existierte, so wie er in einer Welt von Gasen existierte, die sich rein zufällig zum Atmen eigneten. Er brauchte diese Liebe zum Überleben wie die Luft zum Atmen, aber es wäre ihm nie in den Sinn gekommen, dankbar dafür zu sein oder unter der Oberfläche seiner Leidenschaft irgendwelche zärtlichen Gefühle für Nadia zu empfinden. Und was für eine sagenhafte Leidenschaft das sein mußte, dachte er – schon sechs Jahre verheiratet und noch immer hohläugig vor Wachsamkeit, weil er in jedem Fremden ein Objekt für Nadias beflissene und immer ernsthafte Anteilnahme sehen mußte.

Im Augenblick war es ein kleines Mädchen auf einem Fahrrad, das auf sie zukam. Es radelte auf dem morastigen Randstreifen neben der Landstraße, ein Mädchen von ungefähr zwölf Jahren. Die Hände fest um die Handgriffe geklammert, rote Plastikgriffe, vermutlich verschmiert, den Körper vornübergebeugt, strampelnde Beine . . ., an den Füßen Turnschuhe und weiße Socken.

»Wo sie wohl hinwill, so eilig?« sagte Nadia.

Er sah, daß sie sich die Zeit nahm, in den Rückspiegel zu schauen, und Verbitterung und Eifersucht stiegen in ihm auf. Wie ein Geschmack im Mund. Nadias Phantasie segelte auf und davon, hinter dem Kind her, wohl zu irgendeinem häßlichen kleinen Farmhaus, an den Straßenrand geduckt und verdutzt, daß die Straße mit den Jahren so breit und so verkehrsreich geworden war, zu irgendeinem Lasttier von Mutter und irgendeinem Vater, der sich den ganzen Sonntag von einer Woche in der Fabrik ausruhen mußte, jetzt, wo diese kleinen alten Farmen sich nicht mehr rentierten . . .?

»Ich bin früher immer so gern Rad gefahren«, sagte Nadia leise.

»Wir könnten uns ja zwei Räder kaufen. Und sie in der Garage unterstellen.«

»Dazu bin ich jetzt zu alt . . .«

»Alle fahren Fahrrad im Park. Großväter, Großmütter.«

»Es wäre nicht mehr dasselbe«, sagte sie.

Es war nie »dasselbe« bei ihnen. Sie war ausweichend und trieb ihn zur Verzweiflung. Warum wäre es nicht dasselbe? Sie war eine Frau, die das eigene Leben, den eigenen Körper aufgegeben hatte, und David fühlte sich an einen Leichnam gekettet.

Manchmal verschwand sie, und wenn sie zu ihm zurückkehrte, zerschlagen und wehmütig, nahm er sie immer wieder auf. Sie hatte nichts Böses getan, auch wenn andere Männer im Spiel gewesen waren, jedenfalls nichts Unverzeihliches; und wenn sie seinetwegen zu Hause blieb, in der Wohnung, die sie unbedingt gewollt hatte, dann konnte sie vier, fünf Stunden hintereinander im Schlafzimmer sitzen und unverwandt in den Park hinausschauen. Es war ein teures Wohnhaus, weil die rund hundert Bewohner alle aus ihren Fenstern auf das Gewirr aus Blättern und Zweigen schauen konnten, das der Park war, aber die Stille von Bäumen hatte etwas Betäubendes, vollkommen unvorstellbar für jemand, der ein gewöhnliches, geräuschvolles Leben führte. Er sagte zu ihr, ruf doch mal diese junge Frau an, mit der du dich früher immer verabredet hast, diese Dingsda, macht einen Einkaufsbummel zusammen. Geht irgendwo essen. Er sagte, wieso laden wir nicht mal jemand zu uns ein? Ich helfe dir mit dem Essen. Er kaufte Theater- und Konzertkarten, umwarb sie, köderte sie hinaus, aber er konnte ihrem frostigen schönen Gesicht keine Freude entlocken, wenn dieser benommene Ausdruck darauf lag. Ihre Haut, die sich neutral anfühlte wie Wachs, weder kalt noch warm, nicht weich und nicht fest, lag als äußerste Begrenzung auf ihrem Körper, das war alles. Wenn sie nicht in einer plötzlichen Anwandlung nach Chicago oder Toronto verschwand, konnte sie, wenn sie nachts neben ihm lag, ebenso weit weg sein. Sie sagte, »Ich will andauernd weg, aber ich brauche dich hier. Ich brauche es, daß du hier bist und wartest.«

»Hältst du das für vernünftig? Für normal?«

»Ich weiß nicht, was das bedeutet, normal«, sagte sie gedehnt.

Er dachte, wenn sie mehr spazierenführen, öfter spontan miteinander verreisten, würde sie irgendwann nachgeben und seine Frau werden. Eine Ehefrau war eine Art Besitz, und kein Ehemann machte sich das bewußt, bis etwas schiefging: Es gab Dinge im Leben, die man haben, die man besitzen mußte, etwas, worauf man sich verlassen konnte. Er versuchte, ihr das zu erklären. Aber seine Liebe war der Anker, der sie festhielt und ihr Sicherheit gab, wie weit sie sich auch entfernte. Ohne ihn hätte sie niemanden gehabt, den sie umkreisen konnte, und wäre für immer in eine Richtung weitergegangen, ins Nichts.

Jetzt ließ sie den Kopf leicht hintenüberfallen, in einer mädchenhaften Gebärde der Überraschung. Und des Unmuts. Sie sagte, »David, ich glaube, heute ist gar nicht der richtige Sonntag.«

»Was?«

»Ich glaube nicht, daß sie diesen Sonntag gemeint hat. Sie hat nächste Woche gemeint.«

»Bist du sicher?« fragte David.

»Ich glaube, ja . . . Ist das nicht albern?«

Wenn sie etwas in Frage stellte, verlor David die Fähigkeit, sich dessen gewiß zu sein. Sie hätte seine eigene Vergangenheit, die Jahre, bevor sie in sein Leben getreten war, anzweifeln können, und er hätte sich anstrengen müssen, daran festzuhalten. Daher sagte er, »Na gut, wie du meinst. Ich bin nicht sehr erpicht darauf weiterzufahren.«

»Ich weiß.«

»Ich mag deine Mutter, aber . . .«

»Mütter sind alle gleich. Mütter, Väter«, sagte sie. »Ich hasse deine Famlie, und du haßt meine, nein, unterbrich mich nicht, ich beklage mich nicht. Das kennt doch jeder. Also, was sollen wir machen?«

»Was möchtest du? Weiterfahren?«

»Bitte, mach dich nicht lustig über mich.«

»Das tue ich nicht. Ich versuche bloß, dich zu verstehen.«

Nadia lachte. »Aber du bist doch derjenige, der sonderbar ist! Wie kann ein Mensch es fünf Jahre lang an einem Ort, in einem Zimmer aushalten, so wie du, immer dieselbe Arbeit, dasselbe Leben . . . Was sollen wir jetzt machen?«

»Wir können umkehren und wieder nach Hause fahren.«

»Aber vielleicht war es doch heute? Ich weiß nicht mehr«, sagte sie. »Heute oder nächsten Sonntag? Es ist immer ein Sonntag . . . Warum behelligt sie mich, warum kann sie mich nicht in Ruhe lassen?« sagte sie ärgerlich. »Ich habe jetzt dich und brauche sie nicht. Ich wünschte, sie würde das begreifen.«

»Wie hast du das eben gemeint?«

»Was?«

»Daß du mich nicht verstehen kannst –«

»Gott, ist dieser Wagen heiß«, sagte sie. Die Sonne hatte den Dunst durchbrochen. Nadia kurbelte die Scheibe herunter, die Luft fuhr ihr ins Gesicht und fegte ihr kurzes, dunkles Haar zurück. »Ich kann Autofahren nicht ausstehen. Ich finde es widerlich, so zu schwitzen. Sag mir, was du tun willst, oder ich fahre von der Straße runter. Ich setze den Wagen in den Acker da.«

»Geh nur ein bißchen vom Gas«, sagte er. Er sprach behutsam mit ihr, obwohl sein Kopf vor Schmerzen dröhnte. »Ist gut, Nadia. Du kannst am Straßenrand parken.«

Sie ließ den Wagen ausrollen. Jetzt knallte das Sonnenlicht mit voller Wucht aufs Wagendach und durch die Windschutzscheibe. »Du willst nicht, daß ich nochmal irgendwohin fahre, also, was soll's? Ich werde mich nie mehr von der Stelle rühren«, sagte sie. Sie riß die Autoschlüssel aus dem Zündschloß und warf sie zum Fenster hinaus. Mit dünnem, metallischem Klirren landeten sie auf der gegenüberliegenden Straßenseite.

»Ist ja gut, Nadia.«

»Nichts ist gut.«

»Wir können einfach hier sitzenbleiben und uns einen Augenblick ausruhen.«

Sie atmete heftig. Immer, wenn er es mit der wirklichen Frau und nicht nur mit der Erinnerung an sie zu tun hatte, spürte David sein Unvermögen – wie wenig er wußte, wie wenig Kraft er besaß. Sie war wie ein kostbares, kompliziertes Geschenk, das ihm zuteil geworden war, ein Geschenk, das er empfangen hatte, ohne es zu verdienen, und daher nicht genießen konnte. »Bitte, verlaß mich nicht mehr«, sagte er. Er nahm ihre beiden Hände und drehte sie zu sich herum, er preßte ihre kalten Hände an sein Gesicht. So blieben sie eine Zeitlang sitzen, beide heftig, erregt atmend. Er dachte, wenn ich zu ihr aufblicke und sie mich mit diesem Blick ansieht, dann hat das etwas zu bedeuten.

Er blickte auf, und ihre Augen in den dunklen, unnatürlich geweiteten Höhlen waren auf ihn gerichtet. Sie lächelte zögernd.

»Da sind wir nun, in diesem einen Leben«, sagte sie.

Eine Woge von Liebe stieg in ihm auf. Er liebte sie, und er würde sie nicht gehen lassen. Sechs Jahre lang war er stark genug gewesen, sie immer wieder zurückzuholen, und er würde es schaffen, sie zu retten. Warum nicht? Sonnenlicht flutete durch den Wagen und prallte an eine Seite seines Gesichts, pulsierend wie die Stärke, die durch seinen Körper strömte und ihm so viel Kraft gab.

III

Etwa sieben Jahre vor diesem Tag, Anfang Oktober, war David eineinhalb Tage lang in seinem damaligen Zimmer, ein paar Straßen weit von der Universität, geblieben und hatte gewartet. Er hatte einen Teil des Montags und den ganzen Dienstag gewartet, war nur hin und wieder hinausgetreten auf das Dach über der Veranda seiner Hauswirtin, welches für den jeweiligen Mieter der zweiten Etage in eine Art Balkon verwandelt worden war. Von dort ging der Blick hinaus und hinunter auf einen verwilderten Garten, in dem überwiegend Knöterich und Löwenzahn wuchsen, und schließlich auf einen Bretterzaun; wenige Meter dahinter verlief auf einem erhöhten Erddamm ein Eisenbahngleis.

Am nächsten Tag würde er aus dem Haus müssen, aber heute, Dienstag, konnte er zu Hause bleiben und auf sie warten, und beim Gedanken an ihr Kommen fühlte er sein Herz wie wild klopfen. Er war wie eine Maschine oder ein kompliziertes Spielzeug aus Teilen, die angefangen haben, sich immer schneller zu bewegen. Im Spiegel des Medizinschränkchens sah sein Gesicht aus wie immer, die Haut ein wenig blaß aber kühl, fast klamm. Er bot den Anblick eines Mannes, der wartet.

Zu jeder vollen Stunde stellte er das Radio lauter und hörte Nachrichten. Nachrichten hören war wie bergab rutschen. Zuerst verspürte man Verwirrung und Schmerz, dann Betäubung, und dann kam man unten an und konnte sich nicht mehr erinnern, wie schlimm es gewesen war. Schwitzend lauschte er den Meldungen über akute Krisen in China, Berlin, Kuba, und dann Krisenmeldungen aus Washington, und schließlich Kurznachrichten über Kinder, deren Hunde nach zwei Wochen wieder aufgefunden, oder über Kinder, deren Katzen von der Feuerwehr aus Bäumen gerettet worden waren. Dann stellte er das Radio wieder leiser. Er ging auf seinen behelfsmäßigen Balkon hinaus, lehnte sich ans Geländer und schaute in die sattgoldene Luft des Frühherbstes hinaus und dachte manchmal nicht einmal an Nadia, dachte nicht einmal ihren Namen.

Sie kam schließlich doch noch an jenem Abend. Sie war

atemlos, das lange Haar hing ihr zerzaust ums Gesicht. David starrte sie hungrig an, neugierig, was sie ihm brachte: Und sie erwiderte seinen Blick und lächelte. Alles war gut. Er zog sie ins Zimmer und schloß die Tür, und sie standen einander gegenüber und sahen sich an, ängstlich bemüht, ihre Erregung voreinander zu verbergen. Sie sagte, »Wir haben fast zwei Tage lang über nichts anderes gesprochen. Den ganzen Abend gestern und heute den ganzen Tag. Ich habe ihm gesagt, was ich fühle, und er versteht es, es ist alles vorbei. Er versteht es.« Sie schloß die Augen halb, diese schläfrigen, bläulichen Lider, in einem mädchenhaften Ausdruck der Erleichterung.

»Komm, setz dich«, sagte David. Sie taten geheimnisvoll und wichtig wie Kinder, die Erwachsene spielen. »Ich habe das hier gekauft zur Feier des Tages. Für den Fall, daß es etwas zu feiern gäbe.«

»Hast du gedacht, daß ich nicht kommen könnte?« fragte sie schüchtern.

Er brauchte eine Weile, um den Korken herauszubekommen, und sein Gesicht lief rot an. Sie lachte mit ihm, die eigenen Wangen hektisch gerötet. Als sie ihm ihr Glas zum Einschenken entgegenhielt, bemerkte er, daß es zwischen ihren Fingern zitterte.

»Nein, ich wußte, daß du kommen würdest«, sagte er.

Selbst jetzt, in ihrer Unbeholfenheit, besaß dieses junge Mädchen das geheimnisvolle Gespür, das Frauen für den Rhythmus der Nähe haben; sie war unbeholfen aber nicht verlegen. Sie lehnte sich zurück in einer Gebärde der Erschöpfung, die nur Verstellung war, kindliche Verstellung, und lächelte ihn über den Rand ihres Glases an, mit einem bezaubernden, leuchtenden Lächeln, mit dem sie ihm bedeutete, daß es für sie ein weiter Weg, ein sehr weiter Weg gewesen war bis in dieses Zimmer. »Mein Gott, mein Gott«, flüsterte sie. Es gab so viel zu sagen, so viel zu fragen, daß David nicht wußte, wo er anfangen sollte. Er saß lächelnd da, wie verzaubert, und sah gebannt in ein Licht, das strahlend war, ihn jedoch blendete.

Zuerst war sie ihm wie ein belanglos gewöhnlicher Körper erschienen, ein Mädchen in Gesellschaft anderer Menschen. Er konnte nicht genau sagen, wann er sie zum ersten Mal wirklich gesehen hatte, aber sie erinnerte sich an ihren ersten Eindruck von ihm, weil er natürlich etwas Besonderes war; noch der unbedeutendste Universitätsprofessor ist eine öffentliche Persönlichkeit. Eigentlich war das alles eher kapriziös, verspielt, aber etwas in ihm lechzte danach: diese schweren alten Armbänder, dieser altmodische Saphirring und dies Gehabe, das sie stets – selbst wenn sie einmal nachlässig gekleidet war – an sich hatte, als gehöre sie auf eigentümliche Weise sowohl in die Gegenwart als auch in eine eigene, geheime Vergangenheit. Sie war keine Studentin, sondern die Frau eines jungen Dozenten, und sie erklärte rasch und schroff, sie habe nicht Examen gemacht, nein, sie habe das Studium im zweiten Jahr abgebrochen. Und dann hielt sie inne, als falle ihr erst jetzt wieder ein, warum sie abgebrochen hatte, und als sei der Gedanke unangenehm. »Ich will vor allem raus hier. Raus aus dieser Stadt. Ich will wieder nach Hause, dahin, wo meine Mutter lebt«, sagte Nadia dann mit sanftem Nachdruck, damit jeder, der ihr zuhörte, merken mußte, daß sie eine Forderung stellte. Über ihren Mann sprach sie wenig. »Es war ein Fehler. Ich war zu jung. Er würde am liebsten ewig hierbleiben. Und er hört sich dauernd Opern an im Radio, egal welche, den lieben langen Sonntag.« Sie sprach mit hastiger, abgehackter Stimme, erhitzt von der eigenen Grobheit, aber in Wirklichkeit unbeteiligt und spielte die Schnippische, Spröde. Sie hatte beschlossen, einen Abendkurs zu belegen, nur so, zum Zeitvertreib, und so war sie in Davids Leben getreten, müßig und stets vollendet gekleidet und mit etwas an sich, einem Duft oder Fluidum, das an klare, durchsonnte Tage am Strand erinnerte, und mit einem dunklen, wißbegierigen Blick von rückhaltloser Offenheit. Sie hatte immer elegante, hochhackige Schuhe getragen, die ihre langen Beine noch länger und schlanker erscheinen ließen, als sie waren, und die ihre Schultern leicht vornüber krümmten und die Mulde am Ende ihrer Wirbelsäule betonten, als hole sie tief Luft. Das Haar hing ihr lose auf die Schultern und gab ihr weniger etwas Lässiges als vielmehr einen Ausdruck von Ungeduld, Rastlosigkeit.

Und so war sie also die Stufen hinauf- und in sein Zimmer
hineingelaufen, in dies aufwendig eingerichtete und vollge-
stopfte Zimmer, das er jahrelang für sich allein gehabt hatte,
und veränderte ihrer beider Leben. In seinen Armen war sie
wie ein Schatz, von der See aus ihren Tiefen gehoben und ihm
zugeworfen, ein Schatz, der ihn überwältigte, ihn mit sich riß
mit seinem würzigen Duft und seiner süßen, schweren, um-
schlingenden Umarmung, etwas, das weich aussah und sich
weich anfühlte, aber eigentümlich schmückend war, fast glit-
zernd. Außer ihnen existierte niemand auf der Welt. Niemand.

David wurde von einem undeutlichen Knistern geweckt: nur
eine Störung im Radio, drüben auf seinem Schreibtisch. Die
Skala leuchtete im Dunkeln, gedämpft orange, aber er blickte
wieder weg und dachte nicht mehr daran. Sie fragte ihn ver-
schlafen irgendetwas, und er antwortete, ohne ihr etwas zu
sagen, aber er gab ihr, was sie wollte – das Geräusch seiner
Stimme. Der Augenblick war in sich selbst besiegelt, dachte
David, und nichts konnte ihn verändern, als seien er und dieses
Mädchen zusammen auf einer Insel und könnten einander das
dunkle Geheimnis des Lebens von den Augen ablesen – indem
sie sich aneinander schmiegten, sich umarmten, liebten, nur
beeinträchtigt von der Notwendigkeit, sich irgendwann voneinander lösen und wieder zwei Menschen werden zu müssen.
Alle Welt mußte sich an seinen Fenstern die Hälse verrenken,
um einen Blick auf sie zu erhaschen, dachte er ungestüm: Alle
Welt mußte krank werden vor Neid bei der Erkenntnis, nie
haben zu können, was sie beide miteinander besaßen.

Ins Deutsche übertragen von Barbara Henninges

Dämonen

Sie kam aus der Nebentür, der Hund zerrte an seiner Leine. Der abgewetzte Ledergriff zog an ihrer Hand, und sie sagte mit gedämpfter, verlegener Stimme: »Laß das, du weißt, daß du das nicht sollst!« Der Hund war eitel und teils kahl. Sie dachte nie an ihn als an ein Tier, sondern als einen Anhang ihres Vaters, dessen Hund er war; der Hund glich in der Tat seinem Herrn. Beide hatten eine unreine, gefleckte Haut, leberartig und braun wie getarnt, und ihre Augen waren wässrig vor Wachsamkeit. Es schien Eileen, daß beider Ohren, obgleich unterschiedlich in Form und Farbe, eine undeutliche, nicht greifbare Art von *Intensität* gemeinsam hatten – sie hörten beide alles, sie hörten Geflüster, das nicht für ihre Ohren gedacht war, und Worte, die nicht laut gesprochen waren, hörten sogar das Echo von Worten, die schon hätten verklungen sein sollen.

Sie nahm den langen Gehweg zur Straße, hielt die Leine kurz. Der Hund keuchte und jaulte in einem hohen, weibischen Falsett; ein Eichhörnchen war in der Nähe. Der Hund wollte so dringend Fleisch mit dem Maul zerreißen, daß Eileen auf seinen flachen, brutalen Schädel starrte und sich deutlich darüber klar war, daß es besser wäre, wenn dieser Hund sterben würde, sodaß sie ihren Frieden hätten. Der Hund gehörte ins Haus wie Eileens Schwester Marcey: Beide waren Besitz des alten Mannes und konnten tun, was sie wollten. Tatsache war, daß sie niemals überhaupt etwas taten. Sie gehörten dem alten Mann. Eileens Mutter war invalide, oder beanspruchte es zu sein, und sie hatte nichts mit dem Hund zu tun, der nicht oberhalb des

Treppenabsatzes zugelassen war – der Hund durfte auch nicht ins Wohnzimmer, usw., usw. – das waren die Regeln des Hauses, mit denen Eileen großgeworden war und die ihr als die Gesetze der Stadt selbst gegolten hatten, jedes Haus in jeder Straße vollgestopft mit schütteren, bissigen Hunden und Vätern und Müttern und Schwestern, eine Schwester gut, weil sie »langsam« war und die andere – Eileen selber – fragwürdig, weil sie nicht langsam war.

»Laß das, du weißt, daß du das nicht sollst!«

Auf dem Gehweg dann konnte sie offener mit dem Hund schimpfen, da niemand im Haus es hören konnte. Aber der Hund paßte nicht auf. Er riß an der Leine und senkte seinen Kopf, als ob er versuchte, aus dem Halsband loszukommen, ein vergeblicher Versuch. Eileen beobachtete ihn mit passivem Haß, was nichts Neues war. Dann sah sie ihn zu einem Baum watscheln, und daher hörte sie auf, ihn zu beobachten und schaute zurück zum Haus. Sie wollte keine enge Beziehung zu dem Hund, und es war eigenartig, wie völlig respektable Männer und Frauen, würdig und wohlhabend, Hunde spazierenführen konnten, ohne sich etwas dabei zu denken: Es hatte keine Würde, es war peinlich, und doch waren sie da. Eileen bemerkte, daß ihr Haus gestrichen werden mußte. Es war ein großes, ziemlich konventionelles Haus, weit zurück von der Straße mit leeren Spitzen und Kuppeldächern in einem Stil, der Eileen immer als der einzige Lebensstil erschienen war. Das Leben forderte Einschränkung und ein dauerndes Zurückzerren an der Leine; man gab niemals nach, ließ den Hund niemals frei. Niemals. Die Spitzenvorhänge an den vorderen Erkerfenstern bewegten sich etwas. Das hieß, ihr Vater beobachtete sie. Sie starrte verdrossen über den unkrautigen Rasen und versuchte, sein Gesicht zu erkennen, aber sie sah nichts. Sicher beobachtete er sie. Und vielleicht trafen sich ihre Augen. Aber das ließ sich nicht ausmachen, in keiner Weise. Der alte Mann stand sicher hinten im Schatten, und hinten in der Küche bereitete Marcey das Abendessen vor – es war gegen fünf Uhr – und oben im großen Schlafzimmer mit der seidenen Tapete und dem Leuchter, der aus – woher? – Belgien? – importiert war, lag ihre Mutter unter einer Anzahl von Decken, die sie nie wärmten, nicht einmal in dieser späten Junihitze. Eileens Mutter war eine stille, verärgerte Frau, beherrscht von dem alten Mann, und doch, wie der Hund, unnachgiebig und listig unter dieser Herrschaft. Da war eine besondere Art von Schläue, die nur daraus erwuchs, daß sie grausam behandelt wurde, aber Eileen konnte damit nicht ganz fertigwerden. Im Alter von siebenundzwanzig verspürte sie eine komische Absurdität in ihrer eigenen Situation, in ihrer Unfähigkeit, mit ihrem Leben fertigzuwerden oder sich auch nur hinzusetzen und klar darüber nachzudenken. Es schien da immer ein Stillstand in ihrem Kopf zu sein, wenn sie über solche Sachen nachzudenken versuchte, oder jemand im Haus wollte etwas. Oder der Hund wollte ausgeführt werden.

Sie ging etwas schneller. Das gefiel dem Hund. Der Gehweg, den sie jeden Nachmittag einschlugen, war eigenartig aufgebrochen, und Teile davon sahen aus, als wären sie von einer Schwellung im Boden aufgeworfen. Manchmal war dies verursacht durch die Wurzeln der großen Ulmen, die die Allee säumten, und manchmal waren plötzliche Verschiebungen im Boden die Ursache. Dadurch sah die Nachbarschaft wie Patchwork aus. Alle Häuser waren alt, in verschiedenen Stilarten. Garagen waren an sie angebaut oder standen daneben, mit Fensterzeilen im zweiten Stock, ehemals Dienstbotentrakte, aber heute nur Platz für Gerümpel; Eileens Vater hielt Ausschau nach Veränderungen in der Nachbarschaft, und wenn er hörte, daß jemand Pensionsgäste aufnehmen wollte, schrieb er an den Stadtrat und an den Bürgermeister und an verschiedene Anwälte und Richter. So blieben die alten Dienstbotentrakte leer, und die Nachbarschaft selbst sah aus, als würde sie sich irgendwie zurückziehen, sich heimlich ausleeren. Die Rasenflächen waren weit, und sogar wenn sie gepflegt waren, sahen sie aus wie Wüsten der Stille. Keine Kinder liefen über diese Rasenflächen, nie wieder. Es war eigenartig, aber es gab keine Kinder. Hunde, aber keine Kinder. Ein paar alte Leute und ein paar Bedienstete und ein paar jüngere Leute wie Eileen führten in dieser Nachbarschaft jeden Tag Hunde spazieren, aber Kinder tauchten nie auf, und sogar die Hunde waren keine Hunde, die bellten.

Im Sommer dauerte alles zu lang, dachte Eileen. Sie mochte die rauhen, schnellen Wintertage lieber, wenn ein später Morgen neblig in einen frühen Abend überging, und die Nachmittage eng zusammengepreßt waren. Das war gut. Im Sommer wurden die Fenster geöffnet, und man hörte zuviel. Und die Leute, die auf dem Gehweg bummelten, könnten zu viel von drinnen aus dem Haus hören; besonders gewisse mürrische, schrille Bemerkungen waren von der Art, daß sie bis auf die Straße drangen.

Sie überquerte gerade die Straße bei dem Haus der Norlans, als der Hund wieder an seiner Leine zog. Er war hinter einem anderen Eichhörnchen her. Eileen zog ihn zurück und hörte ein leises Knurren in seinem Hals, das sie auf absurde Weise erschreckte. . . . Für einen Moment standen sie in einem gefrorenen Tauziehen, das Mädchen, mit den Fersen fest auf dem Gehweg, lehnte sich etwas zurück, ihre Hand hielt die Leine eng an ihre Oberschenkel, und der wütende Hund wackelte auf seinen Hinterbeinen in einem kleinen Halbkreis, seine Vorderbeine scharrten in der Luft und strebten nach außen, weg von der Leine und dem Halsband. Dann schnappte etwas. Das Halsband gab nach, und der Hund machte einen Satz nach vorne und rannte blindlings über die Straße. Eileen schaute sich überrascht um und sah, wie ein Wagen den Hund leicht anstieß, als wenn dieser Wagen seit Monaten oder Jahren auf der Lauer gelegen hätte und erst jetzt die Gelegenheit gehabt hätte, nach vorne zu schnellen. Aber der Stoß war leicht. Doch Eileen sah es entsetzt, der Hund lag wie ein Sack und war still.

Der Fahrer war aus dem Wagen, bevor Eileen hinkam. Der Hund war tot, wie es aussah. Blut rann in kleinen, streifigen Rinnsalen aus seinem Maul. Die Schuhe des Fahrers waren staubig, und Eileen beugte sich über den Hund, starrte in der Erwartung, daß der Hund sich zum Leben aufschütteln würde, auf die Schuhe, trotz ihrer Erschöpfung daran interessiert. Sie schien nicht zu verstehen, daß ein Mann zu ihr sprach. Nach einer Minute oder so, als es so aussah, als ob der Hund ihres

Vaters wirklich tot war und nicht mehr aufstehen würde, brachte sie ihren sich weitenden Blick langsam hoch zu dieser Säule von einem Mann und sah, daß er zu ihr sprach.

»Was? Ja«, sagte sie mit unklarer, ausdrucksloser Stimme. »Ja, es war ein Unfall. Ich weiß. Der Hund war schuld.«

»Möchten Sie, daß ich die Polizei rufe?«

Sie starrte ihn an. »Ich weiß nicht. Es ist der Hund meines Vaters, nicht meiner. Ich glaube nicht, daß er die Polizei will . . . er billigt keine Polizei in der Nachbarschaft. . . . Außer der privaten Polizei. Ich weiß nicht, wo die ist . . .«

»Ist alles in Ordnung?«

Er war ein Mann von etwa fünfunddreißig, ein Fremder. Er trug einen leichten Sommeranzug und hatte ein lässiges, bedächtiges Aussehen an sich; seine Sorge um den Hund war in gewisser Weise zu real, übertrieben. Der Hund war nicht mehr real für Eileen, außer daß er ein Problem darstellte, das sie in ein paar Minuten mit ihrem Vater haben würde. Aber der Hund selbst war nicht real und war eine Peinlichkeit. Sie sagte langsam, »Ja, alles in Ordnung. Aber der Hund war schuld, Sie haben es gesehen.«

»Ich konnte nicht rechtzeitig halten.«

»Er hat seit Jahren versucht, sich von mir loszureißen.«

»Ich hätte nicht gedacht, daß der Wagen ihn erwischen würde . . .«

»Es ist im Wesentlichen der Hund meines Vaters«, sagte sie, indem sie sich aufrichtete. Die Augen des Mannes waren gelbbraun und hell, ganz wie ihre eigenen. Er hatte Sommersprossen auf Nase und Stirn, und sie hatte das nicht, aber sein hellbraunes Haar hatte die gleiche Farbe wie ihres. Es lag eine Art Spannung, etwas Schwindelerregendes zwischen ihnen in der Luft, eine Art Zerbrechen von Licht oder Zeit. Es war, als wären sie in den Schatten einer Mondfinsternis getreten, von der niemand etwas wußte; als wenn sie, zwischen dem Verklingen pompöser Kirchenglocken am Sonntag, sich für einen geheimen Blickwechsel gesucht hätten.

»Wohnen Sie in der Nähe? Ich kann Sie nach Hause fahren und den Hund nehmen.«

»Ich wäre sehr dankbar...«

Er wickelte den Hund in Segeltuchbahnen aus dem Kofferraum seines Wagens und legte den Körper auf den Rücksitz. Eileen fing an zu weinen. Sie glaubte, daß sie diesen Hund immer gemocht hatte, daß es kein bösartiger Hund gewesen sei, aber vielleicht war ihr Vater zwischen sie gekommen und hatte es ihr unmöglich gemacht, Zuneigung zu empfinden... und zugleich war ihr klar, daß dies eine absurde Vorstellung war.

»Manchmal habe ich hier das Gefühl, daß ich den Verstand verliere.« Es kam mit einem heiseren, beunruhigten kleinen Lachen heraus, und der Mann wendete sich überrascht zu ihr.

»Entschuldigung, das hätte ich nicht sagen sollen«, sagte Eileen. »Ich habe Ihnen heute genug Ärger verursacht...«

»Ich war schuld, wirklich.«

»Ich glaube, ich war schuld...«

»Sagten Sie, es war der Hund Ihres Vaters? Ist er ein alter Mann, ich meine, wird er sehr ärgerlich sein?«

Eileen stieg langsam in den Wagen, nachdenklich. War ihr Vater ein alter Mann? Sie dachte oft an ihn als *den alten Mann;* aber sie war nicht sicher, ob andere Leute ihn für alt halten würden. Alte Männer waren gewöhnlich ruhig und irgendwie gesundheitlich gefährdet, körperlich oder geistig, während ihr Vater von Jahr zu Jahr zunahm und die Sehnen in seinem Nacken stärker wurden.

»Er ist etwa achtundsechzig, glaube ich. Ja, er wird ärgerlich sein.«

»Ich würde gerne die Kosten tragen —«

»Nein, nein. Vater würde das nicht haben wollen. Bitte, erwähnen Sie nichts dergleichen.«

»Sind Sie sicher, daß alles in Ordnung ist? Sie scheinen etwas durcheinander.«

Er machte die Tür auf ihrer Seite zu und ging herum, um einzusteigen. Eileen schaute zurück, und sah, daß der Hund noch immer tot war, immer noch tot. Sie hatte gehofft, er würde sich wieder zum Leben aufschütteln. Der Fahrer stieg ein und sah sie an. Ganz offensichtlich dachte dieser Mann —

dem man ansah, daß er irgendwohin mußte, mit seiner intelligenten, männlichen Besorgnis –, sie sei eigenartig. Vielleicht verrückt? Sie wollte ihm mit einem Lachen erklären, daß sie wirklich nicht verrückt sei, obgleich der äußere Anschein darauf hindeuten mochte, daß sie nicht ganz normal sei. Sie hätte ihm gern ihr Diplom gezeigt, ihren Abschluß in Erziehungswissenschaft; die wenigen Liebesbriefe, die ein junger Mann ihr einmal geschickt hatte; die Schnappschüsse von ihr und einer Freundin in Maine, aus einem glücklichen Sommer vor langer Zeit. Dies waren Beweise dafür, daß sie normal war, oder zumindest normal gewesen war in jenen Jahren, bevor sie aufgab und nach Hause zurückkehrte. Aber sie war nach Hause zurückgekehrt. Sie hatte ihren Job in New York aufgegeben, ihre Freunde, ihre eigene Wohnung, sie hatte aufgehört, Lippenstift zu tragen, weil das ihren Vater ärgerte, sie hatte zu denken aufgehört, außer an langen, heißen Sommernachmittagen. Vielleicht hatte er Recht, daß er sie so anstarrte?

»Sie scheinen vor etwas Angst zu haben«, sagte er.

»Ja, mein Vater«, sagte sie.

Ihre Zähne klapperten jetzt.

Am nächsten Morgen saß sie in der Küche in einem Streifen Sonne und dachte nach. Es war eine Stille um sie, wie die Stille, die man einem schuldigen Kind aufzwingt, und ihre Schwester Marcey respektierte das. Doch Marcey wagte auch, mit ihr zu sprechen; es war etwas mädchenhaft Süßes an ihrer Zuneigung für Eileen.

»Er wird nicht mehr ärgerlich sein. Heute nicht. Du selbst sehen«, flüsterte Marcey.

Eileen fuhr sich mit der Hand müde übers Gesicht. Sie versuchte, über die gestrige Szene mit ihrem Vater hinauszudenken, und über die Szene im Garten hinaus, wo sie den Hund beerdigt hatten, über all diesen Wirrwarr hinaus zu dem Gesicht des Fremden. Sie war verwirrt, daß sie sich daran nicht erinnern konnte. Ihre Schwester Marcey beugte sich herunter, um sie anzuschauen. »Du weinen?« sagte sie.

»Nein, ich weine nicht«, sagte Eileen.

Marcey spülte das Frühstücksgeschirr fertig. Die ganze Küchenarbeit war ihre Arbeit, die ganze Hausarbeit. Sie wollte sie tun und wurde immer ärgerlich, sogar gewalttätig, wenn Eileen zu helfen versuchte. Aber Eileen hatte seit zwölf Jahren nicht zu helfen versucht. Marcey war ein stämmiges, weiches Mädchen in einem geblümten Hauskleid. Sie trug meistens Hausschlappen, weil ihre Füße in normalen Schuhen wehtaten. Ihr Gesicht war rund wie ein Kuchen, aber irgendwie verschoben, oder vielmehr, die Gesichtszüge waren nicht ausgewogen; vielleicht war ein Auge etwas größer als das andere, oder ein Nasenloch größer als das andere. Sie war ein kräftiges, angenehmes Mädchen, wenn sie ihren Willen bekam, und es war eine ständige Hitze um sie, als wenn sie dauernd in Eile wäre.

»Armer Rob«, seufzte Marcey.

Rob war der Name des Hundes. Aber wenn Marcey den Namen nannte, gehörte er einer Person; genauso wie es im Munde ihres Vaters der Name einer Person war. Eileen saß da und versuchte nachzudenken. Sie wartete, daß ihr Vater in die Küche zurückkommen würde. Er las in seinem Büro die Morgenzeitung. Er würde gleich hierher zurückkommen und um Kaffee bitten, und vielleicht würde er sie auf eine gewisse Art anschauen... Sie wartete darauf, daß ihr vergeben würde, obgleich sie wußte, daß das töricht und erniedrigend war. Trotzdem wartete sie. Ihr ehemaliges Leben hatte sie in einer hysterischen Nacht hinter sich gelassen, als sie sich selbst eingestand, daß nichts, nichts ihr so viel bedeutete wie ihre Familie; dieses Leben hatte sich zurückgezogen auf ein paar Stücke Trödel in ihrem Zimmer, Andenken an ein anderes Leben, das ziemlich fröhlich gewesen sein mußte. Gewiß, es war nicht ernst gewesen. Sie hatte Fünftklässler in Kunst unterrichtet, wie unwirklich... Das war einige Jahre her.

Schließlich hörte Eileen ihren Vater kommen. Sie setzte sich auf und starrte aus dem Fenster, wie ein Kind. Es war ein Dornengebüsch, in das sie starrte, ein Chaos von etwas, das einst ein Garten gewesen war; eine streifige, graue Statue war irgendwo in diesem Wirrwarr, ein Junge, auf einem Fisch reitend. Die Statue stand in der Mitte eines Brunnens, der seit langem ausgetrocknet war. Wespen summten darum herum, und hätte sie dies je erforschen wollen, wäre ihr der Zugang verboten gewesen. Sie saß ruhig und erwartete ihren Vater.

Er war ein großer, gutaussehender Mann mit silbernem Haar, das schon dünn wurde. Seine leberfleckige Kopfhaut zeigte sich allmählich. Eileen starrte hungrig auf ihn, ihre Augen huschten zu ihm. Sie hatte Angst, und das war verrückt. Er beachtete sie nicht. Marcey war sein Liebling, Marcey war sechsunddreißig Jahre alt und im Kopf ganze neun Jahre alt, sie war der Liebling ihrer Eltern und war das in den letzten fünfundzwanzig Jahren gewesen. Sobald sie ihr Problem erahnt hatten, hatten sie sie für sich getauft, für ihre besondere Liebe. Eileen dachte mit Bitterkeit daran, sie wußte aber, daß es stimmte.

»Vater, hoffentlich bist du nicht mehr ärgerlich wegen des Hundes«, sagte Eileen.

»Schenk mir diese Tasse ein. Wo ist die Sahne?« sagte ihr Vater zu Marcey.

Marcey hüpfte herum und gab ihm die Sahne. Sie war ein gutes, gutes Mädchen. Das Fleisch ihrer Oberarme hüpfte mit ihr. Eileen starrte auf die beiden, ihre Verwandten, der attraktive, kühle Mann mit bläulichen Venen, die seine Stirn wie Spinnweben äderten, und die kindische, schwerfällige Frau in ihrem gelben Kleid. Ja, wirklich. Ihre Verwandten. Sie fühlte einen Stich von Eifersucht auf Marcey, eine wiedererwachte Eifersucht, die sie jahrelang gespürt aber fast vergessen hatte. »Aber es ist töricht, so weiterzumachen«, sagte sie klug, wie eine Lehrerin. »Schließlich müssen wir im selben Haus wohnen.«

Ihr Vater war jeden Tag gut angezogen, obwohl er sich selten die Mühe machte, das Haus zu verlassen. Sogar im Sommer trug er eine Weste. Seine Kleidung war exzellent, teure Kleidung, obgleich heute sicher aus der Mode; aber was machte das schon? Er war ein eisiger, schlauer, grausamer Mann, dessen Berufung Geld war. Als Eileen aus dem Haus war, hatte sie oft an ihren Vater als einen Verrückten gedacht, aber das war zu einfach. Es war ungenau. Er war nicht verrückt; er war er selbst. Er hatte niemals in seinem Leben einen Irrtum in irgendeiner finanziellen Situation begangen. Noch in irgendeiner anderen. Keine Irrtümer, nichts. Seine Geschäftszeit begann morgens um neun und endete gewöhnlich um zehn; er pflegte zu telefonieren.

»Marcey, bring mir ein paar Kekse hinüber. Und Butter. Und Marmelade.«

Er ging in sein Büro zurück und ließ sie allein, seine Töchter. Zwei Frauen! Marcey war die befriedigte, flattrige Gattin und Eileen die eisige, zurückgewiesene Braut. Sie starrte in das einfache Gesicht ihrer Schwester und erinnerte sich an die Gedanken, die sie als Kind so oft gehabt hatte, als sie oben in ihrem Bett oder hinter der Garage weinte und nichts so sehr wünschte wie Marceys Tod, sodaß sie, Eileen, ihren Platz einnehmen könnte. Warum nicht? Sie könnte Marceys Platz einnehmen und niemand würde Marcey entbehren... Jetzt seufzte sie über die nutzlose Grausamkeit solcher Gedanken. Denn nichts war je geschehen. Sie war es, Eileen, die sich Erkältungen und Schüttelfrost geholt hatte; Marcey ging es immer gut. Sie war kräftig und gesund wie der alte Mann. Eileen schlug ihrer Mutter nach, beide waren Menschen, die, wenn sie allein sind, nichts Besseres zu tun haben, als nervös auf ihr Herz zu horchen. Die Art von Leuten! Sie messen ihren Puls nicht, aber nur weil sie zu zimperlich sind. . . .

Eileen ging spazieren.

Nach allem Bisherigen, dies hier tat ihr nicht gut. Sie hätte fortgehen sollen, wie sie es sich selbst versprochen hatte, sie hätte sich freimachen sollen, sobald klar war, daß ihre Mutter nicht wirklich im Sterben lag. (Eileens Mutter war bettlägrig geworden, um Eileen nach Hause zu bekommen.) Aber bei dem Gedanken, ihre Sachen zu packen und ein Taxi zu rufen, bei dem Gedanken, zu dem heruntergekommenen Bahnhof zu gehen ... ihre Gedanken gerieten durcheinander, sie wurde unruhig und schaute um sich, als warte sie darauf, abgelenkt zu werden. Die Morgensonne lag warm auf ihrem Gesicht. Es war wie der Blick dieses fremden Mannes, der jetzt wieder zu ihr zurückkehrte, da sie von zu Hause weg war. Sie ging langsam und müde. Es überraschte sie zu begreifen, daß sie noch immer eine attraktive, eine sehr junge Frau war. Ihr Haar war kurz geschnitten, sodaß ihre Ohrläppchen zu sehen waren, und es flog unordentlich um ihren Kopf. Sie hatte ein kleines, ernstes, kindliches Gesicht mit klaren blauen Augen. Ihr Gesicht hatte ihr immer mißfallen, weil es wie ein Kindergesicht aussah. Aber Marcey war das Kind, das eigentliche Kind; Eileen selbst war angeblich ziemlich intelligent. Aber was machte man mit Intelligenz, wie konnte man sie nutzen? Und ihr Körper war nutzlos, nur ein schmaler Körper. Sie hatte den Körper einer Tänzerin, aber keinen Tanz. Was pulste in ihren Venen anderes als dieselbe kalte, blaue Tinte, die sich durch die königliche Stirn ihres Vaters fädelte? Sie ging lange, hin und her in den kurvigen Straßen. Das Viertel war alt und vornehm, ziemlich in der Nähe des Zentrums einer Großstadt, und vor fünfzig Jahren hatten Millionäre ihre extravaganten Häuser hier gebaut, auf riesigen Grundstücken. Es war zumeist Eisenbahngeld. Heute wurden die Häuser von ein paar alten Leuten mit viel Personal bewohnt, oder von einer jungen Familie, die geerbt hatte, mit Argwohn und Mut, oder von gar niemand. Geistern. Staub. Vandalen begingen im Verborgenen Greueltaten, und obgleich man diese gewöhnlich aus der Zeitung fernhielt, wußte Eileens Vater über jede Einzelheit Bescheid. Er wußte alles. Er hatte in der Feuernacht des letzten Jahres gewußt, daß es nur das Palais des Erzbischofs sein konnte, und er hatte Recht gehabt. Ein loderndes Feuer im Westflügel, von einer Sekretärin verursacht, die beim Rauchen unvorsichtig gewesen war, selbst das hatte er vermutet. Eileen erinnerte sich an ihre Kindheit, und es schien ihr, daß sie sich eigentlich an mehr Menschen damals in dieser Nachbarschaft erinnerte: Aber vielleicht bildete sie sich das nur ein. Eines Tages würde sie sich, wie ihre Mutter, alles einbilden müssen. Dann sah sie ihn – den Wagen von gestern. Den Wagen des Fremden. Er war in einer Einfahrt geparkt, in der Einfahrt der Heilmans. Eileen hielt inne, verwundert. Sie hatte gestern eigentlich nicht bemerkt, daß der Wagen ein paar Jahre alt war. Aber das Haus der Heilmans war viele Jahre alt, fast schäbig. Es hätte renoviert werden sollen. Und für den Rasen vor dem Haus war jede Mühe umsonst, schon im Juni verbrannt, hoffnungslos. Der Hausangestellte der Heilmans, ein Neger von über siebzig, trieb sich bei der Seitenveranda herum und versuchte, ein Wort abzuwaschen, das in weiß auf die Scheibe geschmiert war. Eileen wollte nicht sehen, was das Wort war, aber sie vermutete, daß es dasselbe Wort war, das sie sehr häufig in weiß oder schwarz oder rot in der Nachbarschaft hingeschmiert gesehen hatte. Kleine Negerjungen, nicht verwandt mit dem Neger der Heilmans, steckten dahinter. Es war hoffnungslos.

Sie stand da, als der Mann auftauchte, ihr Freund von gestern. Er stieg die Außentreppen des Dienstpersonaltraktes herunter, ein recht sauberes und gepflegtes Backsteingebäude. Ach ja, dachte Eileen schlau, sie verdienen illegal Geld. Sie vermieten. Der Mann hatte sie gesehen und näherte sich ihr in seinen Hemdsärmeln. Er kam auf sie zu, als hätte er darauf gewartet, sie zu sehen und war recht erfreut.

»Hallo«, sagte er lächelnd. Sie lächelte zurück. Sie sprachen ziemlich verlegen miteinander. Eileen fühlte sich leichtsinnig und eigenartig ärgerlich; ihre Unterlippe fühlte sich gierig an. Sie sagte immer wieder nein, nein, der Hund war schuld... Dann lachten sie plötzlich zusammen. Eileen sagte, daß es schade sei, diese Verunstaltung der Heilmanschen Glasveranda. Aber sie lachten wieder und überraschten sich, und ihr Lachen entschwand rasch, als sie einander anblickten: Sie waren sich so ähnlich – wie eigenartig! Sein Haar war ziemlich lang für einen Mann, und wenn es etwas länger gewesen wäre, hätte es wie ihres ausgesehen.

»Was machen Sie hier, wohnen Sie hier?« sagte Eileen.

Er begann, ihr zu antworten, höflich und einfach, und während sie zuhörte, meinte sie plötzlich, er sage nicht die Wahrheit. Er sprach zu ernst. In ihrer Kindheit hatte sie Jungen geliebt, manchmal nicht aus der Entfernung, und immer begann ein gewisser Schwindel in ihrem Hinterkopf, wenn sie nahe bei ihnen stand: Dieser Schwindel setzte jetzt ein. Es war mädchenhaft und angenehm, aber darunter lag eine kalte, harte Ernsthaftigkeit, die sie erschreckte. Sie wollte ihren Arm durch seinen schieben und sich an ihn lehnen. Sie wollte sagen, *Oh, ich weiß, was du willst, und was alle Männer wollen . . .* aber sie war von sich selbst überrascht, daß sie das dachte.

Er bat sie, mit spazierenzugehen, und sie war einverstanden. Warum nicht? Sie spürte eine träge Erregung in sich, aber sie war nicht weich, wie das bei einer Frau sein sollte; sie war hart. Sie hatte das Gefühl, daß sie in diesem Gespräch halb ein Mann war, halb der Mann, mit dem sie ging, und halb sie selbst, die eine, die den Anstoß gab und sie beide führte, und die andere, die angestoßen, geführt wurde. War das die Art, wie richtige Frauen für Männer empfanden? Richtige Frauen? Entdeckten sie einen Mann, der die widerspenstigen kleinen Zellen ihres Blutes aufbrach, und gaben sie sich ihm sofort hin? Zwangen sie solche Männer zur Liebe? Sie fühlte sich ziemlich leichtsinnig; die Obszönität an der Haustür der Heilmans hätte über ihre Lippen kommen können, über ihre eigenen Lippen.

»Ich bin in eine Art verrückte Situation verwickelt. Meine Eltern . . .« Und sie fuhr fort, ihm die ganze Geschichte zu erzählen, die sie Freunden im College und anderswo erzählt hatte; wobei sie mit ihrem Puppengesicht alle Nuancen und alles Versagen ihres Lebens darstellte. Schau her, schien sie zu sagen, ich weiß, daß ich mich verschwende, ich weiß, daß ich an sie gekettet bin, aber ich kann's nicht ändern. »Aber Sie könnten ausziehen. Ich habe mein Elternhaus verlassen«, sagte der Mann.

Sie war darüber enttäuscht und sagte nichts.

»Natürlich, wenn sie alt sind und Sie brauchen . . .«

»Sie brauchen mich wirklich. Ernsthaft«, sagte sie.

»Und Ihre Schwester braucht Sie sicher ebenfalls.«

»Ja, sie braucht mich. Sie alle brauchen mich wirklich.«

Sie wartete, daß er mit ihr streiten würde. Sie gingen schweigend weiter. Dann hörte sie sich bitter sagen, »Meine Schwester Marcey ist es, die weggehen sollte.«

Als sie an diesem Nachmittag nach Hause kam, wartete ihr Vater. Ja, er wußte Bescheid. Er hatte nicht gesehen, wie sie müßig miteinander sprachen, am Rande der Liebe, aber er wußte Bescheid. Er wußte alles. Als Eileen den Weg zum Haus hinauf einbog, erstarrte sie, als sie ihn hinter den Vorhängen sah. Er war geisterhaft und doch greifbar, wie er da hinter der Spitze stand, sichtbar und unsichtbar.

Er öffnete ihr die Tür. »Und wo ist Rob?« sagte er höflich.

»Rob ist nicht hier, Vater.«

»Was hast du mit Rob gemacht?«

Ihre Zähne begannen zu klappern. Der alte Mann sprach mit lauter Schauspielerstimme, sodaß Marcey in der Küche es hören konnte und daß die alte Frau oben es hören konnte, die im Bett lag oder vielleicht im Verborgenen oben an der Treppe kauerte. (Eileen glaubte, daß ihre Mutter aufstehen konnte und das auch tat: Wie sonst ließen sich Sachen auf ihrem Bett erklären, die sicher am Abend zuvor auf ihrem Schreibtisch gelegen hatten?)

»Ich habe dich gefragt, was du mit Rob gemacht hast. Wo ist seine Leine?«

»Vater, du weißt, was mit Rob passiert ist.«

»Wo ist er?«

»Du weißt, was passiert ist.«

Er stand da in seinem makellosen Anzug, er verachtete sie. Sie konnte ihn nicht ansehen. Etwas Größeres als Tränen kam über sie, und sie hatte das Gefühl, mit rasender Geschwindigkeit zu einem Kind zu schrumpfen, als würde sie auf einer Straße zurückgetrieben und die Gegenwart löste sich vor ihren Augen in der Vergangenheit auf, kleiner und kleiner werdend. Sie fing zu weinen an und verteidigte sich. Sie sagte, *Vater, Vater!* Sie sank vor dem alten Mann auf die Knie, halb wach für die Klugheit dieser Geste und halb enttäuscht; sie bettelte, »Bitte, Vater, du machst dich krank, du verlierst den Verstand —« Aber sie war es, die krank und wahnsinnig war. Der alte Mann wahrte die Kontrolle. Er packte sie am Haar, eine Faust voll Haar, und schüttelte ihren Kopf von einer Seite zur anderen.

»Du hast ihn sterben lassen — Du hast ihn losgelassen! Losgelassen! Du hast ihn nie gemocht, und deshalb hast du ihn losgelassen.« Das Schreien ihres Vaters machte jeden im Haus wach und aus der Küche kam Marcey, in Eile. Sie stolperte über etwas, richtete sich aber auf. Eileen und ihr Vater sahen sich um, gemeinsam, und sahen Marceys stämmigen, stillen Körper, wie er über den Flur auf sie zustürzte... Ihr Vater sagte, indem er sie packte, »Komm hier rein«, und plötzlich folgsam, rappelte sie sich auf und lief ins Büro. Gerade rechtzeitig. Der alte Mann schlug die Tür zu, und Marceys Schreie begannen, und Eileen, gescheit wie ein Kind, wußte genug, um die Tür zu verschließen. Marcey war verrückt geworden, ja. Verrückt. Eileen hatte seit Jahren voll Entsetzen darauf gewartet. Verrückt mit einem Schlachtermesser, mit einer Schere, mit einem brennenden, heißen Bügeleisen? Sie hatte gedacht, daß ihr Tod ein verrückter Tod sein könnte, über den sie keine Kontrolle haben würde. Jetzt ging sie zum Telefon und wählte die Nummer der Polizeistation. Sie hatte die Nummer seit Jahren im Kopf gehabt, seit Marcey sie das erstemal angegriffen hatte: Sie war damals erst fünf gewesen, und Marcey hatte versucht, sie im alten Brunnen zu ertränken.

Am nächsten Morgen war Eileen es, die das Frühstück machte, und sie machte es gut. Sie und ihr Vater gingen nach oben – ihr Vater trug das Tablett wie ein Gentleman –, und sie aßen mit ihrer Mutter, die zu dieser Gelegenheit im Bett aufrecht saß. Ihr Kummer schien ihre Finger länger und hungriger zu machen. »Ja, ich hab es kommen sehen«, sagte Eileens Mutter säuerlich, und ihr Vater war höflich genug, ihr nicht zu widersprechen. Obgleich ihre Körper verwundet waren, hatten ihre Gesichter den Ausdruck, als ob sie nicht nur eine Mahlzeit, sondern eine Zeremonie genießen würden.

»Eine schreckliche Sache, ein Skandal«, klagte Eileens Mutter. »Und was ist mit meinem armen guten Mädchen hier, was wäre gewesen, wenn sie verletzt worden wäre?«

Eileen spürte einen Stich von Freude. »Marcey konnte nicht anders, sie war krank.«

»Nicht krank. Krankheit kann man heilen, aber Marceys Schwierigkeit läßt sich nicht heilen. Das hab ich immer gesagt«, sagte die Mutter.

»Vielleicht eines Tages –«

»Ich hab's immer gesagt.«

Eileens Mutter war eine Frau, die man leicht vergessen konnte. Ihre Freunde hatten sie schon vor Jahren vergessen, es war eigenartig, und Eileen ertappte sich von Zeit zu Zeit selbst bei dem Gedanken, ihre Mutter hätte wirklich ihre Drohung wahrgemacht und wäre gestorben. Aber natürlich war die alte Frau recht lebendig, und trotz ihrer mysteriösen Krankheiten schien sie ziemlich kräftig. Sie tupfte Puder auf und Eau de Cologne, und ihr Schlafzimmer war ein *Schandfleck,* voll von teuren Antiquitäten.

Sie sprachen über Marcey. Sie sprachen über all die Hinweise, die Marcey im Laufe der Jahre gegeben hatte, daß sie hätten wissen müssen, daß etwas Derartiges passieren würde. Trotz der kindischen Zufriedenheit, die sie verspürte, endlich am Bettrand ihrer Mutter zu sitzen, als ob sie und ihr Vater einen wohltätigen Besuch machen und sicher gemeinsam wieder gehen würden, hatte Eileen ein eigenartig hohles Gefühl. Es war ein krankhaftes Gefühl. Irgendetwas stimmte nicht, irgendetwas fehlte.

An diesem Tag ging sie nicht nach draußen, weil sie viel zu beschäftigt war. Sie kümmerte sich um ihre Mutter. Ohne Marcey beanspruchte ihre Mutter ihre ganze Zeit. »Ich glaube, wir sollten wieder ein Mädchen haben«, sagte Eileens Mutter. »Ich werde euch viel zu sehr zur Last fallen . . .«

»Nein, überhaupt nicht«, sagte Eileen. Aber sie sprach ohne Enthusiasmus. Es war seltsam, daß das Verschwinden ihrer Schwester ihr nach allem nicht sehr viel bedeuten sollte. Nach so vielen Jahren. Sie hatte immer gedacht, daß ihr Leben beginnen würde, wenn Marcey weggeschafft wäre, aber jetzt war sie sich nicht so sicher.

Diese Woche wurde mit Arbeit im Haus zugebracht. Sie bereitete alle Mahlzeiten und putzte einen Teil des Hauses – nur ein Teil wurde noch genutzt –, und sie machte sich zur Freude der Eltern hübsch, wie ein Kind. Aber es war eine Maskerade. Sie täuschte sie, aber konnte sich selbst nicht täuschen. Entlassen aus dem leichten Rausch ihrer gemeinsamen

Mahlzeiten, und für den Tag aus den Forderungen der Mutter entlassen, starrte sie aus ihrem Fenster auf den großen Scheinwerfer, den ihr Vater draußen aufgerichtet hatte. Sie wartete darauf, da unten eine Gestalt zu sehen, einen Herumtreiber. Niemand? Wo war dieser Mann? Er wußte, wo sie wohnte, aber er war noch nicht näher gekommen. Eine Woche war verstrichen, und er war noch nicht näher gekommen.

Es mußte die Julihitze sein, daß ihr Körper sich verärgert fühlte und etwas entbehrte. Sie dachte immer wieder an diesen Mann. Die zehn oder zwölf Male in ihrem Leben, daß sie in engem Kontakt mit Männern gewesen war, hatte sie nicht eigentlich viel gespürt: eine Art Neugier, zum Teil wissenschaftlich. Wenig Gefühl. Aber wenn sie nicht mit Männern zusammen war, neigte sie dazu, über sie nachzudenken und alle Manöver physischer Liebe zu idealisieren. Sie brütete über diesem mysteriösen Mann und fragte sich, ob er ihr die Wahrheit gesagt hatte, ob sie ihn je wiedersehen würde . . . Sie spürte ihm gegenüber eine gewisse Dankbarkeit, daß er ihr Leben von diesem Hund und von ihrer Schwester befreit hatte. Ja, sie war dankbar. Und in dieser Nacht träumte sie von ihm, einen Liebestraum; und nachdem sie aufwachte, geweckt von diesem Traum, schlief sie wieder ein und träumte seinen Traum von ihr, aus seiner Sicht. Sie war eine hübsche Vase von einer Frau, zart und kostbar und unberührt. Was konnte er mit ihr machen? Was konnte ein Mann mit einer solchen Frau machen? Sie wachte auf und ging ärgerlich durch ihr Zimmer. Sie hielt nach dem bläulichen Scheinwerfer Ausschau, er war ihr verhaßt, weil er etwas von ihr fernhalten könnte. Der Scheinwerfer erleuchtete den Boden mit einer bizarren Friedhofsfestlichkeit, aber es gab keine Festlichkeit. Es war eine Leere, vom Mond erhellt, die darauf wartete, daß etwas geschehen möge. Sie sehnte sich nach diesem Mann und ärgerte sich über jeden, jeden, der ihn von ihr fernhielt. Sie hatte sich nie so gefährdet und sinnlos gefühlt. Man stelle sich vor, ihr Vater starrte durch die Vorhänge auf diesen Mann, falls er je auf die Haustür zuginge! – welcher Mann würde den Blick eines Schädels durchqueren, um zu ihr zu gelangen?

Am nächsten Tag wachte sie früh auf vom Klopfen ihrer Mutter. Sie mußte sich beeilen, um sich um ihre Mutter zu kümmern, die Hilfe brauchte, um in ihr Badezimmer zu kommen. Die alte Frau überraschte einen, wenn sie nicht im Bett lag, so klein und zerbrechlich und sich festklammernd, wie ein Baby. Immerzu umgurrte sie Eileen »Mein gutes Mädchen, ja, mein gutes Mädchen«, und Eileen versuchte zu lächeln; schließlich konnte ihre Mutter nichts dafür, daß sie invalide war. Eileen selbst fühlte sich sehr müde.

Nachdem sie ihre Morgenarbeit erledigt hatte, schlüpfte sie durch die Nebentür und trat in eine dicke Hitzewand. Die Luft war bedrückend, als wäre es die Luft eines anderen Planeten, die die Luft der Erde mit ihrer eigenen müden, parfümierten Luft erstickte. Auf dem Weg vor dem Haus versuchte sie, sich nicht umzuschauen, aber sie drehte sich doch um und sah hinter den Vorhängen, was sie für die Gestalt ihres Vaters hielt. Ja, sicherlich war er da. Keiner gab zu erkennen, daß er den anderen gesehen hätte, und Eileen ging weiter, als ob sie irgendwohin wollte.

Sie dachte immer wieder, *ich werde es ihm erklären . . .* aber sie konnte den Satz nicht beenden, weil sie ihn nicht verstand. Es war, als spräche eine andere Stimme in ihrem Kopf, die die Regie übernommen hätte. Sie ging schnell, glücklich, von dem Hund befreit zu sein, und ihre Finger ruckten manchmal, als wenn sie vom Zerren dieser Hundeleine gezogen würden. Sie lenkte ihre Schritte zum Haus der Heilmans. Ein zufälliger Blick auf das schlaffe, gelbliche Fleisch ihrer Mutter heute morgen hatte sie erschreckt: War das alles, was vor ihr lag? Was bedeutete das? Warum verlor man die Dinge so leicht, wenn sie in der eigenen Obhut sowieso wertlos zu sein schienen?

Sie hatte zu schwitzen begonnen, und ein Gefühl von Leichtsinn überfiel sie. Dies war wirklich die Luft eines anderen Planeten, eine Dschungelluft. Sie meinte, *diesen Mann* vor sich zu sehen, wie er auf dem Weg auftauchte, aber offensichtlich war es jemand, der dort wohnte – in einem großen, englischen Tudor-Haus, das reparaturbedürftig war. Trotzdem, ihr

Herz hatte einen Ruck gemacht. Als sie weiterging, meinte sie wieder, ihn zu sehen, zu Fuß, diesmal auf der anderen Straßenseite auf sie zu schlendernd. Als sie sich näherkamen, sah sie allerdings, daß er es nicht war, sondern ein junger Mann in blasser, sportlicher Aufmachung, in etwas Beigem und Weißem. Sie schaute weg. Dann, als sie gerade aneinander vorbeigingen, schaute sie hinüber und sah, daß es doch *dieser Mann* war – er schaute sie auch an. Sie hielt inne. Er hob einen Arm in einer zögernden Geste, mit der er sie auf seine Straßenseite herüberwinkte. Er war auf dem Weg gerade bei dem Besitz der Norlans.

Eileen ging wirklich über die Straße. Sie sagte nervös »Etwas Schreckliches ist zu Hause passiert – etwas Schreckliches –« Der Mann lächelte ihr zu, als sei ihm das angenehm. Er trug einen beigefarbenen Pullover und weiße Hosen und leichte Leinenschuhe. Sie hatte die Vorstellung, er habe dies alles für sie angezogen. »Meine Schwester mußte weggebracht werden. Sie wissen, meine Schwester, ich habe Ihnen von ihr erzählt –«

Er nickte, und sein Lächeln zog sich höflich zurück. »Wie ist es Ihnen ergangen?« sagte er.

Sie starrte ihn an. Seine Augen waren gierig auf sie geheftet; er schien jeden Augenblick wieder zu lächeln. »Es war schrecklich, wie sie weggeholt werden mußte. Sie haben ihr eine Spritze mit irgendwas gegeben, um sie zu beruhigen und... und ich vermute, sie wird nie wieder entlassen... ich meine... es ist an uns, dem zuzustimmen...« Aber sie sah, daß er nicht an ihrer Schwester interessiert war, und ihr wurde klar, daß auch sie nicht mehr an diesem Thema interessiert war.

»Lassen Sie uns hier durchgehen. Hier hinein«, sagte er.

Er meinte den Norlan Park, oder was von ihrem Park übrig war. Eileen starrte ihn an. »Aber jemand könnte uns sehen –«

»Das Haus ist leer. Nur Personal.«

»Sie könnten uns trotzdem sehen –«

»Los. Wir sollten von der Straße wegkommen«, sagte er.

Sie zögerte, sie fragte sich, ob das ein Scherz sei. Aber er griff sie am Arm und zog sie weiter. »Ich war diese Woche jeden Tag draußen spazieren«, sagte er. »Sagten Sie nicht, Sie würden mich treffen?« Eileen konnte sich nicht daran erinnern, das gesagt zu haben, aber ihr gefiel der Gedanke, daß sie es gesagt haben könnte. Er führte sie weiter, in das Herz des alten Besitzes, der aus einer beachtlichen Fläche von verwilderten Bäumen und Sträuchern und Farnen bestand; hinter dem alten Haus war ein Rosengarten mit den üblichen Brunnen und Statuen. Der Besitz der Norlans sah irgendwie wild, dekadent aus, als wenn der Dschungel hier in das Herz einer Großstadt übergreifen würde; er sah eigenartig privat aus. Eileens Begleiter ließ sie nicht los, sondern zog sie weiter, und sie zwang sich, daran zu denken, was passieren könnte; war sie dazu bereit? Hatte sie das gewollt? »Wir sollten zurückgehen. Wir sollten nicht hier drinnen sein«, sagte sie. »Nun reden Sie nicht so«, sagte der Mann mit einer Grimasse der Ungeduld. Sie starrte auf seine blassen Wimpern – ihren eigenen sehr ähnlich – als die ersten Regentropfen zu fallen begannen.

Ungeachtet des Regens wandte er ihr sein Gesicht zu, sehr ernsthaft und unpersönlich wie eine Statue, und sie fühlte ihre Arme um ihn gleiten. Sein Körper war warm und feucht. Eileens Herz begann wild zu schlagen, und sie begann zu denken *ich sterbe* und ein Teil von ihr flüchtete zurück zu dem alten Haus, in dem ihre Eltern sie erwarteten, und bat sie um Hilfe. Aber sie umarmte noch immer diesen Mann; bei aller Unbeholfenheit, es war eine zärtliche Umarmung. Er lehnte sich zurück und lächelte sie an. In der Iris seiner Augen waren blasse, helle Pünktchen. »Ich habe Angst«, sagte Eileen, »bitte nicht –« »Wir können hier allein sein«, sagte er. Aber sie hatte Angst, und sie begann vor Angst zu zittern, Angst teils vor diesem Mann und teils vor ihrem Vater; sie glitt in das nasse Gras und wäre gefallen, wäre er nicht dagewesen. »Ich kann Sie nicht lieben, niemanden«, sagte sie bitter, »es ist seinetwegen – ich meine ihn dahinten im Haus – meinen Vater. Ich kann nicht hier bei Ihnen bleiben –« »Nicht einmal zum Reden?« sagte der Mann. »Reden? Reden worüber?« sagte Eileen überrascht. Sie redeten, und während die Zeit verstrich, zog sie sich von ihm zurück wie eine ungelenke Tänzerin, die aus dem Tanzrhythmus gekommen ist. Aus der Entfernung sahen sie lebendig, düster wie Statuen in privaten Gärten aus, festgehalten in der Aufführung irgendeines schwierigen Tanzes. Er redete über sich selbst, und dann ließ er sie über sich sprechen. Und sie redete, aber die Flut von Wahrheit, die sie ihm erzählte – übergenau und weitschweifig – war nicht überzeugender, als was sie für seine Lügen hielt.

Etwas später tauchten sie aus dem Park auf, feucht und verbrecherisch. »Es tut mir leid, daß ich Angst vor Ihnen habe. Ich kann's nicht ändern«, sagte Eileen. Ihre Stimme war ein wenig hysterisch und anklagend. Der Mann zündete sich eine Zigarette an, was genau die richtige Geste war; es gab ihnen beiden die gesunde Anonymität von Filmschauspielern. Sogar der Regen war wie im Film. Sie gingen zurück zu Eileens Elternhaus, und sie sagte immer wieder, »Nein, ich glaube, ich kann Sie nicht wiedersehen. Ich glaube nicht.«

Er sagte, »Morgen, zur gleichen Zeit.«

»Nein, ich habe Angst.«

»Morgen werden Sie keine haben.«

Sie kamen ihrem Haus näher, und sie wußte, daß der alte Mann sie beobachtete. Er mußte diese ganzen Stunden am Fenster gestanden haben. Ihr Gesicht begann zu glühen, und sie sagte mit einer eigenartigen Singsangstimme, »Er beobachtet uns, gerade in diesem Moment.«

»Da ist niemand. Am Fenster? Niemand.«

Sie tauchten auf dem Weg auf, durchnäßt vom Regen, aber auch von einer Art leichtsinniger Tapferkeit erfüllt. »Wir gehen einfach direkt hinein, und Sie können uns vorstellen«, sagte der Mann.

»Das wird nicht möglich sein«, sagte Eileen mit einem erschreckten Lachen.

Sein Griff an ihrem Arm war fest, und sie erwiderte ihn, ihre Finger wurden dabei starr an seiner Hand. Sie spürte die Stärke ihres Körpers in seinen fließen, sich selbst in seinem verlieren. Es war schrecklich dringend, daß sie Liebhaber würden. Sie hatte nie zuvor dieses Drängen verstanden, das nicht physisch sondern vielmehr geistig war: Es lag eine moralische Verpflichtung auf ihr, und wenn sie sich diesem Mann verweigerte, würde sie den Rest ihres Lebens in Schande leben. »Er wird Ihnen nicht erlauben hereinzukommen«, sagte Eileen.

»Doch, er wird es erlauben. Ich werde in zehn Minuten drinnen sein. Fünf Minuten.«

Eileen sagte in plötzlichem Schrecken, »Ich will Ihnen erklären, daß ich sie liebe, und ich kann sie nicht verlassen – ich liebe sie beide, und ich kann nicht –«

Er schüttelte sie, um sie zu beruhigen. Die Haustür öffnete sich wie von selbst. Eileens Vater stand vollkommen aufrecht da, in seinem grauen Sommeranzug, in seiner Weste, und hielt nach ihnen Ausschau. Es war klar, daß seine Augen alles gesehen hatten, was es zu sehen gab, und was noch nicht geschehen war, daß sie alles wahrnahmen und in einen gewaltigen Zorn verwandelt hatten.

»Komm herein, Eileen«, sagte er.

Sie hätte gehorcht, wenn nicht all ihre Stärke auf diesen Mann übergegangen wäre. Das Gesicht ihres Vaters war ein wenig dunkel; eine Strähne seines Haars war auf seine Stirn gefallen. Eileen überkam plötzlich Mitleid für ihn, und sie wollte vorangehen, aber der Mann hielt sie zurück.

»Ich hab gesagt, komm herein.«

»Ich möchte mich gerne vorstellen«, sagte Eileens Freund, aber der Blick ihres Vaters brachte ihn zum Schweigen.

»Ich will Eileen hier drinnen. Und ich will, daß Sie hier rausgehen.« Ihr Vater machte einen Schritt nach draußen, um zu ihnen herunterzukommen. Er starrte sie an mit einem schrecklichen Haß und tastete mit seinem Fuß, ohne auf die Stufen zu schauen. Er streckte eine Hand aus wie ein alter Mann und tastete mit dieser Hand auch durch den Regen, und Eileen kam nicht zu ihm und bewegte sich nicht, sondern stand gelähmt.

»Sir –«

»Sie gehen hier raus. Bitte gehen Sie raus.«

Eileens Vater kam herunter zu ihnen und packte Eileens freien Arm. Es war vielleicht als eine symbolische Geste gedacht, aber es kam dazu, daß er an ihr zog, und Eileens Freund zog sie zurück. Sie schloß ihre Augen über diesem Wahnsinn.

Als sie sie wieder öffnete, sah sie ihren Vater mit einem irren Blick nach vorne stürzen, als wäre er bereit, den Mann zu erwürgen, und mit einem schnellen, instinktiven Faustschlag traf der Mann ihren Vater seitlich am Kopf. Er fiel sofort hin. Er fiel auf den Plattenweg, und sein Gesicht wurde dunkel.

Sie wollte aufschreien, *Vater!* aber nichts kam. Es war, als hätte er gerade dieses Wort aus ihr herausgezogen, das sie nicht mehr gebrauchen durfte. Sie kniete sich über ihn und fragte sich wild, ob er tot sei, ob er so schnell gestorben sei. Aber seine atembewegten Backen zeigten, daß er natürlich am Leben war.

Sie schien aus einer Trance aufzutauchen, sie starrte auf die dreckbespritzten Schuhe und hörte seine Stimme: »Wir müssen ihn ins Haus bringen! Kommen Sie, helfen Sie mir. Bitte —«

Eileen wachte auf und richtete sich unsicher auf. Sie half dem Mann, ihren Vater anzuheben, aber sie trug kaum etwas von seinem Gewicht; eigentlich trug der Mann ihn. Er sagte immer wieder, »Machen Sie die Tür auf, bitte. Bitte, machen Sie sie auf«, mit einer hastigen, dringenden Stimme, die Eileen aus ihren betäubten, kleinen Geistesabwesenheiten weckte, in die sie immer wieder fiel; es war eigenartig, das war ihr nie zuvor passiert. Als sie ihn schließlich ins Haus gebracht hatten, auf das Ledersofa seines Büros, war er gestorben.

Eileen stand da und schaute auf ihn hinunter, im Ungewissen über seinen Tod. Ihr Freund zündete zitternd eine Zigarette an. »Er war ein recht alter Mann, wissen Sie. Er hat ein gutes Leben gelebt.«

»Ja«, sagte Eileen.

»Es war der Weg, der das angerichtet hat. Er ist hart gefallen, er ist im Regen ausgerutscht«, sagte er, als wolle er sie belehren.

»Ja, ich glaube, das habe ich gesehen.«

»Wollen Sie das Zimmer verlassen?«

Er führte sie in die Eingangshalle und machte die Tür zum Büro zu. Es war dieselbe Tür, die Marcey versucht hatte einzuschlagen und Eileen konnte die Spuren ihrer wilden Kratzer und Tritte sehen; aber es waren Fossilien in einer alternden

Ruine. In einer Weile würden diese Spuren keine Bedeutung mehr haben. Der Mann führte sie den bekannten Flur entlang, den Arm um ihre Schultern und flüsterte ihr zu. »Er hatte ein ausgefülltes Leben, wissen Sie. Das mußte ja eines Tages geschehen.«

»Ja, ich weiß das.«

»Sie sind nicht sehr aufgeregt.«

»Ich glaube nicht.«

»Wir können den Arzt bald rufen. Oder sollten wir ihn jetzt rufen?«

»Ich weiß nicht. Ich fühle mich nicht gut.«

Er führte sie ans Ende der Halle und ging dann wieder mit ihr nach vorne, dabei tröstete er sie. Es hatte jetzt den Anschein, daß sie schon eine lange Zeit zusammengewesen waren, ein Leben lang. Sie wußte, daß sie als Frau zu ihm gehörte, ihr Körper und alle spontanen, weiblichen Gesten ihrer Seele, alles. Sie stand in seiner Umarmung und preßte ihre Fäuste gegen seine Brust, leicht weinend, wie eine Frau. Er führte sie ins Wohnzimmer, dessen Jalousien nicht geöffnet waren, und sie war dankbar für die Dämmerung. War dies ihr Zimmer, ihr Geschenk an diesen fremden Mann, oder war es irgendwie sein Geschenk an sie? Er flüsterte ihr etwas zu, und sie weinte und lachte nervös und ballte und öffnete ihre Fäuste an seiner Brust. Oben war alles still. »Wollen Sie, daß ich jetzt gehe, sodaß Sie den Arzt rufen können?« sagte der Mann.

»Meinen Sie, ich sollte das tun?«

»Wie Sie wollen.«

»Gehen Sie noch nicht, noch nicht. Ich habe Angst. Noch nicht«, sagte sie. Sie schien mit ihm zu verschmelzen, mit der Hitze seines Körpers. Sie standen eine Weile, sich wiegend. Eileen schloß ihre Augen und spürte das galoppierende Schlagen ihres Herzens, ein fast unerträgliches Hämmern. Sie mußte es dämpfen. Sie schmiegte ihre Arme um den Mann, und er zog sie zum Sofa, das keiner von ihnen sah. Das Sofa roch nach Staub und schonender Behandlung. Eileen gab sich diesem Mann hin, und die Maske ihres Gesichts wurde zwischen seinen harten, weißen Zähnen abgezogen und hinterließ einen

Film von rosa-rotem Blut und einer Membran, das Pulsieren winziger, erregter Venen, die er zwischen seine Zähne hätte nehmen und zernagen können.

Bevor er zu ihr kam, sagte er mit dem typisch männlichen, unpraktischen Sinn fürs Praktische, »Was ist mit ihrer Mutter?«

»Oh, lassen Sie sie sterben!« sagte Eileen mit Verwunderung in der Stimme.

Ins Deutsche übertragen von Barbara von Bechtolsheim

Körper

Sie traf ihn in der Cafeteria des Kunstmuseums, an einem Donnerstag. Sein Name war Draier, Drayer – sie wußte es nicht genau. »Bitte, nennen Sie mich Anthony«, sagte er und lehnte sich über den schmiedeeisernen Tisch, kratzte darauf herum, und sein Bemühen um Intimität wurde auch durch die Förmlichkeit dieses Namens gebremst. Paulines Freund, ihr gemeinsamer Freund, hatte seit einigen Jahren nicht viel in ihrem Leben dargestellt, und sie fragte sich, wohin ihn seine Einsamkeit führen würde – er hatte gezögert, ihr Anthony vorzustellen, sie konnte das verstehen. Der Name ihres Freundes war Martin. Er hatte irgend etwas mit einer Kunstgalerie zu tun; seine Kunstgalerien gingen immer daneben, verschwanden und tauchten unter neuen Namen wieder auf. Pauline fragte sich, ob Anthony Künstler sei.

»Ich bin kein Künstler. Ich bin gar nichts«, sagte er. Er lächelte ein flüchtiges Lächeln. Sie war verblüfft über seine Offenheit, mißtraute ihr. Er hatte ein auffallendes Gesicht, obgleich er sich seit Tagen nicht rasiert hatte, seine Augen standen deutlich unter der kräftigen, klaren Linie seiner Augenbrauen. Ihm gegenüber war Martin still. Studenten aus Paulines Kunstklasse trugen ihre Tabletts mit ernstem Gesicht an diesem Tisch vorbei; ihre Gesichter waren angespannt und früh gealtert, wie ihre Arbeit.

»Pauline schafft wundervolle Arbeiten«, sagte Martin. Er schien zu niemandem direkt zu sprechen. »Aber man kann sehr schwer über Kunst reden, oder über sonst etwas. Ich kann ihr

Werk nicht erklären.« »Warum sollte man es erklären?« sagte Pauline. Sie stand auf, um zu gehen; sie nahm sich nie viel Zeit für den Lunch. Der Lärm in der Cafeteria störte sie. Förmlich, mit einem Lächeln, reichte sie Anthony die Hand. »Sehr angenehm, Sie kennenzulernen«, sagte sie.

Er sah sie erstaunt an. »Ja, sehr angenehm . . .«

Sie war aus dem Restaurant verschwunden, ehe er sie einholen konnte. Bevor sie sich umdrehte, hörte sie Schritte, und es ging ihr blitzartig durch den Kopf, unglaublich, daß dieser Mann ihr folgte – dann drehte sie sich um und stand ihm gegenüber, und ihr Ausdruck war eher neugierig als alarmiert. »Ich dachte – ich dachte, ich könnte mit Ihnen gehen. Wollen Sie sich die Bilder ansehen?« sagte er.

Die Bilder ansehen. »Nein«, sagte sie. »Ich habe um zwei eine Klasse.«

Sein Gesicht sah düster aus im gefleckten Licht der weiten Halle mit dem Marmorboden. Erst hatte sie gedacht, er sei ziemlich jung, so Mitte zwanzig; jetzt vermutete sie, er sei mindestens zehn Jahre älter. Sein Haar war lockig, schwarz, aber mit Grau getönt, und es fiel locker über den unsauberen Kragen seines Pullovers; sie dachte dabei an einen der Köpfe, die sie selbst vor ein paar Jahren gemacht hatte . . . die Nachahmung eines jungen Griechen, der Kopf eines süß lächelnden Kindes. Dieser Mann starrte sie unverschämt an. Sie konnte es nicht ertragen, ihm gegenüberzustehen.

»Ich muß um zwei eine Klasse unterrichten . . .« sagte sie.

Sie gingen unbeholfen nebeneinander her. Die Treppen zum ersten Stock waren nicht weit, und war sie erst mal oben, konnte sie entschwinden . . . an der Seite prickelte ihr Gesicht von seinem Blick, sie fand es töricht und erniedrigend, sie fragte sich, was er wohl über ihr Gesicht dachte . . . dachte er überhaupt etwas über ihr Gesicht?

»Wohnen Sie hier in der Nähe?« sagte er.

»Nein. Draußen am See.«

»Da draußen?« Sein Ton war ungläubig, als hätte sie ihn bisher getäuscht. Das lag an ihr – obgleich sie ihr blasses, blondes Haar in einer Art Krone trug, eng geflochten, und obgleich ihr Gesicht kühl war, nur langsam Interesse weckte, stets in einer Art Stillstand, trug sie die normale, lässige Kleidung von Mädchen hier unten im Stadtzentrum, die Künstlerinnen waren oder sein wollten, allein lebten, frei, manchmal unbekümmert. Sie trug dunkle Strümpfe, Lederschuhe, die von den vereisten, salzigen Bürgersteigen dieses Winters verdorben waren, einen dunklen, eher formlosen Rock und eine weiße Bluse, die ehemals eine teure Bluse gewesen war, aber jetzt genauso alt aussah wie Anthonys Pullover und Blue Jeans, die Ärmel bis zu den Ellbogen aufgerollt, der oberste Knopf an einem Faden hängend. Ihre Hände waren nicht gedrungen, aber sie waren auch keineswegs elegant – kurze, farblose Fingernägel, leicht knorrige Fingerknöchel, schmale Handgelenke. Sie wollte wieder an die Arbeit gehen, es juckte sie richtig in ihren Fingern, zur Arbeit zurückzukehren, und dieser Mann war ein Ziehen am Rande ihres Bewußtseins, wie etwas Unsichtbares, das ihr ins Auge geflogen war.

»Ich muß gehen«, sagte sie abrupt.

»Sie haben hier keine Wohnung? In der Stadt?«

»Ich habe ein Studio. Aber ich wohne zu Haus bei meiner Mutter.«

Sie stand ihm gegenüber und sah ihn doch nicht an; ihre Augen blickten kalt hinter seinen Kopf. Er interessierte sie nicht, nicht einmal als jemand, dessen Kopf sie hätte nachbilden können; sie hatte einmal so einen Kopf gemacht, sie hatte kein Verlangen danach, sich zu wiederholen. Sie fühlte sich sehr nervös unter seiner offenen, schonungslosen Beobachtung, aber ihr Gesicht zeigte nichts dergleichen. Wie der Kopf einer Amazone auf einem Sockel an der Treppe – eine Reproduktion eines etruskischen Werkes – war sie geistesabwesend, geduldig, glatthäutig. Durch die Kunst hatte sie Geduld gelernt, Jahrhunderte von Geduld. Der Mann, Anthony, summte nervös unter seinem Atem, er spürte ihr Verlangen wegzukommen, und doch wollte er sie nicht gehen lassen.

»Kommen Sie öfters hierher?« sagte er.

»Nein.«

»Warum sind Sie so... unfreundlich?« Er lächelte ihr zu,

sein Gesicht wurde dabei plötzlich schäbig und flehend, seine Augen dunkel vor Unsicherheit. *Sag die Wahrheit* bat er inständig. Ihr kam in den Sinn, daß er verrückt sei. Aber sie lachte, und während sie von dem unmenschlichen, gelassenen Gesicht dieser Amazone zu seinem Gesicht sah, hörte sie ihn wieder sagen *Gehen Sie die Bilder ansehen?*

»Kommen Sie hierher. Darf ich Ihnen etwas zeigen?« sagte er. Er nahm ihren Arm mit einer plötzlichen, kindischen Vertrautheit, die sie ärgerte. In dem lauten Durcheinander in diesem Museumsteil, in der Mittagszeit, mußte sie sich allem aussetzen, was geschehen konnte; das gehörte dazu, überhaupt hierherzukommen. Als sie vor Jahren angefangen hatte, am Kunstinstitut auf der anderen Straßenseite zu unterrichten, hatte sie sich ihren Lunch mitgebracht und in ihrem Studio gegessen, sie hatte sich auf ihre Arbeit gestürzt, und das war vielleicht das Beste gewesen. Hier Leute zu treffen war Zeitverschwendung. Die Leute, mit denen sie gesellig zusammenkam, waren Freunde ihrer Mutter, die meisten älter als sie, ein besorgtes, vornehmes Netz von Menschen, die ihr nie etwas antun konnten. Hier dagegen war die Stadt offen. Alles konnte passieren. Dieser Fremde, der Anthony Drayer hieß, dessen zerknüllte Kleidung ihr alles sagte, was sie über ihn wissen mußte, nahm sie jetzt am Arm und führte sie hinüber zu einer Reproduktion eines anderen etruskischen Werkes, das sie seit Jahren mit nur mäßigem Interesse angesehen hatte.

»Ist Ihnen dies schon aufgefallen?« sagte Anthony. Er war sehr erregt. Das Stück war ein Grabmonument, das einen jungen Mann auf einem Kissen liegend neben einer geflügelten Frau zeigte. Das Haar des Mannes war fest hochgebunden, in einer Art Binde; sein Gesicht war sehr kräftig, gelassen. Pauline hatte die Vorstellung, daß Anthony sich selbst in diesem Gesicht sah, obwohl sein eigenes weich, skizzenhaft war, wie mit Kohlestift gezeichnet, nicht lebendig in Stein gearbeitet. Sein Lächeln war erst liebenswürdig, dann hemmungslos, fast außer Kontrolle. »Wer sind diese Menschen?« sagte er und sah sie an.

Sie sah, wie seine Finger zuckten. Ihr Auge war zu genau, zu schnell, peinliche Einzelheiten wahrzunehmen – das war ihr Fehler. Sie mußte einfach bemerken, daß die Haut um seine Daumennägel wund war, weil er sie immer wieder aufkratzte.

»Ich bin vor ein paar Monaten hierhergezogen und komme fast jeden Tag ins Museum«, sagte Anthony. Er sprach in einem schnellen, leisen Gemurmel, als spürte er ihre Kälte, aber könne seine Worte nicht bremsen. Er kratzte an seinem Daumennagel herum. »Ich sehe mir gern die Bilder an, aber vor allem die Statuen. Sie machen Statuen? Das muß teuer sein, nicht wahr, den Stein und all das zu kaufen . . .? Ich könnte so etwas nicht, meine Hände sind zu zittrig, mein Urteilsvermögen ist nicht gut, ich kann nicht lange genug still stehen, aber ich schaue mir gerne diese Dinge an, es beglückt mich zu wissen, daß es sie gibt . . . Sind diese beiden verliebt? Streckt sie sich deshalb nach ihm?«

»Nein, sie sind nicht verliebt«, sagte Pauline und fragte sich, ob ihr Ton sie endgültig von diesem Mann befreien könne. »Der Mann ist tot. Die Frau ist ein Totenengel, oder ein Dämon des Todes. Sehen Sie, wie ihre Hand abgebrochen ist? – sie hat ihm eine Schriftrolle hingehalten, auf der sein Schicksal geschrieben stand. Das ist ein Monument, das ein Grab schmückte. Es handelt nicht vom Leben, es handelt vom Tod. Sie sind beide tot.«

Anthony starrte auf die Figuren.

»Aber sie sehen lebendig aus . . . ihre Gesichter sehen lebendig aus . . .«

»Sehen Sie, wie ihre Körper verdreht sind? Der Körper des Dämons ist organisch unmöglich, er ist von der Taille ab aus der Form, und der Körper des Mannes ist fast ebenso unnatürlich . . . Das ist typisch etruskisch.«

»Warum?«

»Ich weiß nicht warum«, sagte sie, indem sie seinem melancholischen, starren Blick auswich.

»Die Künstler waren an dem Teil des Körpers nicht interessiert, offensichtlich galt ihr Interesse dem Kopf, dem Gesicht, dem Torso . . .«

»Warum?«

Er kratzte sich am Kopf, an seinen dunklen, ergrauten Lokken. Sie konnte um ihn einen Geruch von etwas Schalem, Traurigem riechen – Zigarettenqualm, ungewaschene Haut, die sandigen Ablagerungen von Jahrzehnten in irgendeinem Mietszimmer. Ihr eigener Geruch war sauber und unpersönlich. Ihre Hände rochen rein nach dem Ton, in dem sie arbeitete. Anthony schaute sie von der Seite an. Dieser Blick war flehend, durchdringend, drohend . . . zum ersten Mal seit Jahren hatte sie vor einem anderen Menschen Angst.

»Ich muß gehen«, sagte sie.

»Kann ich Sie wiedersehn?«

Sie war schon im Weggehen. Ihr Herz klopfte. Er rief ihr nach – sie stieß fast mit einem älteren Mann zusammen, der langsam die Treppen herunterging – sie fand die Ausflucht, diesen Mann um Verzeihung zu bitten, ihm zu helfen, indem sie etwas über die Gefahr solcher breiter Treppen sagte. »Und draußen is es nicht besser, all das verdammte Eis«, sagte der alte Mann verärgert, als wolle er ihr auch dafür die Schuld geben. Sie entkam beiden.

Irgendein Fest wird gefeiert. Maultiere mit schmutzbespritzten Leibern und Beinen; ein junger Mann mit nackter Brust führt eines der Maultiere. Er lacht. Sein Kopf fällt in trunknem Gelächter zurück, als wäre er lose auf seinen Schultern. Ein anderer Mann reitet auf einem Maultier, rutscht ab in den Schmutz, lacht. In die Mähnen dieser Maultiere sind Blumengirlanden gewoben. Was geht hier vor? Frauen laufen vorbei . . . ihre Schreie sind übermütig, trunken. Ich sehe, was es ist – jemand wird in einem Wagen gezogen. Das Geländer des Wagens ist mit zerdrückten, weißen Blumen geschmückt, der Mann im Wagen ist sprachlos, sein Gesicht dunkel, verschreckt, als sei Blut in sein Gesicht gedrungen und würde nie wieder abfließen. Jetzt erscheint ein Soldat auf einem schwarzen Pferd, der Leib des Pferdes ist mit Schmutz bespritzt. Das Leder seines komplizierten Sattels knarrt . . .

Sie wachte plötzlich auf. Ihr Kopf hämmerte. Der Traum war noch bei ihr – ein rauhes Lachen war bei ihr im Zimmer, das Wiehern eines Pferdes. Sie sah sich aufgeregt um, einen Augenblick lang ihres persönlichen Seins, ihres Denkens enthoben, nicht einmal ängstlich. Die Wagenräder machten ein knarrendes Geräusch, und so waren es vielleicht die Räder und nicht das Pferdegeschirr des Soldaten, das knarrte... Dann verblaßte der Traum, und sie spürte nur eine dumpfe, schmerzhafte Angst. Eine Zeitlang lag sie ohne zu denken im Bett und spürte ihren kühlen, entspannten Körper in seiner ganzen Länge unter den Decken, dachte an nichts.

Mit neunundzwanzig Jahren hatte sie das Gefühl, viel älter zu sein, alterslos zu sein. So viele Jahre der Geduld, des Modellierens von Ton und Stein, der notwendigen Geduld hatten sie magisch altern lassen; sie war zufrieden mit ihrem Alter. Ihr Werk waren Köpfe. Sie interessierte sich nur für den Kopf des Menschen. Draußen auf der Straße mußte sie einfach die Köpfe der Fremden anstarren, ihre einzigartigen, geheimnisvollen, wunderbaren Formen; manchmal bedeuteten ihre Köpfe eine Bedrohung für sie, zerrten an ihren Nerven. Das konnte sie nicht erkären. Aber meistens brachte sie zu ihrer Arbeit ein Gefühl von Erregung zurück, als wäre ihr Blut bei einem seltenen Anblick ausgeströmt und erfrischt und selig wieder in ihr Herz zurückgeflossen. Manchmal spürte sie eine fast unkontrollierbare Erregung, und sie verbrachte dann Stunden bei ihrer Arbeit, fiebrig und ohne Gefühl für die Zeit.

Sie und ihre Mutter frühstückten jeden Morgen zusammen. Sie aßen im Eßzimmer und freuten sich an dessen Größe, die durch die hohe Decke ungemindert war. Das Haus war sehr weitläufig, sehr alt, ein Haus, das dazu gedacht war, Sammlungen aufzubewahren – Gemälde, Manuskripte, Erstausgaben, Antiquitäten. Ihr Vater, der nicht mehr lebte, hatte gesammelt. Das Haus war zu einem kleinen Museum geworden, jedoch poliert und lebendig, geführt von der emsigen Tüchtigkeit ihrer Mutter. Sie war eine Frau mit einem festen Platz in der örtlichen Gesellschaft, die ihre Tage mit Mittagessen und Komiteeversammlungen anfüllte und ihre Wochenenden Ein-

ladungen widmete, die sie selbst gab oder an denen sie teil-
nahm. Paulines Mutter war diese Art großzügige, vielbeschäf-
tigte Frau mittleren Alters, die um die Mitte ihres Lebens
unpersönlich wird. Auch sie sammelte, Antiquitäten und
Schmuck, und hielt ein – wie sie meinte – enthusiastisches
Interesse für »Kultur« wach; es war etwas, worüber sich voll
Enthusiasmus sprechen ließ. »Wir schauen nach dem Lunch
bei der Auktion rein«, sagte sie zu Pauline. Sie plauderte beim
Frühstück, ihr fülliges, rosiges Gesicht bereit für den Tag, der
sie niemals enttäuschen würde, da es ein komplizierter Tag
war, angefüllt mit Frauen wie sie, mit dem Ausfüllen von
Schecks, mit endlosen Gesprächen . . .

»Du siehst ein bißchen blaß aus. Geht's dir nicht gut? Hast
du gut geschlafen?«

»Ich habe einen merkwürdigen Traum gehabt, aber ich habe
gut geschlafen. Mir geht's gut.«

»Ich finde immer noch, daß du diesen Job aufgeben solltest . . . Ich wünschte, das Wetter würde sich ändern. Wir
haben fast April, und noch ist alles gefroren, es deprimiert
mich, wenn der Winter so lang dauert . . .«, sagte sie unbestimmt. Sie trug ein dunkles Kleid, sie trug Perlen und Perlohr-
ringe; eine etwas massive Frau, allerdings mit einer eigenartigen Grazie, einem mädchenhaften Flattern an den Hand- und
Fußgelenken, das Pauline nie gehabt hatte. Sie war aus dem
Guß ihres Vaters: groß, schlank, gelassen, mit einer geduldi-
gen, kühlen Grazie, niemals in Eile. Pauline hatte es niemals
fertiggebracht, die Erinnerung an ihren Vater im Krankenhaus
nach seinem Infarkt wahrhaben zu wollen, als er plötzlich ein
älterer Mann war, zitternd, mit winzigen, gebrochenen Venen
im Gesicht . . .

TOTENFEIER FÜR PROMINENTEN
BANKIER, PHILANTROP

»Geht's dir wirklich gut?« sagte ihre Mutter plötzlich.

»Ja. Danke.«

Sie trennten sich für den Tag. Paulines Mutter schätzte ihr
»Werk«, obgleich sie es nicht mochte, daß sie unten im Kunst-

institut unterrichtete; ihr machte die Stadt Angst. Genauge-
nommen schätzte sie Paulines Kleidung nicht und ebensowenig
ihre Neigung, Tag für Tag die gleichen Sachen zu tragen, aber
ihre Tochter hatte einen Beruf, eine Karriere, sie war *Künstle-
rin*, anders als die Töchter ihrer Freundinnen. Alle paar Jahre
gab es in den Zeitungen eine Geschichte über sie auf der
Kunstseite oder der sensationellen Frauenseite, wenn sie irgendeinen Preis gewonnen oder eine neue Ausstellung hatte,
die Tochter des verstorbenen Francis Ressner, mit großen Foto-
grafien, die sie neben einem ihrer starren, weißen Köpfe zeigten, ihr eigener Kopf schön wie ein Kunstwerk. Sie selbst war
wie ihr Werk in gewisser Weise eigensinnig. Sie hatte ganz
hellblonde Haare, die über die Schultern fielen, aber sie trug sie
um den Kopf geflochten, was ihr ein steifes, gelehrtes Aussehen gab; sie trug sie so, seit sie fünfzehn war. Ihre Backenkno-
chen ragten etwas hervor, weil ihr Gesicht zu mager war, aber
sie sorgte in ihrem Gesicht für eine ähnliche Klarheit und
Genauigkeit wie in ihrer Arbeit – obgleich sie kein Make-up
trug, hielt sie ihre Augenbrauen zu einem zarten, dünnen
Bogen gezupft, und sie achtete darauf, daß ihr Gesicht mit Ölen
und Cremes weich gepflegt und gegen den rußigen Wind der
Stadt geschützt war. Es gefiel ihr, daß ihr eine Art Schönheit
eigen war, blaß und schlicht; auch ihr Vater war ein schöner
Mann gewesen. Ihre Mutter, blühend und gesprächig, war bis
vor wenigen Jahren erstaunlich hübsch gewesen, eine duften-
de, liebenswerte Frau, aber Pauline war eine völlig andere Art
Frau und gefiel sich selbst. Manchmal, in der Privatheit ihres
Studios, saß sie auf einem Hocker vor dem Spiegel, die langen
Beine vor sich ausgestreckt, und betrachtete sich selbst, als
betrachte sie ein Kunstwerk. Sie konnte so für eine Stunde
verweilen, ohne sich zu bewegen. Es gefiel ihr, so vollkommen
zu sein; anders als andere Frauen wollte sie sich nicht in jemand
anders verwandeln.

Als sie an diesem Morgen ins Institut kam, sah sie eine ihrer
Studentinnen mit dem Mann sprechen, den sie tags zuvor
getroffen hatte, Anthony – sie standen genau in der Tür und
schauten sich nach ihr um. Sie lächelte und grüßte, ohne eine

Antwort zu erwarten. Ihr Herz hatte bei seinem Anblick unsinnig höher geschlagen, und sie hatte kein Verlangen, seine Stimme zu hören ... sie befürchtete, er werde ihr nacheilen, sie am Arm festhalten ... Sicher in ihrem Klassenzimmer zog sie einen formlosen, verschmutzten Kittel an. Sie leitete acht Studenten bei ihrer eigenen Arbeit in Ton an. Sie war sachlich mit ihnen, nicht freundlich, nicht unfreundlich, wurde nie anders als *Miss Ressner* genannt. Sie verspürte kein Interesse am Leben ihrer Studenten, keine Eifersucht auf die Mädchen mit ihren Verlobungs- und Eheringen. Das Mädchen, das mit Anthony gesprochen hatte, hatte langes, schwarzes Haar und einen unangenehmen Ehrgeiz. Sie hatte geringes, minimales Talent, aber sie war eine von den Studenten, die sofort hören wollen, ob sie erfolgreich sein werden oder nicht, ob ihr Talent groß genug ist, um ihre Arbeit zu rechtfertigen, als könne ihnen die Zukunft auf einer Schriftrolle aufgezeichnet überreicht werden, alles von einem erhabenen Geist ausgedacht, auf ewig festgelegt ... Und sie verspürte kein Interesse für die Männer, weder für die, die älter als sie waren, noch für die jüngeren; ihre Ambitionen, ihre Ernsthaftigkeit, ihre privaten fiebrigen Pläne interessierten sie nicht.

Nach dem Unterricht sagte das Mädchen zu ihr: »Miss Ressner, dieser Mann hat mich nach Ihnen gefragt. Da draußen. Haben Sie ihn bemerkt?«

Pauline zeigte keine Neugier. »Ich habe Sie mit irgend jemandem reden sehen.«

»Er hat viele Fragen über Sie gestellt ... Ich kenne ihn etwas, nicht gut, er hängt hier in der Gegend in den Bars und ähnlichen Lokalen herum ...« Verlegen sagte sie dann schnell, »Aber natürlich habe ich ihm nichts gesagt.«

Pauline spürte eine Spannung in sich aufkommen. Sie warf ihre Papptasse in den Papierkorb; sie war sich bewußt, daß sie Kaffee in den Korb, auf Servietten verschüttete ... grobe Papierservietten, die sofort die Flüssigkeit aufsaugten ... Es war häßlich, eine Schweinerei. Sie ging auf den zugigen Flur hinaus. Der Traum war ihr noch immer im Kopf ... Sie war plötzlich versucht, zum Museum hinüberzugehen, um nachzusehen, ob dort irgend etwas den Traum erklären könne, gewiß hatte er in etwas einen Ursprung, das sie gesehen und vergessen hatte... *Warum ein Zug von Maultieren, warum Blumengirlanden, warum ein Opfer mit nackter Brust in einem Wagen?*

Später an diesem Tag sah sie Anthony wieder. Er stand vor einem Restaurant, nichtstuend, als warte er auf sie ... Sie war aus ihrem Studio gegangen, ruhelos, weil sie den Studenten aus dem Weg gehen wollte, die vorbeikamen, um mit ihr zu sprechen. Sie war zu höflich, sie von Besuchen abzuhalten. Warum vergeudeten die Leute ihre Zeit, indem sie mit ihr redeten? Warum stellten sie ihr gewöhnliche, persönliche Fragen, darüber, woher sie ihre Ideen habe, darüber, wessen Werk sie am meisten bewundere...? Warum redeten Leute miteinander, warum fühlten sie sich auf geheimnisvolle Weise von einander angezogen, schicksalshaft, hilflos, den Zauber zu brechen? Sie hatte bei gewissen Männern und bei einigen Frauen eine eigenartige Zuneigung zu ihr gespürt – etwas, das sie nie verstanden oder ermutigt hatte. Liebenswürdig, zurückhaltend, aber zurückhaltend auf eine endgültige Art und Weise, zog sie sich aus dem Leben der Menschen zurück, wendete sich ab von Freundschaftsangeboten, von dem Drängen, der Intensität, der Bewunderung von Männern, die sie überhaupt nicht kannten. Sie mochte all diese Leute soweit ganz gern, sie wollte ihnen nur nicht nahe sein. Und jetzt war dieser Anthony, den sie sowieso nicht gemocht hätte, um sie herum, ein Zerren im Augenwinkel, eine Bedrohung. Der erste Befehl ihrer Mutter wäre, die Polizei zu rufen, aber Pauline, die vernünftiger war, wußte, daß das nicht nötig war.

Es wäre ein Fehler gewesen, ihn zu übersehen. Sie sagte, »Hallo, wie geht's?« Ihr Lächeln war zurückhaltend und knapp im kalten Sonnenlicht.

»Hallo«, sagte er. Seine Stimme war unausgeglichen, als wäre er so überrascht über ihre Aufmerksamkeit, daß er sie nicht kontrollieren könne. »Wohin gehen Sie? Möchten Sie etwas Kaffee?«

»Ich habe keine Zeit«, sagte sie, ihm ausweichend. Sie spürte, wie ihr Gesicht sich zu einem höflichen, abweisenden Lächeln verzog. Anthony lächelte zurück, das Lächeln mißverstehend . . . oder gab er vor, es mißzuverstehen? War er eigentlich sehr arrogant? Wieder hatte sie ein Gefühl von Angst, ein erstickendes Herzklopfen.

Er rieb plötzlich seine Hände, als freue er sich über etwas, was sie getan hatte. Heute sah er robuster aus; er hatte sich rasiert, seine schwarzen Locken fielen ordentlicher auf seinen Kragen; er trug einen kurzen Sportmantel aus imitiertem Kamelhaar, nur etwas unsauber; er trug Lederstiefel, rissig und verunstaltet wie ihre eigenen Schuhe.

»Ich würde gern mit Ihnen reden«, sagte er. »Es ist sehr wichtig.«

»Heute nicht.«

»Aber ich tue Ihnen doch nichts. Ich will nur reden.« Er lächelte ihr ein strahlendes Lächeln zu – er wollte sich gerade auf sie zubewegen, sie gerade wieder am Arm nehmen. Sie sprang erschreckt zurück. Aber er sagte nur, »Ich möchte gern über verschiedene Lebensweisen reden. Ich möchte sie gern kennenlernen . . . wie es für Sie ist, Ihr Leben, für eine Frau, die wie Sie aussieht . . . ich verbringe meine Zeit damit, Dinge zu beobachten, oder zuzuhören, Musik, in einer Bar oder in jemands Wohnung, Schallplatten zu hören . . .«

»Ich muß gehen«, sagte sie mit schwacher Stimme, den Kopf gesenkt. Sie konnte nicht zu ihm aufsehen.

»Gestern, als ich Sie sah, dachte ich . . . ich dachte, daß ich mich gern mit Ihnen treffen würde. Das ist doch keine Beleidigung, oder?«

Sie sagte nichts.

»Ich habe ihn – wie-heißt-er-gleich Dingsda – gebeten, uns bekanntzumachen. Er wollte nicht. Es war mir sehr wichtig, irgend etwas gab mir ein Gefühl von Ihnen, Sie zu treffen, ich war sehr nervös . . . gestern abend konnte ich nicht schlafen . . .« Sie starrte auf seine Stiefel. Starke Linien und schwache Linien, ein Muster von salzigem Eis im Leder, das es verdarb. Das Muster war interessant. Einer ihrer Schuhe ging aus den Nähten . . . Wenn Freunde ihrer Mutter sie hier stehen sähen, auf der Zweiten Straße, wie sie mit diesem Mann redete, was dann? Seine langen, schäbigen Locken, sein auffallendes Gesicht, die nachlässige Haltung seiner Schultern und die bestimmte Linie seiner Beine, wie bei einem Tänzer von der Hüfte ab gebogen, sogar die dummen Cowboystiefel würden sie wahrscheinlich aufregen und ihnen gefallen: mit diesem Aussehen mußte er eine Art Künstler sein.

Stammelnd, verlegen unterbrach sie ihn, »Ich bin älter, als Sie denken . . . ich bin über dreißig . . . ich habe keine Zeit, mit Ihnen zu reden, ich gehe nicht aus, ich bin nicht so, wie Sie denken . . . «

»Woher wissen Sie, was ich denke?« sagte er ärgerlich.

Sein Ärger erschreckte sie. Sie schwieg. Warum war sie hier und stritt sich mit einem Mann, den sie nicht kannte? Sie stritt sich überhaupt mit niemandem. Sie stritt sich nie.

»Wenn Sie so dringend gehen wollen, gehen Sie«, sagte er.

Freigelassen kam sie nicht von der Stelle. Einen Augenblick lang hatte sie ihn überhaupt nicht gehört.

»Sie brauchen nicht zu rennen – ich werde Ihnen nicht nachlaufen!« sagte er ärgerlich.

Zurück in ihrer Zwei-Uhr-Klasse versuchte sie, sich unter Kontrolle zu bekommen. Sie trank noch eine Tasse Kaffee. Innerlich zitternd. Der Kaffee schmeckte schlecht. Alles hier war billig, das Talent ihrer Studenten war billig, gewöhnlich, ihre Gesichter waren für sie ohne Interesse, sie konnte sie nicht für ihre Arbeit nutzen, warum gab sie vor, einen Job zu brauchen? Sie sollte gehen. Ihr Studio nach außerhalb verlegen. In ihrer Klasse gab es nur zwei wirklich begabte Studenten, beides Männer, und sie vermutete nach ihrer Nervosität und der Häufigkeit, mit der sie den Unterricht ausfallen ließen, daß sie es nie zu etwas bringen würden, sie würden verfallen . . . andere begabte Studenten von ihr waren im Laufe der Jahre aufgetaucht und verschwunden, was war aus ihnen allen geworden? Und dennoch, wenn ehemalige Studenten besuchsweise zurückkamen, die meisten Kunstlehrer an Gymnasien, vermochte sie nicht mehr als ein flüchtiges Interesse für ihre Karrieren zu zeigen; warum waren Leute um sie herum, warum brüllten sie ihr in die Ohren, was wollten sie von ihr? Welches Geheimnis?

»Er ist verrückt«, dachte sie.

Während der nächsten paar Tage, wenn sie ihn auf die Entfernung draußen auf der Straße wahrnahm, spürte sie manchmal Schrecken, manchmal eine Art Schwindel, hemmungslose Erregung. Sie brauchte diese Angst einfach; sie wußte, daß die Polizei benachrichtigt werden sollte, Hindernisse aufgestellt, Riegel vorgeschoben; und doch fragte sie sich tatenlos, warum sie Angst haben sollte, warum...? Sie konnte nicht glauben, daß ihr irgend etwas zustoßen würde. Sie war sicher in ihrer Gelassenheit, ihrer Stärke, sie hatte seit Jahren für sich selbst gesorgt, warum sollte sie also Angst vor diesem Mann haben, warum sollte sie überhaupt über ihn nachdenken...?

Eines Nachmittags, als sie in ihr Auto stieg, sah sie ihn am Rand des Lehrerparkplatzes, sah, wie er sie beobachtete. Sie war versucht, ihre Hand lässig zu einem Gruß zu heben. Würde das die Gefahr zerstreuen oder verschlimmern? Sie stellte sich vor, wie er über den niedrigen Drahtzaun sprang und auf sie zupreschte... Sie winkte nicht. Sie ließ sich überhaupt nicht anmerken, daß sie ihn sah. Aber als sie an ihm vorbeifuhr, sah sie, wie er einige schnelle Schritte, taumelnde Schritte machte, auf der Straße hinter dem Auto her... sein Tun war grotesk, traurig, verrückt... Sie fragte sich, ob sie selber etwa ein wenig verrückt geworden sei.

Körper auf einem Feld. Das Feld ist sandig, ein Ödland, aber große, stachlige Gräser wachsen darauf, die kein Wasser brauchen. Das Ende des Winters, noch nicht Frühling. Die Körper erwachen zum Leben: ein Mann und eine Frau. Die Frau hat langes, strähniges Haar, das Haar des Mannes ist zerwühlt. Es hängt ihm unordentlich ins Gesicht. Ihre Körper sind umeinander geschlungen und ihre Gesichter im Schatten. Sie lachen laut, sie wachen auf und umarmen sich direkt im Sand, auf dem offenen Feld . . . In ihrer Nähe ist etwas Totes. Ist es ein Hund oder eine große Ratte? Laß es eine große Ratte sein. Vom Winter hartgefroren, nicht verrottet . . . In der Gegenwart dieses Dinges umarmen sich der Mann und die Frau wild, sie reißen einander an der Haut, ihr Lachen ist scharf und ungezügelt . . . Sie lieben sich dort im Freien, zwischen den stacheligen Gräsern und der toten Ratte, ohne etwas um sich her zu bemerken.

Sie wachte wieder mit Kopfschmerzen auf, unfähig, sich daran zu erinnern, was sie aufgeweckt hatte. Ein Traum? Es war noch dunkel. Erst sechs Uhr. Sie stand auf, ihr Körper tat plötzlich weh. Sie schleppte sich zu ihrem Schrank, zog sich etwas Warmes über, stand in einer Art verwunderten, schlaffen Haltung da, fragte sich, was als nächstes zu tun sei . . . Ihre Schultern und Oberschenkel taten weh. Ihre Augen in den Augenhöhlen waren wundgerieben und brannten, als hätte jemand seine Daumen in sie gedrückt. Ganz nah auf einem hübschen, alten Tisch stand ein Kopf in Weiß, den sie kürzlich gemacht hatte; das Modell war ein alter Mann gewesen, aber sehr sauber, würdevoll. Er hatte einen leichten Bart gehabt, fast wie eine Eisschicht, aber sie hatte das unbeachtet gelassen, und der Kopf war kahl, ein strenger Schädel. Er interessierte sie auf eigenartige Weise. Der Kopf eines alten Mannes, eine würdevolle Knochenform, ineinander verzahnter Knochen. Geniales Kunstwerk, der menschliche Schädel. Seine Stirn war kräftig, knochig, breit. Die Nase war ziemlich flach, aber breit am Nasenbein; eine strenge Nase. Die Augen waren finster, die Augenbrauen kräftig und klar, der Mund leicht überrascht, aber sich hiervon zurückziehend. Sie hatte ein bestimmtes Gefühl vermitteln wollen – Erschrecken eigentlich, aber zugleich die Weigerung, dieses Erschrecken anzunehmen, überhaupt zuzulassen, daß die Hautoberfläche es registrierte. Sie ließ ihre Hand über den Kopf gleiten, über das Gesicht. Kaltes Blei. Kalte Haut. Sie drückte ihre Wange oben an den Kopf. Ein vollendetes Werk.

In ihrem Badezimmer war das Licht zu stark. Es wurde vom

cremefarbenen Porzellan des Waschbeckens reflektiert. Das Haus war alt, aber die Badezimmer und die Küche waren für teures Geld renoviert worden; Pauline hatte diese Veränderung nie gemocht. Ihr waren die altmodischen Armaturen mit ihren schweren, übertriebenen Griffen liebgewesen, der Spiegel, der das Blei dahinter zu zeigen begann – wie die grauen Knochen unter der Schädelhaut, ohne Scham – und die alte, quietschende Dusche, die abgestoßene, schwarz-weiße Kachelung. Jetzt war alles neu und sauber, wie in einem Motel. Es hatte keine Geschichte.

Sie starrte sich selbst im Spiegel an. In ein paar Wochen würde sie dreißig Jahre alt werden, was ihr erstaunlich jung schien. Sicher hatte sie mehr als drei Jahrzehnte gelebt...? Doch ihr Gesicht sah sehr jung aus. Es war blaß, unberührt, weich und vom Schlaf verwirrt, wie ein Kindergesicht. Was hatte sie geträumt? Sie nahm einen Topf Nachtcreme aus dem Schränkchen und trug sie auf ihr Gesicht auf. Es war notwendig, ihre Haut einzucremen, sie mußte sich pflegen. Es war eine Pflicht. Eines Tages, vor zwanzig Jahren, hatte ihr Vater ihr barsch gesagt, daß sie schmutzig sei – zerzauste Haare, die Strümpfe in die Schuhe herunterrutschend. »Ich will nicht, daß du häßlich aussiehst«, hatte er gesagt. Es war ein Befehl, den sie ernst nahm, weil sie sein Gesicht hatte, ein aufallendes, schönes Gesicht, und dieses Gesicht brachte eine gewisse Verantwortung mit sich. Jede Art von Schönheit bringt eine schreckliche Last mit sich.

Haut ist ein Körperorgan. Sie besteht aus vielen Zellschichten. Niemand hätte sie erfinden können. Zellen nehmen Feuchtigkeit auf und verlieren Feuchtigkeit; sie pulsieren in ihrem eigenen, geheimen Rhythmus, in ihrem eigenen, privaten Zeitmaß. Unsichtbar, elastisch. Jedes menschliche Wesen hat seine eigene Haut, einzigartig. Es ist ein Geheimnis. Eines Tages wird eine tote Frau die Haut tragen, die einer lebenden Frau gehörte, und es ist genau dieselbe Haut. Dann zerfällt sie... Die Haut ist die undurchdringlichste Begrenzung des Körpers. Sie ist immer durstig. Ihr Durst ist unstillbar. Der menschliche Durst wird von Zeit zu Zeit befriedigt, aber der Durst der menschlichen Haut wird nicht befriedigt, solange sie lebt.

Sie ging ziellos durchs Haus. Unten sah sie aus dem Fenster auf den Hang ihres Rasens vor dem Haus, auf die Autolichter auf der Straße in einiger Entfernung. Wohin fuhren all diese Leute? Es überraschte sie, die Autos da draußen zu sehen, die Menschen, die die ganze Nacht hindurch in die Morgendämmerung fuhren, mit geheimen, privaten Zielen... Etwas bewegte sich draußen auf dem Rasen. Sie sah nicht hin. Als sie sich dann hilflos fühlte, sah sie hin ... sie sah nichts, nur Schatten... da konnte nichts gewesen sein.

Wenn dieser Mann ihr nach Hause folgte?

Vor Jahren hatte sie als Studentin in London für eine Klasse Modell gesessen. Sie skizzierten Köpfe, Torsos. Der Lehrer war ein eigenartiger Mann gewesen – in mittleren Jahren, schmeichlerisch, streitlustig, aber ungeheuer begabt, ein stämmiger Mann mit haarigen Armen. Er hatte immer Kaffee auf den Boden verschüttet, Asche überall fallen gelassen. Pauline hatte da in der Mitte eines Kreises gesessen, bewegungslos. Sie war niemals scheu oder befangen gewesen. Ihr Gesicht, von seinem Schleier von Unpersönlichkeit geschützt, war unverletzlich... Der Lehrer hieß Julius. Sie hatte entspannt auf einem Hocker gesessen, und er hatte dagestanden und sie in Form gebogen, ihr Gesicht erst auf die eine, dann auf die andere Seite gedreht. »Bleiben Sie so. Komplizieren Sie unser Leben nicht«, hatte er gesagt. Er hatte irgendwo auf der anderen Seite der ruhigen, arbeitenden Studenten gestanden, hatte sie rauchend angestarrt. Er hatte einen breiten, plumpen, graziös ungeschickten Körper. Er sprach nie persönlich mit jemandem, er gab sich nie damit ab, jemandem ins Auge zu sehen. Sie liebte ihn, mit Anfällen von Enthusiasmus, die nicht andauerten, sie stellte sich ihn vor, wie er vor ihr kniete, wie er ihre Knie küßte, in der Pose eines gewissen, dekadenten Gemäldes... und wie sie durch milde, halbgeschlossene Augenlider auf ihn hinunterstarrte, verständnislos. Aber nichts geschah.

Eines Tages stellte sie sich vor, er werde sie gleich umarmen – aus irgendeinem Grund waren sie allein im Studio –, sie erlebte einen unheimlichen, erschreckenden Augenblick, als sie sicher war, er werde sie umarmen, ihr Gesicht gegen seines drücken, seine großen Hände wild in ihrem Haar . . . Aber er öffnete nur eine Schublade und einige Sachen darin rappelten durcheinander. Sie war in die feuchte Luft hinausgegangen, erleichtert, dem Weinen nahe; sie fühlte sich wieder ganz sie selbst.

Seit dieser Zeit hatte sie gedacht, in zwei andere Männer verliebt zu sein, einer von ihnen ein Maler, der noch in dieser Stadt wohnte, aber sie gab sich nicht mehr damit ab, ihn zu treffen; der andere war Anwalt, der Sohn eines wohlhabenden Ehepaares aus dem Freundeskreis ihrer Eltern. Aber nichts war geschehen. Nichts. Sie hatte sich ihnen wie in einem Tanz genähert, sie hatte etwas in ihren Gesichtern bemerkt, eine gewisse intensive Sehnsucht, und sie hatte sich elegant, scheu für immer zurückgezogen, hatte nicht einmal ihrer Hautoberfläche erlaubt, die Erregung und die Furcht auszudrücken, die sie spürte. So hatte es aufgehört. Sie war vollkommen in sich selbst, wie die Köpfe, die sie formte, und wie sie spürte sie ihre Haut als ein perfektes Organ, das sie bedeckte, eine Oberfläche, die undurchdringlich war, weil sie so still und kalt war.

Statue von Mars. Einen Speer schwingend, angreifend. Der muskulöse Körper steht im Gegensatz zu der graziösen Pose, fast die Pose eines Tänzers. Eine Hand hält die Lanze, die andere hält wahrscheinlich eine Trinkschale. Die Lippen sind in Kupfer eingelegt, und die Augen in irgendeinem farbigen Material; der Helm getrennt und angefügt. Sanft modellierte Augen, eigenartiger Ausdruck des Mundes, fast ein Lächeln. Spannung des Körpers: Eleganz des Gesichts. Kleine, dichte, ordentliche Locken, die um das Ohr herabfallen auf die Wange.

NOTFALLNUMMERN:
FEUER POLIZEI SHERIFF ARZT POLIZEI KÜSTENWACHE
oder wählen Sie die Auskunft bei einem Notfall und sagen

»Ich will einen Brand melden bei - - -«
oder »Ich brauche einen Polizisten bei - - -«

Sie ging mit einem ihrer Freunde, auch einem Kunstlehrer, eine Straße mit Buchläden, Bars und Restaurants, Studententreffs entlang. Während der Mann sprach, huschten ihre Augen hektisch umher. Es war immer noch kalt. Sie hatte ihre Handschuhe vergessen. Ihre Finger taten weh von etwas anderem als der Kälte, denn es war nicht so kalt. Ihr Freund – ein verheirateter Mann mit vier Kindern, ein sicherer Mann – sprach über etwas, worauf sie sich nicht konzentrieren konnte, als Anthony in einem Hauseingang vor ihnen auftauchte. Er wirkte atemlos, als wäre er gerade gelaufen. Pauline hatte die eigenartige Vorstellung, daß er um die Ecke gelaufen sei, um sie abzufangen. Er starrte sie an, aber ihr Freund bemerkte nichts, und als wäre diese Szene sorgfältig geprobt, verschwand alles zwischen ihnen – Studenten in lässigen Mänteln, eine Negerin mit ihren Kindern – und gab den Blick frei. Pauline und ihr Freund waren noch wenige Schritte von Anthony entfernt, mußten direkt an ihm vorbeigehen. Sie konnte nichts tun. Unfähig wegzusehen, fing sie den vollen, wütenden Blick seiner Augen auf, die Spannung in seinem Kopf. Seine Halsmuskeln traten hervor. Sein Mantel war offen, seine Hände in die Taschen gesteckt. Er funkelte sie an, sein funkelnder Blick umgab sie, als bilde die Kälte magisch einen Heiligenschein um ihren Körper. Seine Kinnlinie war sehr hart, sein Mund war leicht geöffnet, als fiele es ihm schwer zu atmen . . .

Er sprang zu ihnen heraus, griff sie am Arm. Sie versuchte, sich loszureißen. Ohne ein Wort zu sagen riß er ein Messer nach oben, die Klinge plötzlich hell und dekorativ, und schlitzte sich den Hals auf. Pauline schrie. Ihr Freund zog sie mit einem Ruck weg, aber Anthonys Blut war schon auf sie gespritzt. »Was machen Sie? Was – was soll das?« rief der Mann. Anthony taumelte und griff sie um die Hüften, die Oberschenkel, als er schwer zu Boden fiel, und sie hatte nicht die Kraft, sich von ihm loszureißen; sie starrte hinunter auf seinen Kopf, gelähmt.

In wenigen Minuten war es vorbei.

Er wurde weggetragen; es war vorbei. Ihr Freund beantwortete die Fragen des Polizisten. Ein Krankenwagen mit Blaulicht und Sirene war gekommen, aber war jetzt abgefahren. »Es ist alles vorbei. Denk nicht mehr daran«, sagte ihr Freund, als spreche er zu einem seiner Kinder. Pauline dachte an nichts. Sie ging hölzern und schaute auf ihre blutbespritzten Schuhe hinab. Ihr Mantel war vorne mit Blut verschmiert. Ihre Strümpfe waren vermutlich auch blutig, aber sie konnte es nicht sehen; sie ging steif, beugte sich nicht in der Taille, ihre Schultern unbewegt.

»Man sollte meinen, sie würden solche Leute festnehmen, ehe sie etwas Gewalttätiges anrichten«, sagte ihr Freund.

Teenager gingen auf dem Bürgersteig an ihnen vorbei und starrten Pauline an.

AN DER UNIVERSITÄT:
MANN SCHLITZT SICH DEN HALS AUF

Anthony Drayer, 35, ohne festen Wohnsitz, schlitzte sich heute mittag auf der Zweiten Straße mit einem Metzgermesser den Hals auf. Er liegt in kritischem Zustand im Bezirkskrankenhaus. Ein Grund für die Tat wurde nicht bekannt.

TEMPERATUR UM 0 GRAD; METEOROLOGEN
SAGEN FÜR DIESES WOCHENENDE FREUNDLICHES
UND WÄRMERES WETTER VORHER.

Als sie nach Hause kam, ging sie gleich ins Bad, sie umging das Mädchen. Sicher. Sie riß sich schluchzend den Mantel herunter, sie warf ihn auf den Boden und starrte auf ihre Beine – das Blut war noch naß auf ihren Knien, auf ihren Beinen, auf ihre Schuhe gespritzt. Wie gelähmt starrte sie auf ihre Beine hinunter; sie konnte sich nicht vorstellen, was das bedeutete. Immer wieder sah sie ihn in dem Eingang, wie seine Brust sich hob und senkte, wie er wartete, und sie erlebte wieder und wieder diesen letzten Augenblick, als sie unmißverständlich wußte, daß sie nicht wagen durfte, nah an ihm vorbeizugehen, daß es unmöglich war; und doch hatte sie nichts zu dem Mann gesagt, mit dem sie zusammen war, war weitergegangen wie in einer Betäubung. Warum? Warum war sie gerade auf ihn zugegangen?

Sie zitterte. Voll Entsetzen zog sie langsam ihren Rock hoch. Mehr Blut auf ihren Strümpfen. Auf den Innenseiten ihrer Oberschenkel, dahingeschmiert. Es war ihr ein Rätsel, sie vermochte nicht zu denken. Warum war das Blut dieses Mannes auf ihr, was war geschehen? Hatte er sich wirklich selbst mit einem Messer niedergestochen? Wie kam ein Mann dazu, eine Klinge scharf über den eigenen Hals zu ziehen, warum widersetzten sich die Muskeln nicht im letzten Augenblick und erstarrten?

Sie zog ihre Strümpfe aus und warf sie weg. In einem Ball, in ihrer Faust zusammengedrückt, schienen sie harmlos. Blut auf ihren Beinen, Oberschenkeln. Sie starrte vor sich hin. Was war als nächstes zu tun? Sie nahm ein Bad. Sie schrubbte sich.

Sie fiel auf ihr Bett und schlief tief, wie betäubt.

Auf dem Tisch sind vier Köpfe aus einem weißen Material, ein Keramikstoff. Es glänzt, schimmert billig, Licht funkelt aus den Augen der Köpfe. . . . Der erste Kopf ist mein eigener, das Gesicht ist mein eigenes. Ein glattes, weißes Gesicht. Das nächste Gesicht ist mein eigenes, aber kleiner, verhärmt. Schockiert. Der nächste Kopf, auch weiß, ist wieder mein eigener Kopf . . . mein eigenes Gesicht . . . die Lippen zurückgezogen in einem Ausdruck von Hunger oder Abscheu, die Augen verengt. Kann das mein Gesicht sein, ein so häßliches Gesicht? Der vierte Kopf ist auch meiner. Weiß, glatt weiß. Ein Band eng um den Kopf hat eine Vene auf meiner Schläfe betont, eine kleine wurmartige Vene in Weiß, die heraussteht. Die Augen sind streng und leer, wie die Augen in griechischen Statuen, nach innen blickend, erfüllt. Der Kopf ist in einem Trance-artigen Schlaf, wie der Schlaf einer schwangeren Frau. Ich gehe immer wieder um den Tisch, als würde ich auswählen. Meine Hände jucken nach meiner eigenen Arbeit. Ich kann den weißen Ton unter meinen Fingernägeln spüren, aber wenn ich herabschaue, ist es kein Ton, sondern Blut, das in den Rillen meiner Hände hart wird.

Auf der Fahrt zum Institut überkam sie ein plötzlicher Anfall von Übelkeit, und sie mußte ihren Wagen an die Seite fahren. Es war jetzt April. Sie saß eine Weile hinter dem Lenkrad, zu elend um auszusteigen, hilflos. Die Übelkeit ging vorüber. Sie fuhr noch eine Zeitlang nicht weiter, sondern blieb stehen, saß da, horchte aufmerksam den Vorgängen in ihrem Körper zu.

Der Arzt steht über mir. Ich liege auf einem altmodischen Tisch, er hält eine große Pinzette, seine Brille ist metallgerandet, er ist kahlköpfig, seine Stirn glänzt, Beulen scheinen im Licht, ich schreie fast, aber die Gurte, die meine Beine festhalten, halten auch meine Schreie zurück. . . . Dies ist Jahrhunderte her. Ein Wassereimer steht unter dem Waschtisch. Der Arzt hält seine Pinzette ins Licht und bläst auf ein lockiges, dunkles Haar, das daran festgehaftet ist . . . das Haar fällt langsam, gewichtlos . . .

Beim Unterrichten ihrer Klasse spürte sie plötzlich, daß sie dringend aus dem Raum gehen mußte. Sie ging zur Damentoilette. Sicher. Sie starrte sich im Spiegel an, sah ein müdes, blasses, ärgerliches Gesicht. Dumpfe Metallflecken hinter dem Spiegel schienen durch, ließen sie aussätzig aussehen. Sie erinnerte sich an einen solchen Spiegel in einer öffentlichen Toilette, als sie selbst ein Mädchen von dreizehn gewesen war, blaß und narbig und sehr unwissend. Sie hatte gemeint, sie sei schwanger. Damals hatte sie gedacht, Schwangerschaft könne jede Frau treffen, wie eine Krankheit. Wie Krebs könne es geschehen.

Wochenlang hatte sie sich eingebildet, schwanger zu sein.

Ihre Periode war unregelmäßig und sehr schmerzhaft gewesen. Sie schlug sich auf den Bauch, weinte, sie aß nichts, bis sie ohnmächtig wurde... Eines Tages, als sie mit der Stirn gegen die Badewanne gepreßt zum fünftausendsten Mal an das schreckliche Geheimnis dachte, das sie in sich verbarg, hatte sie den ersten, schmerzhaften Anflug von Krämpfen gespürt und dann ein leichtes, zögerndes Fließen von Blut... War sie also doch nicht schwanger...?

Wie wurde eine Frau schwanger?

Sie hob ihren Rock nochmals hoch, um auf die weiche, weiße Haut ihrer Beine zu starren. Nichts. Blut war darauf geschmiert gewesen, aber jetzt waren sie sauber; sie duschte sich jeden Morgen und nahm jeden Abend ein heißes Bad, darauf bedacht, sauber zu sein und beruhigt und frei von seinem Blut.

Die lebenden Blutzellen, unstillbar hungrig nach mehr Leben, fließen aufwärts. Sie steigen begierig, tückisch aufwärts... in Teströhrchen kann man beobachten, wie sie sich dem wohlbekannten Gesetz der Schwerkraft widersetzen. Außerdem wird Blut, das auf Brotschimmel gespritzt ist, ihn verschlingen und sich davon ernähren. Außerdem wird Blut auf fremder Haut oder fremdem Fell hart zu Schorf und arbeitet sich in das neue Fleisch vor, um ihm das Leben auszusaugen. Außerdem verbindet sich Blut, das ein paar Tage alt ist, wenn man es in Röhrchen mit weiblichen Geschlechtszellen tropft, mit diesen Zellen und bildet neues Leben.

Bei einem Abendessen an einem Samstag im April. Ihr Begleiter war ein Junggeselle, ein Anwalt. Sie erhob sich plötzlich vom Tisch, zitternd, vorsichtig zog sie ihren Stuhl zurück, ohne ihn im Teppich zu verfangen, den Kopf gesenkt, ernst, ihre Diamantohrringe kalt gegen ihre Wangen streichend. All das Kerzenlicht dieses Zimmers konnte weder diese Ohrringe noch diese Wangen erwärmen. Sie eilte ins Badezimmer, sie griff sich an den Kopf, ins Gesicht, mit betäubender Gewißheit wurde ihr klar, daß sie schwanger war.

Ihr war übel, als versuche sie, dieses fremde Leben aus sich heraus zu erbrechen.

Da sie ihre Mutter nicht beunruhigen wollte, fuhr sie am Montag in die Stadt, obgleich sie nicht vorhatte, ihre Klasse zu unterrichten. Sie parkte in der Nähe der Universität und ging stundenlang umher. Sie suchte ihn, eine Spur von ihm. Ihre Brüste schmerzten, Oberschenkel und Schultern taten ihr weh. Sie wußte, daß sie nicht schwanger sein konnte, und dennoch war sie sicher, daß sie schwanger war. Ihr Gesicht glühte. Nachdem sie stundenlang gegangen war, rief sie erschöpft eine Taxe und fuhr nach Hause zurück. Ihren Wagen ließ sie stehen. Sie weinte.

»Ich habe gerade mehr über Drayer herausgefunden«, sagte Martin stammelnd. »Sie haben gesagt, daß er sich selbst verletzt und eine Frau angegriffen hat, und ich wußte, daß du es warst, ich wußte es . . .« Pauline war ruhig, hielt das Telefon ausdruckslos an ihr Ohr. »Ich wußte, daß so etwas passieren würde! Er war sehr sonderbar, er hat nie zu schätzen gewußt, was ich für ihn getan habe, er war vergeßlich wie ein Kind – er hat immer meinen Namen vergessen, und er kannte keine Dankbarkeit – er war wie ein Verbrecher – ich hätte ihn dir nie vorgestellt, aber er bestand darauf, er sagte, er könne seine Augen nicht von deinem Gesicht lassen – ich wußte, daß ich es nicht hätte tun sollen, bitte, vergibst du mir? Pauline? Vergibst du mir?«

Sie hängte den Hörer auf.

Eine Frau in einem steifen Brokatkleid. Sie trägt Schmuck. Abends. Kerzenlicht. Ihr Gesicht ist im Schatten . . . ist es meine Mutter, meine Tante? Sie öffnet das Fenster, das eine Tür ist, und ein großer Hund erscheint. Es ist ein Windhund, elegant und verwöhnt und mager, mit einem schönen Kopf. Die Frau umfaßt den Kopf des Hundes mit beiden Händen, starrt ihm in die Augen. Der Hund beginnt den Kopf zu schütteln . . . seine Zähne funkeln... Schaum erscheint vor seinem Maul... ich wende mich mit einem Schreien ab, schlage meine Hand flach auf die Klaviertastatur: die Töne krachen und bringen alles zu einem Ende.

Ihre Mutter war dabei, den großen Koffer mit der blauen Seidenauskleidung zu packen. Weinend, ihre Mutter. Ihr Rükken zittert. Eine Freundin ihrer Mutter spricht geduldig zu Pauline, die gekrümmt im Bett liegt, steif. »Wenn du versuchen würdest, dich zu entspannen. Wenn du uns erlauben würdest, dich anzuziehen«, sagt die Frau. Ihr eigener Sohn versuchte einmal, im Alter von siebzehn, sie zu töten: also hat sie Erfahrung mit solchen Sachen. Zweifellos hat sich Paulines Mutter deshalb an sie gewandt.

»Sie wissen, daß Sie nicht schwanger sein können und daß Sie nicht schwanger sind«, sagt der Arzt. Er formt seine Worte so, daß sie sie lesen kann, als sei sie taub. Sie spürt das fremde Leben in sich, steinhart.

Sie blutet aus den Lenden, sie hat Schmerzen von Krämpfen, von Krampfanfällen. Das Blut sickert durch den Embryosack, wäscht ihn nicht aus. Wie soll er frei kommen? Sie hat eine plötzliche Vision, obwohl sie nicht schläft, von einer Pinzette, die den Blut-geschwollenen kleinen Sack zu fassen bekommt und ihn herauszieht.

Dr. Silbermann, ein Freund ihres Vaters, besucht sie in diesem teuren Krankenhaus. Er spricht freundlich zu ihr, liebevoll hält er ihre Steinfinger. Er ist ein sehr kultivierter Mann, der seine eigene Familie in einem Nazi-Konzentrationslager verloren hat, und deshalb besonders geeignet ist, mit ihr zu sprechen; er redet ihr Wahnsinn und Tod aus. Zweifellos hat sich ihre Mutter deshalb an ihn gewandt.

Ihr Haar ist kurz geschnitten. Sie kann ihn nicht hören.

Die Krankenschwester sagt säuerlich, »Sie werden darüber hinwegkommen.« Sie liegt in warmem Wasser, verängstigt von einem schrecklichen, schwebenden Gefühl, als trieben ihre Organe frei in ihrem Inneren, wie Bojen im Wasser. Nur der Embryo ist hart, steinhart, hartnäckig an ihren Arterien haftend. Sie versucht zu schreien, kann aber nicht schreien. Jedenfalls ist es gefährlich, den Mund zu öffnen: Man ernährt sie auf diese Weise, man reißt ihr den Mund auf und führt einen Schlauch ein.

... Er ist ein alter Chinese, sein Gesicht ist undeutlich. Er steht da und angelt in einem zarten Fluß, sein schweres, grobes Gewand hochgeschoben und in seinen Gürtel gesteckt. Er fängt einen Fisch und zieht ihn aus dem Wasser, zieht ihn mit einem Ruck der Hand vom Haken ... er wirft den Fisch auf das Ufer, wo die anderen Fische liegen, am Maul blutend, unfähig, ihre Augen zu schließen ...

Ihre Mutter bringt eine Schachtel Pralinen mit. Hagere Wangen, nicht sehr festlicher Frühlingsmantel. Sie ist Witwe, und das beginnt sich jetzt zu zeigen. Sie sitzt weinend an der Bettkante, weinend ... »Hörst du mich? Warum sprichst du nicht mit mir? Haßt du mich unbewußt? Warum haßt du mich?« Ihre Mutter weint, Worte sind alles, was sie kennt, sie dreht und wendet sich in ihrem Kopf. »Dieser Mann ... du weißt ... der, der sich erstochen hat, also, es stand in der Zeitung, daß er sich schließlich getötet hat, im Krankenhaus, wo man ihn festhielt ... Warum hörst du mich nicht, Pauline? Ich habe gesagt, daß der Mann sich umgebracht hat. Er wird dich nicht mehr belästigen, er kann dich nicht belästigen. Hörst du? Warum hörst du nicht?«
Sie liegt da und hört zu.

Es ist ein Monument in dunklem Stein. Ein Körper wird verbrannt. Vögel in der Luft, Krähen. Endlich ist es Frühling, und alles ist beschwingt. Kinder laufen um das Monument herum, ohne ein Auge dafür. Was gehen Kinder die Monumente der Welt an! Sie bewerfen sich gegenseitig mit Blumen ... Auf dem Monument steht eine Statue, zwei Figuren. Eine ist ein junger Mann mit lockigem Haar, ein breiter Torso, hervortretende, leere Augen. Die Gestaltung seines Mundes zeigt ihn ärgerlich und erschreckt. Die andere Figur ist ein Todesengel, eine schöne Frau mit ausgebreiteten Schwingen, obgleich ihr Körper von der Taille ab nach unten unnatürlich geformt ist. Sie streckt ihre Hand nach dem jungen Mann aus.

Ich stehe vor ihm. Er sinkt auf die Knie und umarmt mich, er drückt sein Gesicht an mich. Ich beuge mich über ihn, mit einer Lust und einer Zärtlichkeit, die so gewaltig ist wie Schmerz, ich drücke ihn an mich, ich spüre die festen Muskeln seiner Schultern, ich drücke mein Gesicht an seinen Kopf...

Wir knien beide. Wir drücken unsere Gesichter aneinander, unsere Tränen glänzend und warm.

Ins Deutsche übertragen von Barbara von Bechtolsheim

Junge und Mädchen

Der Junge war lässig und schlacksig und wirkte etwa wie fünfzehn und nicht wie achtzehn; es war peinlich, daß sein Vater so
gut aussah. Das Mädchen war schmächtig und hatte das zer-
brechliche, pudrige Aussehen einer Motte, irgendein farbloses,
flatterndes Insekt. Es war peinlich, daß ihre Mutter so stabil
war, wie ein Pferd; das Mädchen, Doris, nannte ihre Mutter
hinter deren Rücken wirklich »das Pferd«, mit einer Art lächelnden, zufriedenen Zärtlichkeit. Der Junge, Alexander jr.,
sprach von seinem Vater als von »mein Vater« und zu seinem
Vater direkt sagte er »Vater . . .«
       Sie trafen sich während ihres ganzen Lebens immer wieder,
in und um Lakeshore Point. Er ging in eine Jungenschule und
sie in eine Mädchenschule, und ihre Freundeskreise über-
schnitten sich, obwohl sie beide eigentlich keine »Freunde«
hatten; sie hatte neue und alte Bekannte. Es war eine Leistung,
daß sie beide so lange schon in Lakeshore Point wohnten, weil
es ein Vorort war, wo die Leute dauernd hin- und wegzogen; es
war überraschend, wie im April all die »Zu Verkaufen«-Schil-
der vor den Häusern auftauchten, rechtzeitig für einen schnellen, geschickten Verkauf in ein, zwei Tagen, ein paar Wochen
zur Erledigung der Formalitäten, und dann der Umzug in die
nächste Stadt und den nächsten Vorort, sobald die Schule aus
war. Inmitten dieses Kommens und Gehens, des Ladens und
Entladens großer Umzugslaster, die stolz den Kontinent er-
oberten, hätten sich Doris und Alex also früher oder später
füreinander entschieden, zumindest für eine Zeit. Als Doris

älter wurde – sie war jetzt sechzehn –, kam es ihr vor, daß die Atmosphäre eines typischen Schultanzfestes die Atmosphäre des Lebens selbst war. Partner gingen weg, um zu tanzen, die Musik wechselte, die Partner kamen zurück, tauschten, tanzten wieder, und der Saal unter den flatternden Krepp-Papierstreifen war immer erfüllt vom Schleifen der Beine und Füße und der Armbewegungen: so viele Körper. Genauso war es in Lakeshore Point, wo dauernd Fremde herzogen und wieder wegzogen.

Sie waren vom Typ her verschieden: Doris war beliebt und hatte ein nervöses, irritierendes Lachen, das Lachen von Mädchen in Gruppen, die sicher sind, daß man sie hört. Alex war eher klischeehaft, mochte Schach und Astronomie und komplizierte Kreuzworträtsel, die seine Mutter nicht verstand. Für die Harvard Universität vorbereitet, war er im letzten Schuljahr an der Jungenschule von Lakepoint tief verletzt gewesen, als seine Bewerbung für Harvard abgelehnt wurde. Er hatte die üblichen, außerordentlichen Noten, und seine Hobbys – Schach und Astronomie und, auf den Vorschlag seines Beratungslehrers, Eishockey – waren hinreichend erfolgversprechend erschienen. Es war ein Rätsel, seine Ablehnung. Also würde er im Herbst an die Universität von Michigan gehen, und sein krummer Rücken trat deutlicher hervor als sonst, als Antwort auf einen Gruß murmelte er nur etwas in sich hinein und verwarf vermeintliche Beleidigungen mit einer nervösen Handbewegung. Wenn die anderen Jungen sich damit abgaben, über ihn nachzudenken, fanden sie, daß er ziemlich komisch sei. Jeder hatte eine Meinung über Doris Moss, sogar an weiter entfernten Gymnasien, aber über Alex gab es keine Neuigkeiten; er und Doris waren vor einigen Jahren zum selben Kieferorthopäden gegangen, und er erinnerte sich an sie als an ein schmächtiges, scheues Kind, ewig zwölf.

Alex war fest entschlossen, Arzt zu werden und in die medizinische Forschung zu gehen, und irgendwie war seine Ablehnung von Harvard unglaublich. Er trug diese Ablehnung überall mit sich herum, darauf bedacht, sie herauszustellen und zuzugeben, demütig, selbstzweiflerisch, nervös in der Hoffnung, daß es alles ein Irrtum gewesen sei, und daß er schließlich doch angenommen werde. Er war die Art Junge, mit denen die Erwachsenen meinten reden zu können, bis sie mit ihm redeten. Die Freunde seiner Eltern gingen mit steifem, wohlwollendem Lächeln auf ihn zu.

Er hatte beschlossen, in die medizinische Forschung zu gehen, weil sein Vater, Arzt, selbst in einer Art medizinischem Forschungsprogramm war. Eines Abends, als seine Eltern Gäste zum Essen eingeladen hatten, hatte Alex etwas gehört, was ihn eigenartig beeindruckte und sein Leben veränderte. Er war aus dem Kino gekommen – er ging immer allein – und benutzte die untere Gästetoilette, im hinteren Teil des Hauses, irgendwie mochte er diese Toilette gern. Sie war in Schwarz und Gold gehalten, mit Schalen duftender Seife und entzückenden, duftenden Papiertüchern und Toilettenpapier, auch golden, und kleinen, erlesenen Gästehandtüchern, die aus weißem Leinen mit goldener Stickerei waren. Auf dem Toilettentisch lag ein zarter Spiegel, gerade für die feinwimprigen Augen der Damen unter den Gästen seiner Eltern; auf dem Boden lag ein tiefschwarzer Teppich. Alex benutzte diese Toilette gern, weil er sich darin als etwas sehr Besonderes fühlte. Er fühlte sich wie ein Gast seiner Eltern. Vor Einladungen überprüfte er sie sorgfältig, selbständig, weil das Mädchen immer überlastet war, und man nicht darauf vertrauen konnte, daß sie darauf achtete, ob die Seife sauber war oder nicht. Die besondere Seife in der Toilette war kugelförmig, gold und weiß, und verbreitete einen wunderbaren, süßen Duft. Aber manchmal wurden die Seifenkugeln staubig, weil sie nie benutzt wurden.

Diese Gefühle für die Toilette waren wichtig, weil sie möglicherweise mit Alex' Entscheidung zu tun hatten. Er befand sich in der Toilette, als er seinen Vater und einen anderen Mann in die Küche kommen hörte, und die gewichtigen Worte seines Vaters waren irgendwie verquickt mit dem Duft des Toilettenpapiers und der Seife. Sein Vater sagte gerade, »Es ist eine verdammt komplizierte Operation. Man hat natürlich keine saubere Laborsituation. Man muß die Umweltfaktoren bedenken – die Feuchtigkeit, den Wind, die Gegend, die Partikelgröße, den Sättigungsgrad, die Methode des Abwerfens. Man kann sich die Unbeständigkeit da vorstellen.« Der andere Mann, den Alex nicht kannte, sagte etwas von Computern. »Ja, sicher sind Computer hilfreich«, sagte Alex' Vater mit seiner freundlichen, ernsten Stimme, »aber von einem gewissen Punkt an ist nur das pure Dasein real. Nichts sonst ist real. Ein Ereignis geschieht nur einmal, und das ist das Schwierigste am Leben – es ist kein Laborexperiment.«

Alex war merkwürdig erregt. Er bewunderte seinen Vater und fürchtete ihn ein wenig, und jedes Wort seines Vaters schien wertvoll zu sein. Sein Vater arbeitete jetzt für die Regierung an Geheimprojekten, und manchmal mußte er wochenlang verreisen. Vielleicht hatten diese langen Reisen oder die Abgeschlossenheit im Labor Alex' Vater etwas von den meisten Dingen entfernt, so als hielte er sie auf Armeslänge von sich entfernt: so hatte es den Charakter einer Intimität, seinen Vater so sprechen zu hören. Über dem Klirren von Eiswürfeln sagte sein Vater, »Der biologische Wolken-Kampfstoff ist ein bahnbrechender Grenzbereich. Es ist eine faszinierende Arbeit. Man muß ihn als umgekehrte Krankheitskontrolle ansehen; er brütet krankmachende Organismen aus, die wir bisher eher negativ betrachtet haben. Und dann, abgesehen von der physikalischen Realität, ist da ein völlig unerforschter Bereich der psychologischen Reaktion – was der positive Effekt in Hinsicht auf die Panik des Feindes sein könnte, wissen wir nicht. Wir haben einige Vorstellungen, das ist alles.«

Alex blieb in der Toilette, nachdem sie gegangen waren. Er hörte immer wieder, wie sein Vater über »Realität« sprach. Die anderen Worte seines Vaters tauchten wieder auf und kreisten in Alex' Kopf, und er konnte sie nicht ganz verstehen, aber immer erneut kehrte das Wort »Realität« wieder. Was war real? Was war real? »Von einem bestimmten Punkt an ist nur das pure Dasein real«, hatte sein Vater feierlich gesagt, und Alex versuchte, dieses Konzept zu verstehen. Es war eigenartig, daß er in der Schule so schnell und zu Hause so langsam war, ja schwerfällig. Es war, als strahle sein Vater eine Art glitzernde Wolke ab, die Alex' Brille beschlug und auch seinen Kopf benebelte.

Inspiriert schrieb er für den Englischlehrer, Mr. Godwin, einen Aufsatz mit dem Titel »Was genau ist real?« Mr. Godwin war sehr angetan davon und las ihn der Klasse vor, womit er Alex ungemein in Verlegenheit brachte. Obgleich Mr. Godwin nicht so groß und gutaussehend war wie sein Vater, war er ebenfalls ein zwar geringerer, aber doch wesentlicher Held in Alex' Leben. Er war ein reizbarer, begeisterter Mann mit nikotinfleckigen Fingern.

Doris war zwar jünger, aber sie war erfahrener als Alex. Jahrelang war sie ein Kind gewesen, und sie erinnerte sich an diese Jahre eher ungläubig. Dann war sie eines Sommers bei einer Freundin in Cape Cod gewesen und war einem Jungen begegnet, der angeblich Fernsehschauspieler war, oder darauf hoffte, einer zu werden. Er erzählte ihr vom Fernsehgeschäft und von den führenden Leuten dort, die man jedoch nie sah, und von denen man sich nicht vorstellen konnte, daß sie existierten; es waren die Leute, die eigentlich zählten, sagte er. Er hatte ein schmales, düster gutaussehendes Gesicht und hätte fünfzehn oder dreiundzwanzig sein können. Es war etwas Ungewisses um ihn, als warte er darauf, über sich selbst belehrt zu werden. »Die Leute, die den Laden schmeißen, treten nie auf. Sie sind versteckt. Ihr seht sie nicht, ihr blöden Kerle zu Hause«, sagte er spöttisch. Als sie am Strand zusammen waren, war es wie eine Fernsehszene. Er war ihr immer nah, mit dem direkten, leicht kurzsichtigen Blick von Fernsehschauspielern; er schien auch Worte zu sprechen, die er schon vorher gebraucht hatte. Doris hatte ein zerbrechliches Gesicht mit Sommersprossen und einen recht zarten Körper. Er hatte sie in der ersten Nacht, als sie sich trafen, gezwungen, mit ihm eine eiskalte Dusche zu nehmen, und seitdem fühlte sich ihr Körper leicht unwirklich an, prickelnd und taub zugleich. Dieses Gefühl blieb ihr eine Zeitlang. Sie kam nicht darüber hinweg, ihr Verstand wollte sich davon freimachen, konnte es aber nicht, ihr Körper hielt an dieser Betäubung fest – es war ihr unerklärlich. Sie sprach nicht darüber. Woran sie sich bei diesem Jungen erinnern konnte, war sein Gesicht und der Körper und die Hände und vor allem seine Worte, die merkwürdig waren.

»Beim Fernsehen rennen all diese Leute herum, die man nie sieht, Kameras und Zeug. Ihr blöden Scheißkerle zu Hause wißt ja gar nichts. Ihr wißt nicht, wie die Dinge wirklich sind, und sogar die Leute beim Fernsehen, die dafür arbeiten, die wissen auch nichts. Es ist zu riesig.«

Zwar war das, was er mit ihr tat, nichts anderes als das, was andere Jungen mit ihr später tun würden; aber als sie nach Lakeshore Point zurückkehrte, konnte sie nicht über seine Worte hinwegkommen. Es war etwas Verlorenes und Wütendes in ihnen, etwas Gewalttätiges. Sie hörte immer wieder die Gewalt in ihnen, wenn sie die Worte im Kopf abspielte, und in ihrem Körper war dieses vage, schwebende Gefühl, betäubt und erregt zugleich. Doris' Mutter bestand auf einem Samstag-Morgen-Einkaufsritual. Doris scheute sich davor, daß irgend jemand sie mit ihrer Mutter sehen würde, und ihr kleines, verschlossenes, gepflegtes Gesicht und ihr eher taubenhafter, arroganter Gang unterschieden sie recht deutlich von ihrer Mutter. Ihre Mutter hatte ein langes, freundliches Gesicht; es war Pech, daß ihre zwei Vorderzähne vorstanden. Doris' Eltern waren beide ziemlich unansehnlich und robust; Doris war geschmeidig und wirklich eine Überraschung. Während ihre Mutter in den Geschäften Unsinn plapperte, träumte Doris davon, was sie am Abend bei ihrem Date tun würde, und davon, ob es ihr nicht egal wäre, wenn der Junge sie wieder anriefe.

Alex' Mutter kannte Doris' Mutter flüchtig. Beide waren im Village Frauenclub. Doris' Mutter hatte eine ziemliche Menge Geld geerbt und schien sich dafür mit ihrem breiten, zähnebleckenden, zögernden Lächeln zu entschuldigen; Alex' Mutter kam aus weniger wohlhabenden Verhältnissen, war daher aufgeweckter und wußte, mit wem sie sich unterhalten und wen sie schneiden wollte; sie ging Doris' Mutter immer aus dem Weg. Samstags sah sie manchmal Mutter und Tochter beim Einkaufen – die Mutter begeistert in kurzen, plumpen

Schuhen mit dicken Absätzen dahingaloppierend und das Mädchen in einem kurzen Rock wie eine kleine Nutte angezogen. Bei solchen Gelegenheiten rief Alex' Mutter aus, »Hallo, Edith!« und segelte vorbei.

Ja, sie dachte mit unwillkürlicher Befriedigung, dieses Mädchen, wie hieß sie doch gleich, sah wie eine Nutte aus.

Sie hatte mit Alex ihre eigenen Probleme. Obwohl er achtzehn war, war seine Haut noch scheußlich; es war zum Erbarmen, ihn anzuschauen. Jeden Samstag packte sie ihn ins Auto und fuhr ihn in die Stadt – und sie konnte die Stadt nicht leiden – zu einem wirklich ausgezeichneten Hautarzt, der mit ihrem Mann im Sportclub Squash spielte, und der dem armen Alex Röntgen-Behandlungen verpaßte, Trockeneis-Anwendungen, eine Vielfalt von Tabletten und Hormonen und zahlreichen Salben. Der arme Alex mußte sein Gesicht mit einem weißen Schwamm waschen und einschäumen und dann abspülen, nur mit lauwarmem Wasser. Kein heißes Wasser, Akne wurde durch eine Übererregung der Talgdrüsen verursacht, hatte seine Mutter zu ihrem Mißfallen erfahren, und daher durfte er die Dinge nicht noch verschlimmern. Sie meinte, das Wort *Akne* sei mindestens so häßlich wie das Problem selbst. Es irritierte sie immer, ihren eigenen Sohn – einen so hochgewachsenen, schlaksigen Jungen! – aus dem Sprechzimmer des Arztes in das Wartezimmer kommen zu sehen, mit entschuldigenden, gebeugten Schultern, diesem halb gequälten, halb herausfordernden Grinsen und dieser schrecklichen blauvioletten Akne im ganzen Gesicht. Die Akne faszinierte sie in gewisser Weise. Sie war klumpig und schuppig zugleich. Manche Pickel waren sehr hart, wie Beeren; andere waren reif und weich und eitrig. Manchmal konnte sie kaum ihre Hände aus seinem Gesicht lassen, aber nein, nein, man quetscht diese Probleme nicht weg; nichts derart Gewalttätiges. Wenn Alex sich gründlich eingeseift und gründlich lauwarm abgespült hatte, trug er eine Spezialsalbe auf sein armes, unebenes Gesicht auf, und es war auch schockierend, ihn spät abends zu treffen – diesen hochgeschossenen, schmalen Jungen in seinem Pyjama, der unten nach etwas zu essen suchte, das Gesicht mit einem gespenstischen, weißen Film von Medizin bedeckt, der beim Gehen abblätterte.

Armer Alex.

Im Frühjahr seines letzten Schuljahrs begann sich etwas bei ihm zu ereignen. Er verlor den Appetit. Er ging vor sich hinmurmelnd umher, diskutierte über irgend etwas mit sich selbst. Sein Vater war fast den ganzen April in Washington. Seine Mutter hatte eine Reihe von Tee- und Mittagseinladungen; Alex fühlte sich irgendwie als ihr Beschützer, denn er wußte, daß seine Mutter sich fürchtete, allein zu sein, und daß ihre Einsamkeit durch diese ständige Runde von Partys verstärkt wurde, und dennoch fühlte er sich unwohl bei diesem Wissen und konnte nichts damit anfangen. Sollte er diese Art von Verständnis für seine eigene Mutter haben? War das richtig? Obwohl es ihm von Dr. Lurch verboten war, Schokolade zu essen, aß er sie heimlich, wie ein Zwölfjähriger. Wenn sein Vater anrief, jeden Abend um acht, bemühte er sich, nicht in der Nähe zu sein, obgleich er nichts lieber gewollt hätte, als mit ihm zu sprechen. Ihm war schwindlig, er hatte das Gefühl, wieder ein Kind zu werden ...

Seine Mutter begann, ihn inständig zu bitten. War er nicht ein intelligenter Junge, an der Spitze seiner Klasse? Was fehlte ihm also? Warum war er so streitsüchtig? Warum wehrte er sich so dagegen, seine Kleidung zu wechseln? Seine Unterwäsche? Ach, seine Mutter flehte ihn an! Alex wußte, daß er sonderbar wurde, aber er verstand es nicht. Er spürte eine merkwürdige Abneigung, sich zu duschen oder zu baden, und er putzte sich ungern die Zähne, weil ... wirbelte er nicht dadurch Keime auf ...? Aber darüber wollte er nicht nachdenken.

»Was wird dein Vater sagen?« jammerte seine Mutter.

Sie war eine hübsche, verschreckte Frau. Sie stand jeden Tag um halb acht auf, duschte sich und zog exzellente Kleider an, all das erforderliche Drum und Dran einer Frau, einschließlich hochhackiger Schuhe; sie ging jeden Tag gegen zwölf aus, um irgendwo Mittag zu essen oder Bridge zu spielen oder sonst etwas zu tun. Alex war nicht sicher, was – man wunderte sich, wie ungeheuer beschäftigt sie war. An den übrigen Tagen besuchten ihre Freundinnen sie, und sie bot ihnen einen Lunch an – meistens Huhn oder Shrimps oder Krabben in irgendeiner Sahnesoße mit einem köstlichen, geeisten Fruchtsalat –, und Alex hatte den Geruch solcher Tage sehr gern, das reiche Versprechen vom glücklichen Leben seiner Mutter. Er wollte sie nicht stören. Es wäre für jeden Sohn eine Schande, eine derart glückliche und beschäftigte Frau zu stören, und dennoch... er spürte, daß in der Tat mit ihm etwas nicht in Ordnung war, irgendein Loslösungsprozeß von seinem Körper, eine Angst und ein Mißtrauen seiner eigenen Haut gegenüber.

Für Mr. Godwin schrieb er einen freiwilligen Essay mit dem Titel »Die Grenzen der Realität«. Er war lang, weitschweifig und fiebrig. Er schrieb ihn spät abends und war ziemlich stolz auf gewisse Sätze: »Das Wesen von Krankheit könnte sehr wohl die eigentliche Realität sein, und die Überlebensmethode Anpassung. Isolation und Anpassung. Leben mit Krankheit. Nichts läßt sich wiederholen. Die Geschichte kommt und geht. Es gibt nur das pure Dasein. Meine Haut ist ein dichtes, schwärmendes Meer von Larven, die für das Auge unsichtbar sind...«

Er gab den Essay sehr aufgeregt am Freitag morgen ab, und am selben Abend ging er wider seinen Willen zu einer Party, auf den Wunsch seiner Mutter. Sie machte sich um sein »geselliges Leben« Sorgen. Es war eine Party für Pennäler in dem großen Haus der Paynes, und wahrscheinlich war er nur eingeladen, weil seine Mutter mit Mrs. Payne Bridge spielte, aus keinem anderen Grund.

Er verbrachte die meiste Zeit mit Essen, schaufelte sich mit den Fingern Soße in den Mund. Er aß eine Menge Krabben. Im Hobbyraum – der langgestreckt war, mit einer niedrigen Stuckdecke und einem großen Kamin am Ende, in dem kein Feuer brannte – tanzten Paare im Dunkeln. Alex kannte alle flüchtig und hielt nichts von ihnen. Betty Payne war ruppig zu ihm gewesen, was hieß, daß sie gezwungen worden war, ihn einzuladen. So blieb er also für sich, und sein Gesicht erstarrte, während er die Krabben aß, in einem wissenden, philosophischen Grinsen.

Im Hobbyraum war ein Tumult entstanden. Ein Mädchen, weiß angezogen, stampfte auf den Boden und warf sich herum, in Bewegungen, die entweder ein neuer Tanz oder eine Art Anfall waren. Sie schlug ihren Körper, sie warf ihre Arme wild in die Luft, ließ ihr langes Haar ins Gesicht fliegen – und nach der Art, wie die anderen sie beobachteten, kam Alex zu dem Schluß, daß es ein Anfall war. Das Mädchen hatte einen mageren, zerbrechlichen Körper, und ihre Beine waren ziemlich dünn; es war Doris Moss. Sie gehörte zu einer Clicque, die für Alex seit Jahren ein Begriff war, ohne daß sie ihn wirklich interessierte; denn er hatte jeden Montag in der Schule von ihren ewigen Abenteuern und Mutproben gehört. Er hatte eine ganze Reihe von Dingen über sie gehört, aber er glaubte nicht alles, was er hörte. Das Mädchen Doris stampfte weiter in ihren glänzenden, weißen, flachen Schuhen auf den Boden, genau wie ein Kind, und ein Junge schrie ihr etwas ins Gesicht.

Sie wirbelte herum, stolzierte aus dem Raum und gerade auf Alex zu. »Hey, Alex, wie geht's«, sagte sie mit spöttischer Stimme. »Komm, wir fahren spazieren und verschwinden hier. Hast du ein Auto?«

»Ich bin zu Fuß hergekommen.«

»Ich hab ein Auto. Los.«

Ihr Gesicht war naß von Schweiß, und Haarsträhnen klebten darin. Ein paar junge Leute beobachteten sie, aber Alex beachtete sie nicht. »Los, los«, sagte sie mit heiserer, flirtender Stimme, indem sie Alex an der Hand zog. »Laß uns hier verschwinden, eh ich ersticke.«

Alex folgte ihr, angenehm überrascht. Sie berührte ihn immer wieder mit ihren kleinen, blitzschnellen, nervösen Händen, und er fragte sich, ob in ihm vielleicht ein neues Selbst aufsteigen könnte, ein neuer Alex, beliebt und selbstsicher. Aber als sie das Haus verließen, sagte sie, »Warum hast du keine Freundin?« Das verletzte ihn etwas, und er antwortete nicht. »Bist du schwul?« fragte sie mit einem glücklichen Fußstampfen. Sie drehte sich herum und lachte ihm ins Gesicht. »Da ist mein Auto. Es ist eingekeilt«, stellte sie fest und zog an ihm. »Nein, schau nicht in das Auto, laß sie in Ruhe! Du bist wirklich schwul, nicht?«

Sie stiegen in ihr Auto, und es gelang ihr, aus der Parklücke herauszukommen, indem sie über den Rasen fuhr. Sie mußte ein paar Mal vor- und zurückfahren, sie drehte das Lenkrad geduldig, und schließlich gelang es ihr herauszukommen. Alex beobachtete den Hauseingang, ob jemand auftauchen und sie anschreien würde, aber niemand kam.

»Warum hast du kein Auto? Warum hast du keine Freundin?«

»Ich weiß nicht. Mag sie nicht.«

Ihre muntere, freche Art tat gut, weil damit nichts von ihm erwartet wurde. Sie redete so schnell und so laut, daß sie ihm kaum zuhörte. »Nein, wirklich, sag doch bloß einmal die Wahrheit«, sagte sie, indem sie ihn in die Rippen boxte, »Ist es etwas Religiöses oder so? So wie du dich benimmst?«

Er hatte bei der Party getrunken, aber das hatte Alex nicht freier, mutiger gemacht. Vielmehr fühlte er sich heiß und nervös. Während Doris die Allee entlangfuhr, lachte sie immer wieder, sonderbar, neckend. »Alexander Junior!« sagte sie mit einem Kichern. Dann schlug ihre Neckerei in eine Art falsche, zuckrige Besorgtheit um. »Dein Vater ist doch irgendwie goldig. Ich mag deinen Vater. Warum ist dein Vater heute abend nicht zu dieser miesen Party mitgekommen?«

Sie fuhr unvorsichtig und stieß ihn immer wieder und neckte ihn, und Alex fragte sich, ob Mädchen sich Jungen gegenüber immer so benahmen; er war sich nicht sicher, ob ihm das gefiel oder nicht.

»Erzähl mir, was du dieser Tage so treibst«, befahl Doris. »Trägst du die Zahnspangen noch? Was ist denn mit deiner Haut los? Erzähl mir was von deinem Vater. Erzähl mir irgendwas, sag doch bloß was«, lachte sie.

Sie ließ ihren Kopf zurückfallen, und ihr Mund öffnete sich weit. Auf ihren zarten Ohren glitzerten winzige Ohrringe; die gefielen Alex. Er war froh, daß er etwas an ihr gefunden hatte, was ihm gefiel.

»Mein Freund hat mir Ohrlöcher gestochen. Das war jemand, den du nicht kennst, irgendein Scheißkerl. Ich geh nicht mehr mit ihm. Erst desinfiziert man es, und dann tut man ein Stück Watte hinter das Ohr, um diese – wie heißt das gleich – diese Vene oder Arterie oder was auch immer, zu schützen – aber jedenfalls hat es viel geblutet. Meine Mutter hat mir diese Ohrringe zu Weihnachten geschenkt.«

»Sie sind sehr hübsch.«

Sie streckte sich herüber und faßte seine Hand. »Magst du mich? Findest du mich schön? Was denkst du gerade?«

»Ich hab irgendwie Kopfschmerzen . . .«

»Ich hab so ne verrückte Idee, eine tolle Idee, da ist dieses kleine Kind, das ich auf eine Spazierfahrt mitnehmen will. Komm, wir nehmen es mit. Sonntags fahren die Leute mit Kindern am Seeufer hin und her, schaun auf den See, also komm, wir holen es, ja?« Um ihren Mund waren Speichelflekken. Alex starrte sie an und spürte, wie sein Kopf ziemlich zu schmerzen begann, und er fragte sich, wie er dieser Situation entkommen könne. Sie fuhr schnell und unvorsichtig. Sie bog in eine dunklere Straße ab und raste sie entlang, hielt nicht an den Kreuzungen, und nach einer Weile bremste sie den Wagen heftig vor einem Bauernhaus. Alex saß verwirrt im Auto, und sie lief hinaus.

Ein paar Minuten später erschien sie an der Haustür, trat heraus, und dann drehte sie sich um und lief den Weg herunter mit etwas in den Armen. Es war ein Baby. »Sieh mal. Das ist das Baby von meinem Bruder Dorsey. Schau's dir an. Es ist mein Neffe. Was sagst du jetzt, ich bin Tante. Nein, laß mich fahren, ich will fahren«, sagte sie grob, obgleich er nur herübergerutscht war, um zu sehen, was sie im Arm hielt. Es war tatsächlich ein Baby.

»Was ist das?«

»Wonach sieht's aus?« lachte sie. »Ich hab dem Kind drinnen gesagt, sie ist in der siebten Klasse von Cooley, ich hab ihr gesagt, wir seien gleich zurück, wir wollten das Baby spazieren nehmen. Es ist irgendwie ein nettes Baby. Hier.«

Alex wollte das Baby nicht halten, weil er meinte, er könne

das nicht, wisse nicht, wie er es halten solle, würde es erschrek-
ken. Aber sie warf es ihm zu und startete den Wagen wieder.

»Aber vielleicht sollten wir nicht –«

»Ach, halt die Klappe«, sagte sie. Das Baby begann zu wimmern, und Doris schaltete das Radio an. »Das ist ein mieses
Auto. Es ist nicht mein Auto. Es ist Freds Auto, Fred Smith,
kennst du ihn? Natürlich nicht.«

»Fred Smith?«

»Du kennst ihn nicht, du kennst niemand. Kannst du denn
das Baby nicht dazu bringen, daß es zu schreien aufhört? Was
für ein Vater bist du nur?«

Alex versuchte, das Baby zu wiegen, und es hörte auf. Er
hatte das Gefühl, daß sich eine Art Betäubung über ihn legte,
als sei er wirklich ein Vater, und die rasende, schwitzende
Doris, die neben ihm saß seine Frau, eine Mutter. Er starrte
ehrfürchtig auf das Baby hinunter. »Fred ist dieser Kerl, mit
dem ich so'ne Art von Verhältnis hab, er ist wirklich irre. Er ist
wirklich komisch, er ist von Olcott. Er hängt mit keiner Clicque
herum. Das ist Freds Auto, er hat es mir für heute abend
geliehen, ich war in seiner Wohnung und hab es rübergefah-
ren, meine Mutter dachte, ich wäre bei Toni Sargants Eltern.
Da ist heute abend eine Nachthemdparty. Sie meint, daß ich
dahin fahr, aber das tu ich nicht.«

»Wohin fährst du denn dann?« fragte Alex mißtrauisch.

Er hielt das Baby und wiegte es sanft, als wolle er sie damit
anklagen.

Das Mädchen warf ihm einen seitlichen Blick zu. Er kam
nicht klar mit ihrem wilden Geplapper und dann fiel im plötzlich das Gerede in der Schule über gewisse junge Leute ein, die
Tabletten nahmen; Doris war auch erwähnt worden. Er sah es
sofort, natürlich war sie high. Sie sah unter dem Schweiß
eigenartig wächsern aus, wie eine Puppe. Bei normalem Licht
besehen wäre sie ein Mädchen von etwa sechzehn mit leichter
Stupsnase gewesen; im wechselnden, gebrochenen Licht der
Drive-in-Restaurants und Tankstellen, an denen sie vorbeifuh-
ren, sah sie aus, als wäre ihre Haut um die stumpfen Höhlen
und Falten ihres Gesichts schmerzhaft angespannt.

»Wir sollten lieber zurückfahren«, sagte Alex.

»Dieser Fred ist furchtbar komisch. Er lebt allein«, fuhr Doris fort. Ein entgegenkommendes Auto blendete die Scheinwerfer auf und hupte schließlich, um sie auf ihre Straßenseite zurückzudrängen. »Ich habe gesagt, ich wäre gegen zwölf zurück, aber ich wurde von jemand aufgehalten, von diesem Tommy, aber er hat mich verrückt gemacht . . . und Fred wird sauer sein, aber . . . aber ich weiß nicht, ob ich in seine Wohnung zurückgehe . . . ich weiß nicht. Ich sollte sein Auto zurückbringen oder er wird sauer sein. Ich hab den Bus zu seiner Wohnung genommen, aber das war tagsüber . . . aber wenn ich zurückgehe, wird er mich zwingen zu bleiben . . . er ist irgendwie komisch . . . Er ist vierundzwanzig.«

»Doris, wir sollten zurückfahren. Komm, wir bringen das Baby zurück.«

Ihm war etwas schlecht. Doris war ziemlich weit rausgefahren und war jetzt in einem dunklen, unbedeutenden Vorort, wo sie die Hauptstraße entlangraste. »Ich will raus aufs Land«, sagte sie wütend. »Ich hab das alles so satt, ich könnte kotzen. Wir haben eine Hütte oben im Norden, zu der wir fahren könnten, keiner würde darauf kommen. Mein Bruder Dorsey, er ist ein verdammter Angeber, er ist eigentlich mein Stiefbruder, und er ist furchtbar viel älter als ich. Ich kann mich nicht an ihn erinnern, wirklich. Vielleicht war es gar nicht sein Haus. Doch, ich glaube doch. Ich habe dem Babysitter gesagt, meine Schwägerin wolle das Baby, und sie hat mir geglaubt, und ich bin eigentlich ziemlich sicher, daß es das richtige Baby ist, mein Neffe. Es müßte Walter heißen . . . Ist das nicht ein blöder Name für ein Baby?« sagte sie wütend.

Das Baby fing wieder an zu schreien, als sei es erstaunt über ihre Bemerkung. Alex starrte hilflos auf es hinunter und hatte wieder das magische Gefühl, er sei sein Vater: sie beide bedrängt durch die grausamen, verrückten Worte seiner Mutter. Er fragte sich plötzlich, ob nicht vielleicht die Gefahr bestünde, daß sie das Baby anstecken könnten. Seine Hände, in denen er es hielt, waren sehr groß; in dem gefleckten Licht sah seine Haut gefährlich und schuppig aus.

»Ich weiß was, komm, wir spielen Dorsey einen Streich. Wir machen ihn fertig«, flüsterte Doris.

»Was?«

»Komm, wir bringen es um.«

»Was?«

»Das Baby hier«, sagte Doris. »Ist das nicht 'ne irre Idee? Hey? Was meinst du?«

Sie hielt den Wagen an. Sie lehnte sich zu Alex hinüber und starrte auf das Babygesicht; Alex rückte von ihr weg. »Wir könnten es versehentlich aus dem Auto fallen lassen. Wir könnten sagen, es sei von selbst rausgefallen. Irgendein andres Auto würde es überfahren, nicht wir. Wir könnten zuschauen... Wir könnten ihm dieses Tuch in den Mund stopfen, was meinst du, ist das nicht irre? Was meinst du?«

Alex' Kopf hämmerte wie wild. »Du bist verrückt«, sagte er.

»Wer ist verrückt?«

»Du, du bist verrückt. Warum willst du so was machen?«

Doris lachte, lachte ihn an. Ach, er war absurd intelligent; er würde darüber genausowenig hinwegkommen wie über seine Akne. Doris lehnte sich lachend gegen den Sitz zurück, bis sie wütend zu schluchzen begann. Alex starrte sie an. »Soll ich zurückfahren?« sagte er vorsichtig.

»So ein blöder Scheißkerl wie du kann doch nicht fahren«, murmelte sie.

Sie sagte nichts weiter. Ihr Blick war auf etwas vor ihr fixiert, vielleicht auf das Armaturenbrett. Oder auf nichts. Ihr Mund öffnete sich in hastigem, abgehacktem Keuchen. Ab und zu kicherte sie krampfhaft, und Alex wartete entsetzt, aber sie sagte nichts. Er meinte schüchtern, »Ich fahr zurück«, und Doris zeigte keinen Widerstand, als er sich zu ihr hinüber hinter das Lenkrad quetschte.

Er fuhr zu dem Haus der Paynes zurück, parkte auf der runden Einfahrt und ging allein nach Hause, furchtbar verstört. Seine Angst war eine Art Vergiftung, und er konnte nicht richtig denken.

Später hörte er dann, daß man die Polizei gerufen hatte, daß das Baby Doris' Bruder gehörte, und daß man Doris bewußtlos im Auto gefunden hatte; das Baby schrie auf dem Sitz neben ihr.

Und wer sollte wissen, daß Alex dabei war?

Er erzählte niemandem davon, niemandem. Sein Vater kam aus Washington zurück und führte ein Gespräch mit ihm. Er war ein ernsthafter, gutaussehender, beschäftigter Mann, und es war eine ernsthafte Angelegenheit, daß er sich die Zeit nahm, so ausführlich mit Alex zu sprechen. Er sprach über Normalität, »Meinst du, daß es normal ist«, sagte er, »dreckige Kleider zu horten? Deine Strümpfe nicht zu wechseln, sie im Bett anzuhaben?«

»Ich störe niemanden«, murmelte Alex.

»Deine Mutter sagt, daß es immer schlimmer wird. Es wird immer schlimmer. Und was ist mit diesem Essay, den du geschrieben hast?« Mr. Godwin hatte Alex' Vater wegen des Essays angerufen. Es war keine Überraschung: Alex hätte so etwas nicht schreiben sollen. *Was ist Realität? Realität sind Keime und Mikroben und ansteckender Schaum . . .*

Während er zuhörte, wie sein Vater diese merkwürdigen, ärgerlichen Worte vorlas, war er hin- und hergerissen zwischen dem Wissen, daß was er geschrieben hatte Wahnsinn war, und der Hoffnung, einer schrecklichen Hoffnung, daß sein Vater mit Respekt zu ihm aufschauen würde. Aber sein Vater hielt den Aufsatz beim Lesen in einiger Entfernung, wobei sein Mund die seltsamen Worte behandelte, als seien sie selbst ansteckend. Schließlich sagte er, »Meinst du, das ist das Werk eines *normalen Verstandes?*«

An dieser Stelle brach Alex zusammen. Er gestand seinem Vater den schrecklichen Geruch seiner Haut, die Infektion seiner Haut, das Gefühl von Krabbeln und Nagen und Flattern . . . Ach, es war schrecklich, es war schrecklich, und seine Stimme stieg hysterisch an; er begann sich zu kratzen. »Es ist überall an mir, ich habe versucht, es zu verbergen, aber es ist schlimmer geworden. Ich will nicht, daß es sich durch die Luft verbreitet oder so . . . die Röntgen-Behandlungen helfen, es ist nicht im Gesicht. . . . es müßte weggebrannt, nicht aufgewirbelt werden, das ist die Gefahr, wenn ich mit all den anderen in

Kontakt komme, ich will nicht, daß es aufgewirbelt wird und andre Leute ansteckt . . .«

»Was fehlt dir? Wovon redest du?« wollte sein Vater wissen. Sein Vater zeigte keine Angst; er war ruhig und logisch, und Alex versuchte, es ihm gleichzutun, obwohl die Keime sich krebsartig auf seiner Haut vermehrten, während er sprach; so aktiv, so ruhelos! Die Haut kroch sogar über seine Knochen, und seine Kopfhaut bewegte sich von selbst. »Ich meine, es könnte behandelt werden, aber ich will nicht in der Schule fehlen«, sagte er traurig. »Ich weiß, irgendwas ist nicht in Ordnung mit mir, ich weiß, es ist nicht normal, und es tut mir leid. Es tut mir leid. Bitte, sag Mutter nichts, sonst macht sie sich Sorgen. . . .«

Also wurde er von seinem Vater zu Dr. Mate gebracht, einem Freund seines Vaters von der Harvard Medical School. Dr. Mate war Psychiater, er war auf die Behandlung gestörter heranwachsender Jungen spezialisiert. Alex' Problem wurde nicht als ernsthaft beurteilt, weil keine Tendenz zu Gewalttätigkeiten bestand, und es war nicht mal etwas Ungewöhnliches: eine Neurose, durch ödipale Aggressionsgefühle ausgelöst und weiter verstärkt durch ein Minderwertigkeitsgefühl und Frustration. Er kratzte sich, nach Dr. Mates Meinung, weil er seinen Vater nicht kratzen konnte. Aber sein »Problem« verschwand dadurch noch nicht. Nach vielen Sitzungen bei diesem Arzt, der Alex an seinen eigenen Vater erinnerte, wurde Alex zu verstehen gegeben, daß sein Verstand krank war und nicht seine Haut. Sie vereinbarten für ihn, daß er eine Zeit in einem Krankenhaus names Oakridge Manor verbrachte, etwa zwanzig Meilen von zu Hause, und er wurde verwarnt, den anderen Patienten nichts zu sagen über sein Geheimnis, daß nämlich seine Haut infiziert sei und von Bakterien wimmle. Oakridge Manor kostete sechzig Dollar pro Tag, war es aber wert, sagte man. Nach einiger Zeit ließ Alex' Vater ihn in ein anderes Privatkrankenhaus verlegen, Foxridge Manor. Er durfte an den Wochenenden nach Hause kommen. Er mochte diese Besuche zu Hause gern, aber er konnte sich nicht entspannen; er schleppte sich vorsichtig und steif durch die vertrauten Räume, sein eigenes ehemaliges Zimmer, die hübsche Toilette unten, und wenn er sprach, war es mit vorsichtiger, steifer Stimme. Seine Mutter sprach mit ihm darüber, wie das Wohnzimmer aussehen würde, wenn es gestrichen sein würde und die Vorhänge ausgewechselt.

»Aber warum sitzt du so da? Du kannst die Arme ruhig auf dem Tisch liegen lassen, bitte, Alex, sitz nicht so da – du weißt doch, daß du völlig gesund bist, bitte«, sagte seine Mutter.

»Ja, ich weiß. Das stimmt«, sagte Alex.

»Warum sitzt du denn dann so komisch da?«

»Es tut mir leid. Ich weiß, mir fehlt nichts.«

Sie beeilte sich, über die Malergewerkschaft zu reden und den schrecklichen Kampf, den eine ihrer Freundinnen mit einem Maler ausgestanden hatte. Zuerst hatte er die Wände im Eßzimmer der Freundin weiß gestrichen, und dann hatte er sich offensichtlich mit seinen schmutzigen Händen darangelehnt – und dadurch waren die Wände fleckig und beschmiert – und was er meine? Was meinte Alex, was dann passierte?

Alex sagte unsicher, »Draußen im Krankenhaus war neulich ein Mädchen, es kam mir so vor, als ob ich sie kenne. Sie saß im Lesezimmer. Sie blätterte ein paar Zeitschriften durch. An ihren Fingern waren kleine Schorfstellen, es sah so aus, als würde sie an ihren Fingernägeln kauen, aber. . . aber vielleicht war es kein Schorf, ich kam nicht so nah heran . . . Ich dachte, es wäre Doris Moss.«

Seine Mutter sagte langsam, indem sie seinen Augen auswich, »Ja, es ist furchtbar traurig mit Doris. Natürlich weiß ich nichts darüber. Aber irgendein Junge hat sie zusammengeschlagen. Ein Mann. Er hat sie vor ein paar Wochen in irgendeiner scheußlichen Wohnung in der Stadt sehr übel zusammengeschlagen. Es war so ein Schock.«

»Was passierte dann?«

»Ihr, meinst du? Ich weiß es nicht.« Sie starrte Alex mit ihrem leeren, flachen Blick an, eine hübsche, bestürzte Mutter, die zu viel gesehen und über zuviel nachgedacht hatte, die bestimmt gewesen war für ein Leben mit Lunchs und Dinners und die Erfüllung einer guten Ehe und Freude an einem erfolgreiche Sohn . . . und statt dessen war das passiert. Sie starrte ihn an.

»Sie ist nicht gestorben oder so?« sagte Alex.

»Ich glaube nicht, nein, sie ist nicht gestorben. Ich weiß nicht, was ihr passiert ist«, sagte seine Mutter. Das Telefon im Nebenzimmer begann zu klingeln. »Das ist der Unternehmer mit dem Voranschlag«, sagte sie entschuldigend und mit einem Anfall von mäßigem Enthusiasmus; einen angemessenen Augenblick später stand sie auf und ging ans Telefon, und Alex hörte sie im Nebenzimmer über die Wände des Wohnzimmers sprechen. Sie sollten entweder weiß oder austernfarben gestrichen werden. Das war das Ende ihres Gesprächs über Doris Moss, und das Thema kam nie wieder auf.

Ins Deutsche übertragen von Barbara von Bechtolsheim

Der Täter

Es gibt solch eigenartige, häßliche Zeiten, wenn dein Körper durchsichtig scheint, die Haut zu eng gespannt, irgendwas, so daß der erhöhte Herzschlag und das unaufhörliche Zischen des Bluts durch die Venen Anlaß zur Sorge scheinen, nicht nur für dich selbst, sondern für jeden, der dich beobachtet. Ich wußte das früher, aber hatte es vergessen; während ich im Wartezimmer des Krankenhauses sitze, erinnere ich mich. Außerhalb des Krankenhauses, jenseits seines hellen, grünen Rasens und der makellosen, gekehrten Wege, gehen die Leute ohne dieses Wissen umher. Es ist Frühling, Mai. Warum sollten sie sich auch mit diesem Wissen belasten? Wenn sie einen Blick auf das Krankenhaus werfen, ist es ein Anblick, der ihre Gedanken nicht schärft, sondern zerstreut; denn warum sollten sie sich an die Durchsichtigkeit ihrer Körper unter ihren hübschen Kleidern erinnern lassen?

Und außerdem ist es ein Wochentag; ich habe zwischen all den anderen Wartenden das Gefühl, daß ich irgend etwas schwänze. Vor Jahren hätte ich mich schuldig gefühlt, in der Schule zu fehlen. Wo fehle ich heute? Zu dieser Tageszeit – zehn Uhr dreißig morgens – gehört jeder irgendwohin. Wir sind die, die aus der gewöhnlichen Routine ausgesondert sind, weil etwas schiefgegangen ist. Wir sind uns eines Fehlers irgendwo bewußt. Die wir besuchen wollen, sind mit Kissen gestützt, Schläuche werden ihnen angepaßt, Blut in ihre gleichgültigen Arterien gepumpt: Wer weiß, welche Magie hier im Spiel ist? Die Krankenschwestern sind jung und gesund

167

und auf professionelle Art unpersönlich. Sie kennen Geheimnisse, die man uns hier draußen nicht anvertrauen kann. Unsere Körper würden sich solchem Wissen verweigern. Es wird hinter Mauern von uns ferngehalten. Wenn wir das Krankenhaus verlassen und in die frischere Luft eilen, werden sie sich für uns um unsere Geheimnisse kümmern und uns das Denken ersparen. Und später, wenn dann unsere Lieben tot sind, oder wieder gesund und frei wie wir, können auch wir am Krankenhaus vorbeigehen, ohne es zu sehen.

Mein Freund sitzt neben mir und klopft Asche in den verschmutzten Aschenbecher. Er hat einen Bodenständer und ist aus Metall, mit einer Musterung, die Holz andeuten soll; sein ehemaliges, blitzendes Glänzen ist von Rostflecken verdorben. Kaufhaus, Billigabteilung. Ein Klumpen rosafarbenen Kaugummis mit winzigen Zahnspuren liegt in dem Aschenbecher; glücklicherweise ist es die Art Drehaschenbecher, die man so aufmachen kann, daß der Kaugummi durchfällt und verschwindet.

Mein Freund schaut mich an, nachdem er das getan hat, aber ich habe weggesehen. Unmöglich, die Liebe aufrecht zu erhalten, wenn wir solche Sachen gemeinsam erleben. Als ich zu ihm zurückschaue, ist der Kaugummi weg, er hat seine Beine wieder übereinander geschlagen, er lächelt mich zögernd an.

Zeit für den Besuch. Mein Freund bleibt sitzen. Er weicht dem Blick der Schwester aus, und der nicht legalisierte, inoffizielle Charakter unserer Beziehung wird offenbar. Er und ich sind nichts füreinander, nichts was man zu den Akten legen kann. Angesichts der Extreme von Leben und Tod werden wir uns trennen. Ich folge der Schwester den Flur entlang. Die Empfangshalle muß erst kürzlich angebaut worden sein, denn Boden und Wände sehen gut aus. Sobald man sie verläßt, beginnt das schäbige, fast dumpfe Krankenhaus selbst... Krankheit und Tod! Sie sind würdelos. Hier herrscht die bezahlte Anonymität von öffentlichen Gebäuden mit Personal und Schaltern, die Anonymität gewisser Polizeistationen und öffentlicher Bibliotheken im Zentrum amerikanischer Großstädte. Sterben muß in dieser grauen, unpersönlichen Umge-

bung leichter sein, denn deren mattweiße Wände und ange-
schlagene Betten und geräuschlose Rollstühle haben nichts an
sich, was einem die Welt beneidenswert erscheinen ließe. Oder
sage ich das, um mich selbst davor zu bewahren, Angst zu
spüren? Die Krankenschwester geht voran, in gummibesohl-
ten, weißen Schuhen. All das Geld, was er bezahlt, und was ist
nun daran so gut . . .? Ich versuche, entschlossen und praktisch
zu sein; mein Vater konnte an mir diese Eigenschaften bewundern.

Und hier ist er plötzlich. Von Kissen gestützt, wie ich es mir
vorgestellt hatte, und doch nicht der Mann, den ich mir vorgestellt hatte. Er ist noch immer betäubt und verwirrt. Er ist alt.
Wir stellen uns unsere Väter nicht so vor, wie sie sind, sondern
wie sie uns früher schienen – als wir vielleicht zehn waren, und
alles noch lebendig und unkompliziert war. Wir haben nicht
den Mut, sie zu sehen, wie sie sind, als wäre das Betrug.

»Er hat das Sonnenlicht gern. Er hat sich zum Frühstück
aufgesetzt«, sagt die Schwester. Sie ist hübsch, mit braunem
Haar. Trotz ihrer weißen Uniform und der sicher, geübt ausse-
henden Hände, die an den Tod gewöhnt sind, sehe ich sie nicht
in ihrer Krankenhausfunktion, sondern als Frau – jemand, den
mein Freund vielleicht gern anschaut, während er da hinten
mit dem alten, zerknüllten *Time Magazine* wartet. »Bitte,
strengen Sie ihn nicht an«, sagt sie, als sei er ihr Vater und
nicht meiner.

Ich sitze am Fenster, in einem blaßgrün gestrichenen Korb-
stuhl. Das Krankenhauszimmer ist kleiner, als ich es erinnerte.
Dafür so viel Geld? Aber es ist teuer, dieser Tod und dieses
Sterben, plötzlich ist kein Platz für die ökonomische Sicht, die
uns so viele Jahre lang geleitet hat. Der alte Mann im Bett
beobachtet mich aufmerksam, als könnte ich eine plötzliche
Bewegung machen. Seine Augen sind noch immer klug, obwohl Gesicht und Körper ausgezehrt sind. Oder sind sie klug?
Solche Sachen nimmt man aus dem Krankenhaus mit, eine
kleine halbgeflüsterte Bemerkung für Freunde, die sie hören
wollen. Ich sitze da und spreche zu ihm, beuge mich nach vorn.
Ich bin mir wieder meines Körpers bewußt, als wäre er durch-

sichtig, und meines nach vorne drängenden Rückgrats. Was ist das auf seinem Tisch? Etwas aus Gummi, rotbraunes Gummi? Alles macht mir Angst. Ich rede und rede, über Verwandte, über den Rasen zu Hause, über die Eichhörnchen, die Löcher in den Rasen graben, über den Mann in der Straße mit dem lästigen Hund... Wenn einige dieser Themen ihm bekannt sind, gut. Mein Vater will nur das hören, was er schon weiß. Dieser vernichtende Schlaganfall, der seinen Körper gelähmt und seine Sprache zerstört hat, machte lediglich deutlicher, was er schon immer war – aber daran darf ich nicht denken. Etwas tut mir im Hals weh. Solche Dinge darf ich über Sterbende nicht denken.

Ich rede weiter. Ich glänze wie der Sonnenschein, der durch das vorhanglose Fenster kommt, glänze wie die billigen Griffe der Schubladen in dem Metallnachttisch. Es kommt mir in den Sinn, daß ich in das falsche Zimmer gestolpert bin und mit dem Vater eines anderen spreche. Gut, gut. Dann ist jemand im Zimmer meines eigenen Vaters und plaudert daher, als würde niemand leben oder sterben oder leiden, sondern als wäre der Horizont menschlichen Lebens säuberlich abgesteckt durch Nachbarn, Verwandte, Hunde, die neuesten Nachrichten von... wohl vergessenen Freunden, oder von Freunden, an die man sich nie richtig erinnerte.

»Tante Thelmas Nachbar, der, du weißt schon, der in der Verlosung das Auto gewonnen hat, also, sie sind damit nach Florida gefahren und rat mal, was... da unten hatten sie einen Unfall.« Ich bin pflichtbewußt und stolz auf mich, so etwas zu berichten. Hätte ich nur mehr Unglücksfälle, die ich ruhig auf sein Bett legen könnte! Aber sein Schlaganfall ist von jemand verursacht worden, der ihn geschlagen hat, ein nicht identifizierter Täter. »Nicht-identifizierter Täter.« Man ist nicht sicher, ob er sich daran erinnert oder nicht, als sollte ich nicht von Gewaltanwendung reden. Autounfälle passieren nur denen, die sie verdient haben: Eigenartigerweise war er immer dieser Ansicht. Also kann ich über Autounfälle sprechen. Aber alles andere kann schlecht für ihn sein: Blumentöpfe, die versehentlich aus Fenstern auf unschuldige Köpfe fallen, Kinder, die zufällig in Gräben ertrinken, »Mann versehentlich von Strom getötet bei Arbeit an Fernsehgerät . . .« Dieser nicht-identifizierte Täter! Während ich fröhlich zu dem faltigen, stummen Gesicht meines Vaters spreche, frage ich mich, was dieser Täter jetzt gerade tut.

Mein Vater atmet ruhig. Ärgert er sich über meinen Körper, durchsichtig wie er ist? Gekennzeichnet für einen Gegner wie er ist? Er muß einfach seine Augen zusammenkneifen gegenüber meinem sprechenden Mund, während er sich fragt, wie es kam, daß er diesem Mund irgendwie zum Dasein verholfen hat. Er muß mir das Leben mißgönnen, das er mir gegeben hat; vielleicht langweile ich ihn sogar. Mich langweilt das Selbst, das er in mir beflügelt. Und indem ich in schuldbewußtes Schweigen verfalle, mit einem schwachen, angestrengten Lächeln auf den Lippen, denke ich an das liebenswertere Selbst, das andere in mir beflügeln, und daran, wie das stets meine Zuneigung zu ihnen bestimmt hat. Sobald ich in die Halle zurückeile und mein Freund zu mir aufschaut, wird ein anderes Selbst auftauchen; dieses gesprächige Selbst, dieses töchterlich-mütterliche Selbst, wird in dem antiseptischen Geruch des Krankenhauses zurückbleiben. Ein anderes Selbst! Denkbar absurd, ertappe ich mich dabei, mein Spiegelbild in der harten glänzenden Oberfläche des Metallnachttisches sehen zu wollen.

Und dennoch liebe ich diesen Mann, der reglos im Bett sitzt. Ich liebe ihn, aber wir sind miteinander gelähmt. Er stirbt und ich lebe, und wie Menschen, die verschiedene Sprachen sprechen, sind wir gewöhnlich voll Angst und Langeweile, wenn wir zusammen sind. Ich vermag nichts von seiner in meine eigene Sprache zu übersetzen. Er versucht, unter Schmerzen zu sprechen – er kann nicht sprechen. Sinnlose Worte kommen aus ihm. Ich höre ihm zu, mein Rückgrat in dieser törichten Vorwärtshaltung, die ich gerade gelernt habe. Nie zuvor habe ich so gesessen, ehe ich in dieses Zimmer kam. Ich höre zu; ich runzle die Stirn; ich starre auf den Boden. Nichts. Ich liebe ihn, aber das kann ich ihm nicht sagen, denn sobald ich das Wort »Liebe« aussprechen würde, hätte das Wort keinen Sinn mehr.

Welche kleinen Kinkerlitzchen und Andenken können wir Menschen auf ihren Sterbeweg mitgeben? Am Ende müssen sie alles geringschätzig wegwerfen, so wie wir Speicher und Schubladen von Sachen säubern, die anderen Leuten gehören.

Danach fahren mein Freund und ich aufs Land, weg vom Krankenhaus. Es ist bald Mittag, offensichtlich. Die Leute gehen essen. An einer Schulkreuzung muß mein Freund ungeduldig warten, während eine Frau mit einer weißen Binde um Taille und Brust ein STOP-Schild hochhält. Kinder laufen über die Kreuzung; wir beobachten sie interesselos. Negerkinder und weiße Kinder. In der Frühlingsluft sind sie energiegeladen und wild; ungeachtet ihrer Hautfarbe sind sie beieinander, und ihre Schläge werden offen verteilt, ohne Unterschied. Die Frau läßt müde den Arm fallen. Mein Freund – dessen Gesicht im Profil hart ist und angeschlagen zu sein scheint, so tief ist die Rille zwischen Lippe und Kinn – fährt weiter.

Ehe wir das Land erreichen, halten wir an einem Park, in dem ich ein paarmal gewesen bin: ich glaube, es war früher ein Volksschul-Picknickplatz. Ein ziemlich großer Park für die Stadt. Auf den Plätzen spielen Leute Tennis, während wir über das verdorrte Gras schlendern. Mein Freund raucht eine Zigarette, als wäre das ein Angebot an mich – eine normale Ablenkung, etwas, das er tun kann, ohne zu sprechen. Wie allen Männern, die sich ihres Körpers bewußt sind, ist ihm das Zusammenbrechen eines anderen Körpers auf eine seltsame Weise peinlich. Er ist meinem Vater niemals begegnet und wird dies auch nie – mein Vater hätte ihn nicht leiden können und er meinen Vater nicht –, trotzdem hat er das Gefühl eines Bündnisses. Aus Achtung vor dem Leiden dieses unbekannten Mannes runzelt er die Stirn und schiebt unnötigerweise seine Sonnenbrille auf der Nase hoch. Wir beobachten die Tennisspieler. Ein orientalischer Junge in weißen Shorts mit nackter braungebrannter Brust. Wunderbare, elegante Schläge; ein Blinken triumphierender Zähne. Sein Gegner trägt dunkle Hosen und sieht aus, als fühle er sich nicht wohl, obgleich er gut spielt.

»Ich habe früher dauernd Tennis gespielt«, sagt mein

Freund. »Ich habe einmal den zweiten Platz in einem Turnier gewonnen – nur ein städtisches Turnier.«

Aber das macht mich traurig, denn obgleich er ein junger Mann ist, verweist sein Ton auf etwas weit zurück in der Vergangenheit. Wir gehen weiter. Auf einem anderen Platz spielen zwei Mädchen. Zwei Frauen. Sie sind schlechte Spielerinnen, aber glücklich; wir hören, wie die eine der anderen etwas zuruft. Die Zähne meines Freundes blitzen in einem zwanghaft ärgerlichen Lächeln auf, denn er kann das Zurschaustellen von Ungeschicklichkeit nicht leiden. Einmal, als ich meinen Rock ein bißchen hochhob und einer Zeitung auswich, die auf der Straße auf mich zuflatterte, starrte er und sagte, wie graziös ich sei – wie ein Vogel; wie ein Schwan? Er offenbart sich nur im Aufblitzen von Gefühlen.

Als ob wir einer Karte folgten, gehen wir an den Tennisplätzen und an einigen unordentlichen Picknick-Tischen vorbei in den Wald. Hier sind die Wege breit und von Fahrradreifen durchfurcht. Der Wald ist licht; wir können den flutenden Verkehr sehen, draußen auf der anderen Straße. Weil wir uns sehr neu sind, ist alles traumhaft tastend. Er legt den Arm um mich und küßt mich. Ich spüre etwas im Rücken – die rauhe Rinde eines Baumes –, und wir sagen nichts, denn wir kennen uns noch nicht gut genug, um Freunde zu sein. Wir haben nichts zu sagen. In dieser Stille spielen wir ein ausgeleiertes Theaterstück, das heute abend wiederholt werden wird, genau hier, und das Wissen um unsere Unpersönlichkeit erregt mich. Ich liebe ihn, glaube ich, obwohl ich mich bei geschlossenen Augen nicht erinnern kann, wie er genau aussieht. Er ist hier, er berührt mich, in seiner Umarmung ist mehr Realität als in den geheimnisvollen, abstrakten Beziehungen zwischen Vätern und Kindern, Vätern und Töchtern...

Dann verstehe ich: Hier ist der Täter. »Nicht-identifizierter Täter!« Er liegt in meinen Armen, und aus mechanischer Notwendigkeit streichle ich seinen Rücken, denn tut man das nicht immer? Der Gegner meines Vaters mit seinem scharfen, kritischen Profil und dem Mund, der zu weich und fordernd ist, beides zugleich, und sein unbekannter, an mich gepreßter Körper. Er ist der einzige ehrliche Mensch, der mir je begegnet ist. Er ahmt nichts nach. Angesichts der Ehrlichkeit seiner Leidenschaft erscheint alles unwesentlich: die ermüdende Sympathie, die Krankenhausflure, die nur in eine Richtung zu führen scheinen, die Zimmer mit den Fernsehgeräten, die vor sich hin summen, die Krankenschwestern, der Vater auf seinem Totenbett thronend, geheimnisvoll und ungewiß mit seinen Gerätschaften auf dem Tisch oder in der Schublade, versteckt oder in der Obhut einer Schwester, bereit, an- oder abgeschaltet zu werden. Wenn mein Freund manchmal ein Lügner ist – ich weiß, daß er das ist, er muß es sein, denn er betont seine Wahrhaftigkeit so –, jetzt ist er kein Lügner. Nur zu diesem Zeitpunkt lügen Männer nicht und sind nicht unmoralisch.

Ich will sagen, »Was hast du ihm angetan? Warum? Warum bist du aus dem Eingang gesprungen und hast ihn geschlagen? Was hast du benutzt – einen Hammer? Ein Stück Eisen? Warum hast du dir gerade ihn ausgesucht, gerade diesen alten Mann?«

Er zieht sich von mir zurück. Mir ist es genug, sein Gesicht zu lieben. Meine Angst gilt nicht ihm oder irgendwelchen Nuancen zwischen uns, sondern nur, alles so schnell wie möglich hinter mich zu bringen – wir werden zu seiner Wohnung hinüberfahren. Wir werden sofort dorthin fahren. Wie ich diese Durchsichtigkeit satt habe, und wie sehr möchte ich eine unschuldige Leidenschaft annehmen und mich verstecken!

»Was ist mit *ihm*?« sagt er, denn indem er die Gewalt der Leidenschaft abschüttelt, überkommt ihn eine verzweifelte menschliche Erinnerung; er wird wieder zum Lügner werden. Er hebt eine Hand und seine Finger spreizen sich in einer Geste seltsamer, offenbarter Freiheit. Er zieht die Augenbrauen hoch. »Ich meine, du wirst nicht... durchdrehen, nicht wahr?« sagt er. »Du wirst nicht durchdrehen?«

Ins Deutsche übertragen von Barbara von Bechtolsheim

Das schwere Leid des Körpers

Für Gene McNamara

I

Es war fast Mittag, und sie hatten stundenlang Kisten und Bündel in die Wohnung hinaufgetragen. Um sie war eine Art Chaos, eine Ausgelassenheit in ihren Worten und Liebkosungen, und erst als der Umzug beendet war und alle Sachen um sie herumlagen, auf dem Boden und dem Bett, spürten sie, daß etwas Endgültiges geschehen war. Hier waren sie also. Sie waren zusammen.

Mit dem ganzen Umzugskram auf dem Boden sahen die Zimmer kleiner aus als zuvor. Es waren zwei Zimmer mit einem Badezimmer auf der Rückseite eines großen viktorianischen Hauses gelegen, das in Wohnungen aufgeteilt worden war. Eine lässige Unordnung lag über dem Ganzen, ein Hauch von Häuslichkeit und Toleranz. Das Küchenfenster sah auf einen Hintergarten voll Gestrüpp, in dem zwei Wäschestangen aufgestellt worden waren mit einer schlaff durchhängenden Wäscheleine dazwischen. Jenseits des hinteren Weges war eine Fabrik mit rußgeschwärzten Fenstern, und dahinter waren weitere Fabriken, große, häßliche Gebäude, umgeben von Drahtzäunen. Verschiedenfarbiger Rauch quoll aus den Schornsteinen und stieg träge in die Luft ... Nina und Conrad standen am Fenster und sahen hinaus. Sie waren still, jetzt, nachdem die Anstrengung des Umzugs vorbei war, und sie in diesen Zimmern untergebracht waren, sie beide. Nina meinte, die vergiftete Luft zu riechen, wie sie zu ihnen eindrang.

Aber Conrad sagte, »Stell Dich nicht so an, Du kannst dem nicht entkommen. Warum soll man es überhaupt versuchen? Alles ist vergiftet, alles ist verschmutzt... Du mußt damit leben, vergiß es.« Sie wendeten sich einander zu aus Gewohnheit. Die Gewohnheit verwandelte sich in Freude, automatisch; sie liebten sich sehr, und ihre Liebe war glücklich und heftig, sie überfiel sie beide überraschend. Nina war immer überrascht. Wenn sie bei Conrad war, gab sie sich ihm vollkommen hin, und wenn sie nicht bei ihm war, dachte sie über ihn nach... über seine Bedeutung für sie, über seinen Körper, denn sie liebte seinen Körper, und sein Körper beherrschte seine Seele. Sie liebte seine Seele, sie liebte ihn leidenschaftlich, wie unter einem Zauber. Doch in seiner Umarmung, mit ihm verschmolzen und ganz warm, gewöhnt an die Ungeschicklichkeit, die sich mit der Liebe immer einstellt, konnte Nina das stille Chaos dieser Wohnung spüren, die sie sich aus irgendeinem Grund ausgesucht hatten, die darauf wartete, aufgeräumt und in Ordnung gebracht zu werden. Eine normale Wohnung, normale Leute. Und sie spürte das größere, stillere Chaos des unbebauten Grundstücks draußen vor dem Fenster und die Fabriken, die einen Ring um die Stadt bildeten, ein schweres Gift, dem nicht zu entkommen war.

»Man muß eben damit leben. Darüber hinauswachsen«, sagte Conrad.

Sie standen auf und fingen an, die Sachen aufzuräumen. Conrads Bücher, zehn Bücherkisten. Die Kisten waren von dem Lebensmittelgeschäft in der Nachbarschaft und hatten ehemals Seife und Kleenex-Tücher enthalten. Jetzt waren Conrads arg mitgenommene Bücher darin verpackt, aufgeblättert, zerrissen, mit Wasserflecken und gebrochenen Rükken... während Nina diese Unordnung betrachtete, hatte sie plötzlich eine Vorahnung davon, wie er mit ihr umgehen würde. Sie setzte sich auf dem Bett zurück und zündete eine Zigarette an. Conrad machte ungeduldig mit den Büchern weiter. Er hatte blondes Haar, das in ungleichmäßigen Strähnen über seine Stirn fiel, und sein Hals war kräftig und ziemlich muskulös. Sah er aus wie fünfunddreißig? Aber er war wirklich fünfunddreißig. In dieser Umgebung – der billigen Wohnung und der Unmenge von Büchern, den zerfetzten Pappkartons, den Kleidern, noch auf Kleiderbügeln, die hastig über andere Sachen geworfen waren – hatte er ein lebhaftes, argwöhnisches, jugendliches Aussehen: er sah vielleicht wie fünfundzwanzig aus. Und Nina . . . Nina war nicht in seinem Alter, sie war etwas jünger. Und sie sah jünger aus. Sie hatte einen trägen, ironischen, berechnenden Ausdruck an sich, sogar ihre Hände hatten diesen Ausdruck; sie war sehr nachdenklich. Dennoch, aus ihrer Nachdenklichkeit brach sie häufig in Lachen aus.

»Lach nicht, wie kannst du bloß lachen?« sagte Conrad. »Diese ganze Scheiße stellt mein Leben dar. Es ist eine Anhäufung meines Lebens. Das bin ich selbst, du könntest sagen, das bin *ich*.«

Nina redete Unsinn, während er arbeitete. Sie lag gern auf Betten und Sofas, streckte ihre langen, hübschen Beine aus, rauchte und redete. Sie rauchte und redete die ganze Zeit. War ihm klar, wie sie ihn liebte? Sie wollte es wissen. War ihm klar, was er für sie bedeutete, Peter in dieser Weise aufzugeben, Peter unglücklich zu machen? Niemals, niemals hatte sie Peter unglücklich machen wollen . . .

»Zum Teufel mit Peter«, sagte Conrad.

Er wischte sich die Hände an den Oberschenkeln ab. Er trug nur Hosen, kein Hemd. Keine Schuhe oder Strümpfe. Sie sah mit amüsiertem Interesse auf seine schmutzigen Füße. Mit Conrad in ihrem Leben wurde alles schmutzig. Sie selbst war ein wenig schmutzig. Sie war eigentlich kein Mädchen mehr, sie war eine Frau, und doch lebte sie im Dreck mit einem schmutzigen, unordentlichen Mann, ohne etwas dagegen zu haben.

Wußte er eigentlich, wie sehr sie ihn liebte?

»Du hast allerdings gewisse Schwächen«, gab er zu.

Er hatte ein selbstsicheres, kräftiges Gesicht. Doch er selber war nicht kräftig. Sein Leben war verworren und energiegeladen und ohne festes Ziel. Zur Zeit studierte er Geschichte, und er hatte vor, Historiker zu werden. Er meinte, daß Historiker stets in der Vergangenheit lebten; er hatte seine eigenen Theorien über die Geschichte. In seinem Leben, das zum Teil anderen Leuten zu gehören schien, hatte er einmal Musiker werden wollen, und einmal wollte er etwas ganz Gewöhnliches werden: Geschäftsmann, Anwalt. Er hatte Menschen führen wollen. Ein Anführer in minderen Angelegenheiten, engagiert, festgenommen, zur Hinrichtung durch seine eigenen Anhänger bestimmt... Man hatte Nina von ihm erzählt, hatte sie gewarnt, aber sie wollte nicht hören; sie sagte, *Na und?* Sie hatte sich auf einer Party in ihn verliebt. Sie redete gern, und es stellte sich heraus, daß auch Conrad gern redete. Also hatten sie stundenlang miteinander geredet, scharfsinnig, aufgeweckt, übermütig, sarkastisch... Nina hatte gespürt, daß sie sich verlieben würden, und ihre Erregung hatte sie boshaft gemacht, hatte ihren trägen, schrecklichen Sarkasmus an die Oberfläche gebracht; später, als sie bereits ein Verhältnis hatten, sollte ihm das klar werden. Es war ein Duett, ein Duell. Sie hatten sich schon auf diese Art geliebt.

Als seine Bücher in die Regale gestellt waren, ohne besondere Ordnung, stand Nina auf, um ihm mit dem Rest zu helfen. Sie hob ein paar Kleiderbügel mit den daran hängenden Kleidern auf. Sie schämte sich ein wenig, daß Conrad ihre Kleider so hängen sah, als seien sie Verkleidungen, Kostüme, bunte Häute ihrer selbst. »Ach, du lieber Gott, schau dir das an«, sagte Conrad voll Abscheu. Er hielt einen alten Anzug von sich hoch, königsblau, sehr zerknittert. »Mein Leben ist eine Katastrophe«, sagte er. Es stimmte, daß seine Kleidung schlecht war, sie hatte keinen Stil, nichts, so daß man Conrad selbst ansah und sonst nichts wahrnahm. Harte, ziemlich hervorragende Knochen an Backen und Stirn prägten sein Gesicht, er sah militärisch und teutonisch aus, mit blonden Augenbrauen und blauen, ironischen Augen. Sein Körper war etwas muskulös, oder war früher muskulös gewesen. Auf Brust und Bauch wuchsen lockige, blonde Haare mit einem leichten Rotschimmer, sein ganzer Körper war mit einem leichten, weichen Flaum bedeckt. Nina hatte nie zuvor einen Mann so geliebt wie ihn. Von jedem Mann hatte sie etwas über die Liebe gelernt, jeder hatte sie wachsen lassen, und auf dem allerhöchsten Punkt hatte sich Conrad ihr zugewendet und gesagt, »Du bist Nina. Ich habe alles über dich gehört, Nina. Ich weiß alles über dich.«

Er hatte nicht alles über sie gewußt, aber er wollte es wissen. Er wollte alles wissen. Als sie in dieser ersten Woche die Straße entlanggingen, neugierig und gespannt und etwas ungeduldig, hatte er sie nach ihrem Leben gefragt. Sie war schön, und er hatte keine schönen Frauen gekannt, er hatte sie immer gemieden; wie war das, schön zu sein? Und Nina zuckte die Schultern. »Spürst du nicht den Haß der anderen Frauen? Stört er dich nicht?« fragte Conrad. Aber Nina sagte nein, warum sollte sie sich um andere Frauen kümmern? Sie kümmerte sich überhaupt nicht um andere Leute. Schön zu sein war alles, was sie seit Jahren gekannt hatte, es war nur ein Zufall ihrer Haut und nichts weiter, sie nahm es hin. »Aber du pflegst dich, du machst dich zurecht, oder? Es ist nicht alles Natur, nicht wahr?« wollte Conrad wissen. Nina sagte, daß keine schöne Frau ihr Gesicht gehenläßt, es ist eine Gewohnheit, es zu pflegen. Coldcreme, Lotion, gewisse Medikamente... Warum nicht? »Die Art Männer, die auf Gesichter stehen, würde dir eine Menge zahlen«, sagte Conrad. »Du bist Geld wert. Aber ich, ich bin anders, ich liebe die Seele... Ist deine Seele wie dein Gesicht, Schätzchen, würde ich dich erkennen?« Und sie spürte bereits, wie er sich auf ihrem Körper bewegte, Anspruch auf sie erhob. Es war eine Freude, mit ihm spazierenzugehen. Eine Woche lang hielt sie ihn auf Abstand, sie redete Unsinn mit ihrer witzigen, ironischen, lässigen Stimme, ließ ihn sie anschauen, ließ ihn sich verlieben. Sie spürte sein Begehren. Auf diesen Spaziergängen, bevor sie miteinander geschlafen hatten – teilten sie ein merkwürdiges, nervöses Glück, mit dem Gedanken an ihren Freund Peter irgendwo hinter ihnen, betrogen, und wer weiß welchen Freundinnen von Conrad? – denn dieses, ernste, aufrichtige Gesicht und dieser muskulöse Körper mußten eine immense Erfahrung hinter sich haben.

Nina war nicht ihr ganzes Leben schön gewesen; das Wunder begann, als sie etwa zwanzig war. Sie hatte eine gesunde, verwirrende Schönheit. Ihr Haar war braun, und sie trug es zurückgebunden in einem großen, lockeren Knoten; ihre Augen waren ruhig und klar, immer etwas ironisch, und ihre Lippen waren eher klein, eher süß. Über diese Lippen konnte überhaupt alles kommen – immer würden sie süß aussehen. Sie hatte einen langbeinigen Schritt auf der Straße, und sie trug auffallende Kleider, häufig Hosen, so daß die Leute sie anstarrten, ohne sie eigentlich als Person zu sehen. Sie bewunderten ihre Mühelosigkeit, ihren Ausdruck von Freiheit. Conrad selbst schaute sie gerne an, musterte sie. Er hatte den kühlen, durchdringenden Blick eines Bildhauers, der Material betrachtet. Sie beklagte sich, daß er sie immer ansah und über sie wie ein Objekt dachte, und sie wollte nichts mehr als ihre Vereinigung – eine andauernde Nähe, eine magische Intimität. Sie stritten sich hin und her; ihre Streiterei war eine ungestüme Liebkosung nach der anderen. »Aber im Grunde verstehen wir uns«, sagte Conrad gerne. Sie tranken Bier in einer der Bars in der Nachbarschaft, oder räkelten sich trinkend mit Freunden in irgendeiner Wohnung herum, oder sie bummelten Hand in Hand durch den trüben Stadtpark. »Ich will keine Frau, die mich immer bedrängt, die ihr Ohr an meine Brust drückt, um zu hören, was los ist. Ich will jemanden wie dich, du bist selber wie ein Mann, obgleich du natürlich sehr weiblich bist – aber du bist immer noch du selbst – deine eigene Person – was diese anderen Mistweiber nicht sind.«

Aber sie war immun für die Schmeicheleien mit Worten, es bedeutete ihr nichts. Wenn sie verliebt war, brauchte sie keine Worte. Sie brauchte keine mythologisierenden Beurteilungen. Sie lag gerne mit Conrad bis spät in den Morgen im Bett, beide lethargisch vor Liebe und Zärtlichkeit, zwei gute Freunde. Sie wollte sein bester Freund sein, nicht seine Geliebte. Sie forderte das. War sie sein bester Freund? »Ich kenne dich noch nicht so gut«, sagte Conrad in seiner üblichen Offenheit. An gewissen Tagen stand sie früh auf, um sich für ihren Job zu melden – sie war Ersatzlehrerin im öffentlichen Schulsystem der Stadt. Es war kein großartiger Job, und sie war eine Frau, die für die Häuslichkeit von Liebe und Männern gemacht war, aber trotzdem, wenn sie von einem dieser ermüdenden Tage zurückkam, redete und redete sie auf Conrad ein, mit einer Stimme, die sich manchmal lyrisch hob und dann vor Verzweiflung, vor gespielter Verzweiflung, senkte, und sie erzählte ihm vom Klassenzimmer dieses Tages und seinen abblätternden Wänden, seinen schmutzigen Fenstern, der Hitze oder Kälte, den fünfunddreißig oder vierzig Negerkindern in Farben wie ein Blumenbeet: rote Pullover, blaue Hemden, rosafarbene Kleider, gepunktete Hosen . . . alles. Conrad saß da, hörte zu, und starrte sie an. Vielleicht versuchte er, sich ihr Leben als Lehrerin vorzustellen, bei ihrer Arbeit, entfernt von ihm und unabhängig wie ein Mann. »Nein, fang noch mal an«, sagte er. »Sei genauer. Was haben sie dich gefragt? Um welche Zeit bist du reingekommen? Was war los?« Und sie lehnte sich zurück und rauchte und erzählte ihm von der Lehrerin im Klassenzimmer nebenan, einer geschlagenen alten Mann-Frau, Identität unbekannt, die sie davor warnte, daß sie sich etwas holen könne . . . vielleicht Läuse? Eine ansteckende Krankheit? Sie erzählte ihm von dem Fenster, das seit Ewigkeiten mit Brettern zugenagelt war, oder von den Heizungsrohren, in einer anderen Schule, die verrückt spielten und zu tanzen anfingen, bockten und 20 Zentimeter hin und her ruckten, so daß alle Kinder lachten und sie, Nina, es aufgab und auch lachte, obwohl sie genau wußte, daß die Rohre platzen und kochend heiße Wasserstrahlen über sie alle ergießen könnten. Und was sonst . . . ? Die verrückten Stunden. Was das für ein verrückter Platz war, ein verrücktes System, lachte Nina. In einer Klasse erzählten ihr die Kinder, daß sie die dritte Lehrerin in dieser Woche sei. Es war eine fünfte Klasse, die in der schmuddeligen Ecke einer sehr alten Turnhalle unterrichtet wurde, deren übrige Ecken von anderen Klassen besetzt waren, und sie war diese Woche Nummer drei. »Herrgott, du meinst, der dritte Ersatz, den sie diese Woche hatten? Der *dritte?*« sagte Conrad. Lehrer kamen und gingen, von überall her eingezogen, sie unterrichteten oder wurden verscheucht, oder sie flüchteten in schierer Notwehr nach einem halben Tag. Oh, Nina mußte darüber lachen, es war so traurig und so verrückt, einige Kinder schworen, sie hätten tags zuvor etwas über Mesopotamien gelernt, andere Kinder schworen, sie hätten über die amerikanischen Indianer gelesen, wieder andere waren verschreckt, und unwissend und böswillig. Völlig verloren. Eine hüpfende Klasse von Negerkindern, eine langbeinige, weiße Lehrerin, eine Frau, gedankenverloren und bereit, sie aus dem großen, verschmutzten »Geschichts«-Buch über alles lesen zu lassen, was das System ihnen aufzwang, ein Buch wie ein Katalog von Photographien, die andere Teile der Welt anpriesen. Die anderen Teile sahen alle besser aus als dieser Teil. Chinas Exporte, Chinas Flüsse. Handelswege. Breiten- und Längengrade, Kriege, Feinde. Verbündete. Große Religionen. Wenn sie das alles durcheinanderbrachten mit dem Dividieren und den Irokesen und dem Eid auf die Verfassung und Mesopotamien tat ihr das leid, es tat ihr wirklich leid, aber was konnte sie tun? Sie aus dem großen Buch laut vorlesen lassen. Einen nach dem anderen. Die Zeit würde vergehen. Der Tag würde vergehen.

»Ich habe das Gefühl, daß du dich schuldig dafür fühlst, Nina«, sagte Conrad dann immer ernst. »All dein Gerede überzeugt mich nicht. Aber sieh mal: es ist nicht deine Schuld, daß es alles Scheiße ist.«

Sie war seiner Meinung. Sie wollte sich nicht schuldig fühlen, sie glaubte nicht an Schuld. Und außerdem hatte sie keine Zeit dafür. Als sie und Conrad sich begegneten, versuchte sie gerade, eine Beziehung mit einem ernsten, eigensinnigen, intelligenten jungen Mann slawischer Abstammung abzubrechen – schmaler Kopf, mit Brille, schonungslos in seiner Kritik aller Fehler außer seiner eigenen, wirklich ein netter Mensch. Sie konnte ihn nicht ausstehen. Zuerst war sie in die Liebe zu ihm hineingeraten, in dieser milden, mütterlichen Art, in der Frauen Männer lieben, wenn sie sich eigentlich in einer Phase »zwischen« zwei Männern befinden, aber jemanden um sich brauchen, in der Übung bleiben müssen, und Conrad war das Ende davon. Peter würde als Professor Erfolg haben, gib ihm nur Zeit, er hatte gerade seinen Doktor erlangt und war im Aufbruch, um an einem kleinen katholischen College zu unterrichten – er sagte, er brauche Nina, aber Nina konnte nicht verstehen, wie jemand irgend jemand brauchen konnte, von ihr ganz zu schweigen. »Wenn du auf die Dauer eine Ehe im Kopf hast«, sagte Conrad, »solltest du vielleicht bei ihm bleiben.« Er war offen. »Du weißt, wie mein Leben ist«, sagte er. »Ich kann nicht an Ehe denken, das erste Mal war genug . . . Ich werde für den Rest meines Lebens Unterhalt an sie zahlen, und ich habe nicht das Geld dazu, es ist zum Kotzen. Wenn du also heiraten willst und ein Haus und all das, ist es noch nicht zu spät, Peter zurückzubekommen.« Oh, zum Teufel mit Peter, sagte Nina, zur Hölle mit Ansehen und Sicherheit und langweiliger, schrecklicher Nettigkeit; was sie wollte, war Conrad mit seinen dreckigen Füßen und seinem ordinären Benehmen, selbst wenn er ein Scheißkerl war. Sie gab ihnen ein Jahr zusammen. Conrad zeigte darüber Erstaunen. »Ich kann mir nichts derart zeitlich Begrenztes vorstellen«, sagte er. »Ich bin eigentlich monogam, ich habe eine monogame Seele. Es ist lediglich die Ehe, die mich abstößt, die Papiere und der Bluttest, und sie ist kein Ersatz für die Liebe. Aber ein Jahr, Nina? Du gibst uns doch sicher mehr als ein Jahr zusammen?«

Sie nahmen zusammen eine Wohnung ein paar Straßen von Ninas alter Bude entfernt, in einer viktorianischen Scheußlichkeit, die geheimnisvollen Mietern überlassen war – Junggesellen, unterschiedlich in Alter und Größe, Arbeitermädchen mit hellen, gefleckten Gesichtern, einer Dame, die jeden Tag hauchdünne, weiße Handschuhe trug. Frieden, eine verzweifelte Privatheit. Sogar der Gasgeruch von stromabwärts war friedlich. Sie brauchten den ganzen Vormittag für den Umzug und den Nachmittag zum Aufräumen, wobei sie sich stritten und neckten. Irgendwie war es sehr angenehm, gemeinsam zu arbeiten. Nina fühlte sich ganz ausgelassen; sie nahm eines von Conrads Büchern in die Hand, *Der Zauberberg*, und sie fragte ihn danach. Ging es darin wirklich um Zauber? Ging es um einen Berg? Conrad sagte: »Es ist ein wunderschöner Roman über den Verfall der westlichen Zivilisation. Entzückend! Ungeheuer! Was ist der Mensch, sag's mir, was ist der Mensch? – *Der Mensch ist hauptsächlich Wasser und Zellulose*. Bist du aus Wasser und Zellulose, meine liebe Nina?«

Das beleidigte Nina. Sie warf das Buch auf den Boden und wandte sich von ihm ab. Sie war wirklich beleidigt, es war ihr ganz unähnlich. »Was ist los? Was ist jetzt schon wieder los?« rief Conrad und versuchte, sie zu umarmen. Sie kämpften miteinander. Auf seinen nackten Füßen tanzte Conrad um sie herum, wie ein Clown, obwohl er fünfunddreißig Jahre alt war und bald sechsunddreißig sein würde, ja, er würde bald sechsunddreißig sein, und er war noch immer Conrad, und er wohnte noch immer in solchen Zimmern. »Liebe Nina, schöne Nina, ich habe nichts Beleidigendes gemeint . . . wenn du Wasser und Zellulose bist, hat man solche Zellulose nie zuvor gesehen, sie ist verzaubert, ich könnte darüber ein Buch schreiben!«

Langsam, aus Gewohnheit, flochten sie ihre Körper zusammen. Sie umarmten sich. Sie waren Freunde, obgleich vielleicht nicht die besten Freunde, sie waren verliebt. Als sie sich liebten, dachte Nina, *Da, das ist geschafft, wenn wir jetzt sterben, wäre alles gut . . .* Gefahr war um sie. Sie war jetzt dreißig, und ihr war irgendwie klar, daß ihr Leben Gestalt annehmen sollte, irgendeine Form sollte entstehen, sie sollte einen dauerhaften Job annehmen und Kontakt mit dauerhaften Leuten aufnehmen, guten Bürgern, diese Schlampigkeit beenden, ihre Augen für eine Brille untersuchen lassen . . . *Wäre alles gut,* dachte sie. Wenn sie für ein einziges Jahr zusammenblieben, würde das ihren Verstand überfordern, all die Liebe zwischen ihnen zu ermessen, all die verbrauchte Energie. Sie lag gerne neben Conrad, sie beide in einer angenehmen, schweren Benommenheit, und berührte mit ihrer neugierigen Hand sein Gesicht, seinen Hals, seine Brust, all seine Körperteile, untersuchte ihn zärtlich, als versuchte sie, ihn für die innere, blinde Nina neu zu erschaffen, die nichts sah, sondern alles fühlte. Als ihre Leidenschaft sich verausgabte, kam sie immer noch zu ihm zurück, als suche sie nach einer Antwort für das Rätsel ihrer Liebe: Sie war so heftig, ganz gewiß waren sie mehr als Wasser und Zellulose. Wie könnten Wasser und Zellulose solche Wunder vollbringen? Sie berührte die festen, starken Muskeln seiner Oberschenkel und fragte sich, warum er dort Muskeln hatte, da er nie irgendeine Arbeit tat? Das

Rätsel seines Wesens ließ sich nicht mit seinem Körper erklären, sondern es lag tief innen in seinem Körper, in ihm selbst. Es gehörte ihm nicht selbst, er wußte nichts davon. Sie hatte das Gefühl, daß in ihr als Frau kein Rätsel war, alles war einfach und schlicht geöffnet wie eine Blume; in Conrad lag das Rätsel, in seiner Stärke. Sie liebte ihn. Ihre Liebe für ihn lief im Kreis, während sie ihn berührte; sie liebkoste ihn nicht wirklich, sondern berührte ihn nur, untersuchte ihn mit ihren Fingerspitzen.

»Ach, Nina«, sagte er, »du bist nicht wie diese anderen Mistweiber...«

An diesem Abend klopfte jemand an ihre Tür. Ihr erster Besuch. Nina hatte etwas gegen den Eindringling, aber Conrad sagte nur verärgert, »Wer ist da?« Es war ein Mädchen, eine Freundin von Nina aus ihrem alten Mietshaus. Sie war verlegen, und um alles schnell zu erklären, hielt sie Nina einen Umschlag hin. »Es ist gerade per Einschreiben gekommen, und der Mann hat an meine Tür geklopft. Es muß wichtig sein, also... also bin ich rübergekommen, es tut mir leid, daß ich hier so hereinplatze.« Nina nahm den Umschlag, starrte darauf. Conrad sagte: »Das ist schon in Ordnung, wie gefällt Ihnen, was wir hier gemacht haben...? Morgen abend laden wir alle ein. ... Woher ist der Brief?« Nina drehte sich um und las den Brief, ein einzelnes Blatt weißes Papier.

»Ich glaube nicht, daß es von Peter ist, sonst hätte ich es nicht herübergebracht«, sagte das Mädchen. »Es ist von auswärts.«

Sie starrten auf Ninas Rücken, während sie den Brief las und ihn dann nochmals las.

»Ist es eine schlechte Nachricht...?« sagte Conrad.

Das Mädchen ging. Conrad versuchte ungeschickt, seine Arme um Nina zu legen. »Was ist? Etwas von zu Hause?«

Sie reichte ihm ärgerlich den Brief. Er lautete:

Liebe Nina,
ich schreibe diesen Brief für Ihren Vater. Er ist sehr krank und hätte gern, daß Sie ihn besuchen kommen. Ich schicke diesen Brief an die Adresse, die er hier hat, und ich hoffe, er

erreicht Sie, denn Ihr Vater ist sehr schwer krank und würde gern seine Tochter sehen.

Die Unterschrift war die Unterschrift einer Fremden, sehr deutlich und weiblich. Conrad sagte, »Was zum Teufel, ist das eine Krankenschwester? Du hast gesagt, Dein Vater lebt allein, nicht wahr?«

Ja, er lebte allein. Nina war sehr ärgerlich. Sie ging zur Tür und machte sie auf, um die Treppe hinunterzuschauen, als wolle sie ihre Freundin zurückrufen, und dann ging sie zum Hinterfenster... Sie zitterte. Er lebte allein, ja, er war ein sonderbarer Mann und hatte sich nie sehr um sie gekümmert, und sie hatte sich nicht um ihn gekümmert, und jetzt... jetzt lag er im Sterben und was zum Teufel wollte er von ihr?

»Woher weißt du, daß er im Sterben liegt?« sagte Conrad.

Aber sie würde nicht fahren. Sie fing an, unruhig durch die Wohnung zu gehen, sich von Conrad zurückzuziehen. Nein, sie würde nicht fahren. Sie tobte ärgerlich über diesen Brief, die Vorladung vor ihren Vater und seinen Tod, der der Tod eines Fremden war und nichts mit ihr zu tun hatte. Sie haßte ihn, sie weigerte sich, sich an ihn zu erinnern. Im Alter von siebzehn war sie von zu Hause weggegangen, froh, da herauszukommen, und zwei Jahre lang hatte sie bei einem Mistweib von einer Tante gewohnt, und sie war ihren eigenen Weg gegangen, alles in ihrem Leben gehörte ihr, und sie brauchte sonst niemanden. Sie erinnerte sich nicht an ihren Vater. Sie haßte ihn, seine Krankheit und sein Sterben, und der Gedanke an einen alten, sterbenden Mann war irgendwie außerordentlich abstoßend. Er war für sie ein Fremder, er war nichts. Sie waren alle Fremde für sie, und sie konnte sich nicht einmal an sie erinnern.«

II

Sie fuhr Conrads Wagen Richtung Norden, einen angeschlagenen, zerbeulten Buick, der wie ein kleines Boot aussah, mit Flossen, die für ein Element gemacht schienen, das dichter als

Luft war. Sie hatte etwas gegen die weite Fahrt, ihr Körper rebellierte bereits dagegen, allein zu sein, ohne Conrad. Ihr Körper war allein gelassen, war etwas nervös und machte merkwürdige Sachen – sie wollte immer wieder an einer Tankstelle halten und die Toilette benutzen, sie war aufgeregt und nervös wie ein Kind, und doch waren diese Halts eigentlich nicht nötig; ihr Körper spielte ihr nur Streiche. Conrads Abwesenheit war sehr real. Es war bedrückend, frustrierend. Sie dachte nicht an ihren Vater, wartete darauf, was kommen würde.

Anders als ihre Freundinnen hatte Nina es nicht nötig, über ihre Eltern zu reden. Sie hatte sie vergessen, sie hatte sie hinter sich gelassen. Sie war wirklich frei und täuschte sich da nicht wie viele ihrer Freundinnen, die glaubten, frei zu sein, es aber eigentlich nicht waren. Ihre Mutter war vor Jahren gestorben, hatte Nina freigegeben, und ihr Vater hatte sich in sein sonderbares Leben zurückgezogen – Bastler, Schwätzer, jedermanns Freund, eine Peinlichkeit. Sie erinnerte sich an ihn als ziemlich jungen Mann mit einem Schopf von dickem, braunem Haar, er trug Overalls und erzählte Witze. Ihr Vater? Er hätte jedermanns Vater sein können.

In den letzten sechs oder sieben Jahren hatte er allein in einer Hütte am See gewohnt. Der See war schon ein ordentlicher See, nicht einer der bekannteren im nördlichen Teil des Staates, aber immerhin war der Tourismus dort ziemlich rege. Die Ferienhäuser am See wurden vermietet oder gehörten Leuten aus der Stadt, für die ihr Vater »Mädchen für alles« war, Wächter, Beschützer. Er lebte das ganze Jahr am See und paßte für eine Gebühr auf die Häuser auf. Im Sommer reparierte er, was anfiel. Er war »handwerklich begabt«! Also hatte sich ihr Vater zum »Mädchen für alles« entwickelt, dachte Nina, war es von Bedeutung? Nein. Es war ihr nicht peinlich, denn es hatte nichts zu sagen. Während sie zum Fredonia-See hinauffuhr, nahm sie widerwillig die Schießstände an der Straße, die Mini-Golf-Plätze, die Drive-In-Kinos und Restaurants wahr – all das neu, seit sie mit ihren Eltern in einer Kleinstadt in der Nähe gewohnt hatte. Sie mochte diese Schäbigkeit nicht, als entwerte sie irgendwie die Krankheit ihres Vaters. Und sie hatte etwas gegen diese Krankheit, die sie so weit in den Norden zog, weg von Conrad und der warmen, einfachen Intimität ihres gemeinsamen Lebens. Die Ferienhäuser entlang des Fredonia-Sees kamen in Sicht, eng aneinander gedrängt. Billig, genormt, brachten sie einen Hauch von Stadt aufs Land, gekennzeichnet durch enge Einfahrten und Briefkästen aus dem Kaufhaus. Welches gehörte ihrem Vater...? Sie wußte mit instinktiver Abscheu, daß es das häßlichste sein würde, das schlechteste von allen, ein Wrack. Es war im Mai, und niemand war hier oben, aber aus einem Schornstein stieg dünner Rauch – da wohnte ihr Vater.

Der Name auf dem Briefkasten war Julius Weber: und Weber war auch ihr Name.

Sie fuhr die holprige, matschige Einfahrt hinauf und hielt. In der Nähe war ein anderes Auto geparkt, ein Schrottauto, wahrscheinlich das Auto ihres Vates. Der See war sehr hell und zog sofort das Auge auf sich. Strahlen von Sonnenlicht hüpften auf der Oberfläche, der See war unheimlich in seiner Schönheit, und sie starrte darauf, bis ihre Augen sich zu verengen begannen, als sei diese Schönheit eine andere Art der Abwertung, eine Beleidigung gegenüber dem Leiden ihres Vaters. Das Ufer war kiesig und nicht sehr sauber. Das Land, das sich in den See neigte, war ungepflegt, nur Gestrüpp, und das Haus war nicht allzu schlimm – schlimm genug, aber nicht gerade eine Scheußlichkeit – aus unterschiedlichem Holz und mit Blöcken abgestützt. Nebenan war eine klapprige Hütte mit gelben Seitenwänden und einem kiesigen Uferstück, das mit undefinierbarem Trödel übersät war. Und auf der anderen Seite des Grundstückes war ein neueres, größeres Haus, hellrosa angestrichen. Rosa, in dieser Umgebung? Die Farbe wagte sich nicht hervor und wirkte wie gemausert; Nina wandte sich ärgerlich ab. Rosa! Fredonia-See! Als Kind war sie mit anderen Kindern hierher gekommen und war von dem unwegsamen Strand hinausgeschwommen, ungeachtet der Verbotsschilder. Sie und ihre Freunde waren immer fortgejagt worden, den Strand hinunter. Ab nach Hause, verschwindet hier, wußten sie nicht, daß dies Privatbesitz war . . .? Und nun hatte ihr Vater das alte Haus in der Stadt verkauft oder vielleicht verloren und war hier herausgezogen, ein Bastler, ein Wächter, und er hatte sein eigenes, verlassenes Uferstück, in das vermutlich Kinder aus der Stadt eindrangen. Nina war zu Hause.

Eine Frau kam heraus, um sie zu begrüßen. Ja, es war eine Krankenschwester. Nina starrte sie an, das gesetzte, reinliche Gesicht der Frau. Sie stieg aus dem Wagen und stellte sich vor. Sie gaben sich die Hand. Unwillkürlich spürte Nina, wie ihre Augen das Gesicht dieser Frau prüften, sich sofort auf ihre Augen richteten. Sie mußte Bescheid wissen, plötzlich mußte sie ganz dringend die Wahrheit wissen. »Ja, Ihr Vater ist sehr krank. Die Operation ist für übermorgen angesetzt«, sagte die Frau. »Und ich dachte . . . daß heißt, er wollte . . . er wollte Sie vorher sehen . . .« Nina stand plattfüßig im Matsch. Sie hörte der gedehnten, pflichtbewußten Stimme der Frau zu und versuchte, sich ihr anzupassen. Geschah all dies wirklich? Was bedeutete das? Ein alter Mann sollte operiert werden, und Nina war seine Tochter? Zum ersten Mal seit Jahren spürte sie eine dumpfe Regung von Angst. Sie war plötzlich verletzlich. Die Krankenschwester entschuldigte sich dafür, daß es ihr selber nicht gut gehe. Eine Erkältung. Sie zeigte auf ihre geröteten Nasenlöcher, rosafarbene Kaninchennasenlöcher. Das Verhalten der Krankenschwester wurde rücksichtsvoller, als Nina sprachlos dastand, mit der Macht des Schweigens. Ninas Schönheit schüchterte sie ein. Das war für Nina etwas Selbstverständliches, während die Leute sie unsicher anstarrten, konnte sie nachdenken, sich einen Ausweg überlegen, eine Lösung . . . sie hatte in der Vergangenheit auf diese Weise schlimme Zeiten durchgestanden, ihre ersten Unterrichtsverpflichtungen in miserablen Klassenzimmern, ihre ersten Abschiede von Männern. Sie konnte auf ihre Schönheit zählen.

Sie gingen nach drinnen. Nina war nicht auf den Geruch der Hütte vorbereitet. War das ihr Vater, dieser Geruch? Oder der Geruch seiner Krankheit? Er lag aufgerichtet im Bett, eine schwere Steppdecke über sich – die Steppdecke sah mütterlich aus, warm, häuslich, mit schwarzrotem Kreuzstich bestickt, sehr hübsch. Nina war froh über diese Steppdecke. Dann sahen Vater und Tochter sich an. Nina, beschämt über sich, kam zu ihm und nahm seine Hand. Was sollte sie zu ihm sagen? Verzweifelt raste ihr Gehirn. Aber ihr Vater sagte, »Nina. Danke, daß du gekommen bist. Danke«, und seine Schwäche war würdevoll; noch immer raste ihr Gehirn.

Sie wählte ihre Worte wie aus einer Entfernung, hörte ihnen zu: »Hallo, Papi. Ich habe deinen Brief bekommen . . . Wie fühlst du dich? Ich bin sofort hochgefahren . . .«

Ihr Reden war seltsam und gestelzt. Sie hätten über eine gefährliche Entfernung, eine Kluft hinweg reden können. Die Lippen ihres Vaters bewegten sich langsam, und während er sprach, sah sie ihn nicht an, noch nicht. Sie hatte ihn noch nicht genau angesehen. Ihre Gedanken waren benommen, bezaubert von der Steppdecke, die nach erstickender Wärme aussah.

»Ich habe mir Sorgen gemacht, und ich bin sofort hochgefahren . . .«

Die Schwester sagte etwas zu Nina von einem Mantel. Sie erinnerte sich, daß sie ihren Mantel noch anhatte, zugeknöpft, und sie zog ihn aus und legte ihn über einen Sessel. Sie war jetzt zu Hause. In einem schwarzen Pullover und karierten, etwas engen Hosen, mit einer harten, wissenden Gewandtheit, die die Augen ihres Vaters und die der übermüdeten Krankenschwester nicht erreichte. Nina war zu Hause. Bei ihrem Vater, der sich in einen alten Mann im Bett verwandelt hatte . . . ein Geruch von Fleisch und Schalheit um sich . . . und er bestand darauf, langsam und schmerzhaft in ihr verschrecktes Gesicht zu sprechen.

»War die Fahrt anstrengend?«

»Nein, es ging.«

»Hast du jetzt dein eigenes Auto?«

»Es gehört einem Freund.«

»Ich hab irgendwie den Kontakt verloren . . . Aber du kennst dieses Haus?«

»Ich glaube nicht.«

»Aber doch, sicher.«

»Ja, vielleicht . . .«

»Es gehörte Meyer. Meyer. Er ist nach Florida gegangen. Ich hab es von ihm gekauft. Bin seitdem immer hier gewesen, hab mich um alles Mögliche gekümmert... richtig schön hier, einsam den ganzen Winter. Niemand hier. Im Sommer gibt's hier viel Arbeit. Das ganze Holz draußen ist Feuerholz...«

Sie hatte ihn immer noch nicht angesehen. Sein sprechender Mund nahm ihre ganze Aufmerksamkeit in Anspruch. Hatte er Schmerzen? Was fehlte ihm? Die Krankheit, die sie Hunderte von Meilen zu ihm geführt hatte, war ein Geheimnis, etwas, das nicht erwähnt wurde. Und doch war sie real. Ihr Vater redete von Ninas Verwandten, tot und entfernt, von Leuten, an deren Namen sie sich halbwegs erinnerte, jemandes Eisenwarenhandlung, jemandes Hof, und so weiter und so weiter, und sie antwortete ihm mit kurzen Streiflichtern aus ihrem Leben, waren es Lügen oder nicht, sie wußte es nicht recht, und nichts davon war so real wie die Krankheit in seinem Körper, und doch konnten sie sich das nicht eingestehen.

»Im Winter ist hier kein Laut. Nirgends. Nicht ein Laut«, sagte er.

Später, als ihr Vater schlief, ging sie mit der Schwester, Mrs. Stocker, hinaus, und das banale Geheimnis wurde erzählt. »Es ist ein Geschwür, er hat ein Geschwür, Sie verstehen, da unten«, sagte die Schwester mit einer plumpen, verlegenen Geste, in der sie sofort innehielt, so daß Nina nicht richtig hinzuschauen brauchte. Aber sie verstand, sie meinte Bescheid zu wissen. Sie gingen auf den Brettern, die parallel der Einfahrt verlegt worden waren und ihre Schuhe vor dem Matsch schützten. Sie kamen sich sehr bald nahe, Nina und Mrs. Stocker, wie sie über die Krankheit des alten Mannes und sein Sterben nachgrübelten, wie sie zu überlegen versuchten, was *als nächstes* getan werden mußte, automatisch, wie Frauen so denken. Nina war keine Frau mit viel Erinnerung, kein Interesse an Erinnerung, und doch begann sie sich automatisch nach dem Tod zu fragen, den Erledigungen, einer Beerdigung, einem Grab... und würde der Trauerschmerz groß sein? Schon jetzt fürchtete sie ihn. Es war verrückt, alles war verrückt, was hier geschah, wie sie hier im kalten Regen, es war erst Mai, mit einer geprüften Krankenschwester, Mrs. Stocker, einer Fremden, herumstand. Sie sprachen nicht mehr. Mrs. Stocker wartete, daß ihr Mann sie abholte. Da sie sonst nichts zu tun hatte, wartete Nina mit ihr.

Die Hütte war gemütlich und schmutzig. Sie hatte nichts gegen Dreck. Sie war sogar erleichtert, ihn zu sehen, denn er stand für die Zeit, für die Jahre und Tage, die vergangen waren – Schmutz an den Wänden, an der Kühlschranktür, Fettflecke an der Decke, Essensflecken, Rauchflecken. Ein ganzes Leben, diese Anhäufung von Dreck. Während ihr Vater schlief, sah sie sich um. Hinter dem großen Zimmer war eine Vorratskammer, in die ein abgewetztes Sofa geschoben worden war. Da würde sie schlafen. Überall waren Zeitungen und Zeitschriften auf dem Boden; in einer Ecke lagen rostige Jagdfallen mit darum gewickelten Ketten. Alles vernachlässigt, vergessen. Sie kehrte zu ihrem Vater zurück, um ihn beim Schlafen zu beobachten. Er war ein kleiner Mann geworden. Sein Haar war nicht mehr dick und braun, sondern dünn, rattenartig, und sein merkwürdig länglicher Schädel schien durch. Aber sein Schädel war eigentlich nicht länglich. Es war ein gewöhnlicher Schädel, ein gewöhnlicher Kopf. Nina saß und betrachtete ihn beim Schlafen, ihr Kopf war zum Bersten voll und doch merkwürdig friedlich. Er würde schlafen. Und sie würden ihn operieren. Und dann, egal, was sich ereignen würde, würde sie abfahren.

Mrs. Stocker kam früh zurück, vor sieben. Nina machte Kaffee. Die beste Zeit ihres Vaters war morgens, offensichtlich. Er versuchte sich aufzusetzen, und er stellte unnötige, leicht tyrannische Forderungen – Mrs. Stocker machte »Ts,ts«, aber Nina sagte, »Ach, warum nicht?« – und suchte im Hinterzimmer nach einer Landkarte von der Umgebung des Sees, die sie sich anschauen sollte. Sie brauchte eine halbe Stunde, die Karte zu finden, aber es war nicht die richtige. Ihr Vater wollte über den See reden. Die »Immobilienpreise sind hier extrem hoch«, sagte er. »Wenn du übriges Bargeld hast, investier es hier. Genau hier. Diese Hütte habe ich vor sieben Jahren gekauft, weiß du was sie gekostet hat?«

Nina hatte keine Vorstellung.

»Zweitausend. Jetzt ist sie drei- viertausend wert. Da gehe ich jede Wette ein.«

Er war ein kleines, noch unzerstörtes Gefäß, das sich in bestimmten, unbeobachteten Momenten vor Schmerz in sich zusammenzog. Nina lehnte sich zurück, versuchte sich zu entspannen, und sie begann ihn anzuschauen. Sein Gesicht war durchfurcht und etwas ausgehöhlt. Seine Augen waren stumpf, als überzöge sie ein Film dichter Konzentration; er mußte reden. Es wurde Nina klar, daß jeder reden mußte.

Der Krankenwagen würde ihn am Nachmittag abholen. Sie wußten es beide und umkreisten das Thema, spielten darauf an, verbunden in ihrer Hilflosigkeit, gezwungen zu reden. Als ihr Vater erschöpft die Augen schloß, nahm Nina die Last des Gesprächs auf sich und fing an, ihm über ihr Leben zu erzählen. Sie war Ersatzlehrerin. Es war harte Arbeit, aber sehr spannend . . . einmal war da ein farbiger Junge von zwölf, der ein Bild von ihr gemalt hatte . . . ein eigenartiges, zartes, aber eigentlich schönes Bild, gemalt in Kreide von einem behinderten Negerjungen . . . und es hatte ihr sehr gefallen . . . »Wohnen Sie in der Nähe von Farbigen?« fragte Mrs. Stocker höflich. »Nein. Doch«, sagte Nina. Dann mußte Ninas Vater auf die Toilette, und er versuchte, sich aus dem Bett zu erheben, indem er die Kraft seiner Arme und Schultern gebrauchte. Mrs. Stocker eilte herbei. »Nein, nein«, sagte sie laut, als spräche sie zu einem tauben Baby, »überanstrengen Sie sich nicht, Mr. Weber.« Nina starrte auf die Porzellanbettpfanne, die Mrs. Stocker von irgendwo hervorholte. Es war eigenartig, daß es sie nicht abstieß. Aber sie blieb am Bettrand, wartete, getragen von der gespenstischen Schonungslosigkeit des Augenblicks, bereit zum Versuch, das Gespräch wieder aufzunehmen, das ihr einziges Geschenk war . . .

Sie erinnerte sich, daß sie mit diesem Mann, ihrem Vater, in einem Lastwagen irgendwohin gefahren war. Damals wohnten sie in der Stadt. Der Lastwagen war ein Laster mit Ladefläche, und sie war mit ihm zum Holzplatz gefahren – sie mußte etwa acht gewesen sein – und ihr Vater war zu der Zeit ein stämmiger, muskulöser Mann, stets braungebrannt und mit ewigen Nikotinflecken und Wagenschmiere an den Fingern. Er machte gerne Witze, er hatte eine laute, energische Stimme. An dem Holzplatz hatte er angefangen, mit jemandem zu reden, und die Zeit verging, während Nina allein herumwanderte, in die heißen, sonnengestreiften Tiefen der Gebäude spähte, den scharfen Holzgeruch roch. Die Zeit verging. Sie setzte sich in den Lastwagen und ließ die Füße aus der Tür baumeln. Sie wollte nach Hause fahren, sie mußte aufs Klo, sie hatte plötzlich stechende Angst, daß ihr Vater sie vergessen hätte. Er war in dem Gebäude, redete. Redete. Sie saß im Auto, voll in der Sonne, und spürte die Hitze um sich anschwellen, erbärmlich, wartend, zu stolz, zur Tür zu laufen und zu sagen, *Papi, ich muß nach Hause* ...

Das Gesicht ihres Vaters war schweißbedeckt. Vermutlich hatte er leiden müssen, aber der Schmerz wurde in seinem Inneren zurückgehalten, ein Geheimnis. Sie spürte eine zögernde Bewunderung für ihn. Dann, als er sich entspannt zurücklegte, sein Gesicht ausgemergelt weiß vor Schmerz oder Angst, zündete sie sich eine Zigarette an und fing wieder ruhig zu reden an. Sie glitt über die Geschichten ihres Lebens in der Stadt hinaus, ihr Unterrichten, ihre Jahre im College, und fing an, in den Erinnerungen an ihre Kindheit herumzuwühlen: er hatte diese Erinnerungen mit ihr gemeinsam, als Erwachsener. Und doch schien er sich nicht zu erinnern. Er hörte zu, sein Gesicht ernst und zerbrechlich, und er nickte, aber ganz deutlich stimmte ihrer beider Vergangenheit nicht ganz überein. Sie hätte Geschichten erfinden können. Was war mit Rose Smith passiert, fragte sie, was war mit den Latham Jungen, den Zwillingen passiert ...? Es schien ihr jetzt sehr wichtig. Aber ihr Vater konnte sich an diese Leute nicht erinnern.

Als er dann ins Krankenhaus geholt wurde, war Nina selbst erschöpft. Er wurde in einem Rollstuhl in sein Zimmer hinaufgebracht. Ein anderer Mann, ein anderer alter Mann, war in diesem Zimmer, und sein Bett war nah beim Fenster. Nina starrte ihn bitter an. Sie wollte ihn nicht in diesem Zimmer mit ihrem Vater haben. Eigensinnig und verängstigt, im Bewußtsein, Unrecht zu haben, versuchte sie, den Arzt zu finden. Wo war er? Was für ein Ort war dies? Sie sprach mit den Schwestern, beschwerte sich. Sie trug zitronenfarbene Hosen und eine helle Seidenbluse, und ihr Haar war locker aus ihrem Gesicht zurückgekämmt. Die Energie ihres Körpers und die Autorität ihres Gesichts schienen sie hier im Stich zu lassen. Ihr wurde klar, daß sie nicht passend angezogen war.

»Was tun Sie als nächstes mit ihm? Was ist das nächste?« fragte sie fordernd.

»Er wird um vier eine Spritze bekommen.«

»Und was noch? Noch etwas?«

»Ich werde ihn etwas waschen . . .«

»Nein, das werde ich tun. Das tue ich selbst.« Ninas Zähne klapperten fast, so nervös war sie. Sie war verängstigt. In dem Krankenhauszimmer mit seinen betäubend weißen Wänden und seinem waschbecken-weißen Geruch sah ihr Vater schon vergessen aus. »Ich will das selbst tun«, verlangte sie.

Sie stellten einen Schirm um das Bett, aus weißer Gaze, durch die man hätte hindurchsehen können. Aber niemand würde das tun. Ninas Vater wirkte armselig in dieser neuen Umgebung. Von Zeit zu Zeit starrte er auf die Länge seines Körpers unter den dünnen Decken, seine Augen traten leicht hervor, eine Gewohnheit der Alten, die bedeutet . . . die vielleicht bedeutet *Ich betone diesen Augenblick, ohne Grund.* Nina nahm den Schwamm von der Schwester und begann, ihren Vater zu waschen. Ihre Hände zitterten, aber ihr Gesicht war unbewegt, entschlossen. Sie sah ärgerlich aus. Der Körper ihres Vaters war nicht zugedeckt, und es war der Körper eines Mannes, aber er war irgendwie nicht ganz wirklich, als sei es der Körper eines unfertigen Mannes, eines Kindes. Das Waschen nahm einige Zeit in Anspruch. Nina zog den großen, weißen Schwamm langsam über den Körper ihres Vaters, als bewegte sie ihn blind, als sähe sie mit den Fingerspitzen. Sie hatte die Vorstellung, daß seine Haut ihn schmerze. Sogar Luft würde wehtun. Aber sie sah stolz, daß ihr Vater nicht schmutzig war, wie sie befürchtet hatte – Mrs. Stocker hatte wahrscheinlich darauf geachtet. Er war sauber. Es war etwas Fleckiges, Schäbiges an ihm, wie er so von dieser unordentlichen Junggesellenhütte hergebracht worden war, aber eigentlich war er sauber in der Leere seines Körpers, der ein Gefäß in Ruhe ist, sich ausleerend. Nina beugte sich schweigend über ihn. Sie wusch ihn und trocknete ihn mit einem großen, weißen Handtuch aus dem rauhen, sandigen Material von Anstalts-Handtüchern ab. Ihre gelben Hosen waren feucht von Wasserflecken.

Schließlich sagte die Schwester, »Das ist gut. Das ist gut so.«

Wie unter einer Art Zauber wollte Nina nicht aufhören. Sie blickte auf ihren Vater herab. Seine Augen waren geschlossen auf seinem dünnen, blassen, schlaffen Fleisch, blaß wie Wachs... es sah wie Fleisch aus, dessen Fett zerfressen ist, aufgelöst. Die Beutel und Taschen seiner Schwellungen blieben leer zurück. »Ich... ich will...« hob Nina an.

»Das ist gut genug«, sagte die Schwester.

Nina wartete unten. Sie wußte nicht, wo sie hingehen sollte. Sie saß in ihren hellen Kleidern in der kleinen, leeren Halle und starrte in den Raum. Hinter dem Schalter beobachtete eine Dame sie mit Mißfallen. Nina versuchte zu überlegen, was als nächstes geschehen würde... und sie erinnerte sich stattdessen immer wieder an den Körper ihres Vaters, erinnerte sich, wie sie ihn lang, geduldig abgewaschen hatte, an den strengen Seifengeruch, den Geruch der Bettücher, den Geruch ihres Vaters. Sie mußte zwei Stunden wie benommen da gesessen haben. Dann ging sie unvermittelt hinaus in einen trüben Mainachmittag und ging die Straße hinunter zu einem Restaurant, wo sie Kaffee bestellte. Das Restaurant war neu, es hatte eine glänzende, schwarze Fassade. Aber als sie beim Warten auf die Bedienung langsam umhersah, erinnerte sie sich an dieses Lokal: Es war nicht neu, es war ein altes Restaurant mit einer neuen Fassade. Das war alles. Ein Mann in ihrer Nähe schaute sie an. Es war die Helligkeit ihrer Aufmachung, die schicken Farben, ihr Gesicht... Sie war plötzlich von sich selbst angeekelt. Sie haßte sich selbst.

Sie holte Conrads Auto vom Krankenhausplatz und fuhr langsam zum Fredonia-See. In der Hütte gab es kein Telefon.

Sollte sie im Krankenhaus anrufen? Wann sollte sie anrufen? ... Sie wußte nichts von den Abläufen des gewöhnlichen Lebens. Sie hatte außerhalb des Lebens gestanden und hatte auch kein Interesse daran gehabt, und jetzt war sie wie ein Kind, hilflos. In der Hütte machte sie das Bett ihres Vaters und setzte sich in Gedanken auf einen der Küchenstühle. Die Hütte war klein, bedrückend. Sie bedrängte sie. Falsche Holztäfelung gab ihr ein geheimnisvolles Aussehen, die Vorhänge an den Fenstern waren aus rot-weißem Plastik, an die Fensterrahmen geheftet. Stöße von Zeitungen und Zeitschriften. Eine Spinne lief aus einer von ihnen und verschwand irgendwo in einem Loch ... Nina meinte, sie könne ein oder zwei Zeitschriften lesen, um irgend etwas zu tun, aber es war ihr zu viel Mühe, sich hinunterzubeugen und eine aufzuheben.

... Sie dachte an Conrad, erinnerte sich an Conrad. Auf einem ihrer Spaziergänge in dieser ersten Woche, mit diesem Schlagabtausch von Witzeleien, während sie nebeneinander gingen ... und plötzlich hatte Conrad sie am Handgelenk gefaßt und gesagt. »Jetzt reicht's«, und sein Gesicht war hart geworden, er war sehr ernst. Nina versuchte, sich ihm zu entwinden. Aber er ließ sie nicht los, und sein Griff begann ihr weh zu tun. »Genug, genug! Genug Scheiße!« sagte er. Und unter dem Druck seiner Finger und seiner endgültigen Stimme gab Nina nach, so wie sie Männern immer nachgab, wenn sie an diesen Punkt kamen – wenn sie dahin kamen –, sie dachte, daß sie jetzt wirklich zu ihm gehörte, es war unausweichlich, daß sie ein Liebespaar sein würden, es war unehrlich, dem Widerstand entgegenzusetzen. Sie hörte auf, etwas vorzutäuschen. Ihre Ironie verschwand, ihre blitzenden Augen wurden folgsam, sie gab sich Conrad hin und verliebte sich in ihn ...

... Und sie dachte an ihren Vater, oder vielleicht an seinen Körper und nicht an ihn, denn sie hatte ihn nie richtig gekannt. Sie erinnerte sich an seine Anwesenheit am Abendbrottisch, vor Jahren. Ihre Mutter war auch dabei, eine weitere anwesende Person. Er wackelte manchmal am Tisch, indem er die Beine übereinanderschlug. Er rauchte beim Abendessen. Er hatte lange, lässige Beine, er hatte meistens Overalls getragen. Von seinen Wegen draußen auf den Feldern oder vom Herumspielen mit Holz hatte er Kletten und Staub und Grassamen auf seinen Kleidern, insbesondere auf seinen Hosenbeinen. Wie viel mußten sie miteinander geredet haben, ihre Mutter und ihr Vater! Alle Worte hatten sie verbraucht, eine Unmenge von Themen hatten sie erörtert! – und jetzt war es still, das Haus war an jemand anderen verkauft, und Nina hatte nicht einmal daran gedacht, daran vorbeizufahren, all das war vergesssen. Sie fragte sich, wie das passiert war. Sie selbst war dreißig. Bisher hatte sie nicht an die Schwerkraft ihres Körpers gedacht, die in solcher Stille an ihr zog. Sie hatte nie daran gedacht. Von Zeit zu Zeit hatte sie mit Freunden über das »Leben« geredet. Sie hatten alle Pläne. *Ich werde keine Schlampe mehr sein und ernst werden,* sagte Nina und gebrauchte dabei ein Wort, das eine Parodie davon war, was respektable Leute von ihnen dachten. Sie gebrauchten von Zeit zu Zeit die Sprache respektabler Leute, um sie zu prüfen, verzogen ihre Münder darüber, zeigten Ekel und Übermut. Aber sie war zu bequem, keine Schlampe mehr zu sein. Sie war sie selbst, Nina, sie konnte nicht ernst sein, sie hatte kein Interesse an der Sicherheit von Ehe und Heim in einer Vorstadt, ein oder zwei Kindern, Einkäufen in Supermärkten, gut zu sein, zur Wahl zu gehen, Nylonstrümpfe zu tragen...

Sie ging nicht zu Bett, sondern zog die Steppdecke um sich herum und blieb sitzen. Sie bewegte sich nicht. Durch den Schock, den entblößten Körper ihres Vaters zu sehen, fühlte sich ihr eigener Körper unsicher und verwirrt. Sie hatte keinen Appetit, sie konnte sich nicht daran erinnern, was Essen war. Es war ihr nicht widerlich, es war sinnlos. Während sie so bei einem einzigen Licht saß, hatte sie Zeit, sich in der Hütte die Schatten anzusehen, sie sich einzuprägen. Ihre Oberschenkel dehnten die falsche Seide ihrer engen Hose straff. Im Sitzen schien sie schwerer als sie war. Sie fühlte sich schwer. Ihre Hände lagen schwer und reglos auf der Steppdecke. Die Nägel waren farblos und stumpf. Auf ihren Nägeln waren einige große, gespenstische Halbmonde; sie sahen aus wie etwas, das unter ihrer Haut hervorlugte, zu ihr hervorlugte. Sie starrte auf sie herab und vermochte sich nicht zu bewegen.

Am nächsten Tag kehrte sie ins Krankenhaus zurück. Die Operation war vorüber. Sie ging benommen die Treppe hinauf, sehr schwach. Der junge Arzt sprach, während er neben ihr ging – er war etwa in ihrem Alter, schien aber jünger – er hatte sich derart unter Kontrolle, daß ihr Kopf vor Neid auf ihn zu schmerzen begann. Sie war verzweifelt vor Neid. Ihr Vater ist sehr krank, sagte er. Es hat sich ausgebreitet, die Operation wurde nach einer halben Stunde beendet, es war hoffnungslos, sie mußte das begreifen... Ja, ja, sagte Nina ärgerlich, sie hatte die ganze Zeit schon begriffen. Sie wollte ihren Vater sehen.

Es schien, daß er sich seit dem vorherigen Tag verändert hatte, so schnell. Also kann ein Mensch sich so schnell verändern. Sein ausgezehrtes Fleisch sah weich und aufgedunsen aus. Seine Augen waren rot gerändert, als hätte er jahrelang geschlafen. Er stand unter Medikamenten. Er versuchte, sie etwas zu fragen, aber seine Worte waren wirr, so daß Nina laut sagte: »Sie wissen es noch nicht. Morgen. Morgen werden sie Bescheid wissen.« Sie starrte ihn an. Er schien zu dösen. Er war eigentlich ein kleiner Mann, was von ihm übrig war, war klein, alt. Nicht recht greifbar. War dies denn nun ihr Vater? Sie sah zu dem anderen Mann hinüber, dessen Bett an einer günstigeren Stelle am Fenster stand. Ein anderer alter Mann. Ein Körper unter der dünnen weißen Decke. Auch er könnte ein Vater sein, er könnte ihr Vater sein... auch er lag da und schlief oder schien zu schlafen. Am Ende liegt man und schläft, oder scheint zu schlafen. Das wichtige ist die Stille.

III

Nachdem ihr Vater gestorben war, arbeitete sie in der Hütte, räumte sie auf. Sie verbrannte langsam die Stöße von Zeitungen und Zeitschriften. Es brauchte einige Zeit, weil sie sie auffalten mußte, damit sie brennen konnten. Sie waren feucht, modrig, und der Qualm, der von ihnen hochstieg, schien unsauber. Sie verbrannte auch andere Dinge – hohe Stiefel, fettige Lumpen, Trödel. Manches davon wollte nicht brennen, sondern blieb verkohlt und qualmend in dem Schutt. Nina nahm sich Zeit. Es war jetzt Anfang Juni.

Sie begann, lange Spaziergänge am Ufer zu machen. Sie war im Frieden mit sich, ging langsam. Die Luft des frühen Juni war kühl, so weit im Norden, so fand sie hinten in der Hütte ein altes Paar Hosen und zog sie an. Sie saßen locker, waren etwas beschmutzt, sehr bequem. Sie fühlte sich im Frieden. Draußen am Ufer, in der Dämmerung, wo der Dunst eisig vom Wasser hochstieg, stand sie mit den Händen in den Taschen und starrte ins Nichts.

Sie schrieb an Conrad: *Meinem Vater wird es wohl bald besser gehen. Ich werde bald zurücksein, aber jetzt braucht er mich noch.*

Als Conrads Briefe kamen, gab sie sich nicht damit ab, sie zu lesen. Sie verbrannte sie in dem Schutthaufen. Sie warf sie zu den anderen Sachen, sie wollte kein Ritual daraus machen, sie zu verbrennen, sie wollte nichts Besonderes daraus machen.

Das Ufer war verlassen, und die Häuser waren verlassen. Draußen auf der Autobahn fuhren häufig Autos vorbei, daher ging sie nicht hinaus. Das Geld ging ihr aus, aber sie dachte nicht darüber nach. Sie aß wenig, sie hatte das Essen vergessen. Sie saß stundenlang in ihren verschmutzten, sackigen Kleidern, Männerhosen, Männerhemden, und dachte nach. Sie fühlte sich eigenartig ruhig, erfüllt, wie unter einem endgültigen Zauberspruch. In diesen Kleidern, von ihnen geschützt, erinnerte sie sich deutlich an viele Dinge. Sie erinnerte sich an ihren Vater und an Conrad und an andere Männer... Sie waren gegenwärtig gewesen, bestimmte Wesen. Sie hatten Schatten geworfen. Sie waren vorübergegangen. Ihr eigener Körper ging unaufhaltsam seinen Funktionen nach. Sie achtete neugierig darauf und empfand keine Scham, sondern nur Neugier. Sie war eine Frau und hatte den Körper einer Frau, sie war eine Frau, weil sie den Körper einer Frau hatte und die Vorgänge, die zu einem solchen Körper gehören. Die Vorgänge waren nicht aufzuhalten. Aber sie hielt davon Abstand, beobachtete sie wie ein Mann sie beobachten könnte, ohne Kommentar oder Schamgefühl.

Eines Tages, draußen hinter der Hütte, sah sie einige Frauen am Ufer. Sie gehörten zu der häßlichen, rosafarbenen Hütte. Sie waren von der Stadt heraufgefahren und trugen Kleider, Stadtkleider; sie sprachen mit hellen, lebhaften Stimmen. Nina starrte sie an. Sie fand sie häßlich mit ihren nackten Beinen, Storchenbeinen, mit ihren hohen, schrillen Stimmen . . . Männer hatten eine Art von Anonymität, die sie sich wünschte; sie waren keine individuellen Persönlichkeiten, die meisten von ihnen. Ihre Kleider verleugneten sie. Sie gehörten in ein weites Meer von Gesichtern und Körpern und waren nicht darauf aus, sich hervorzutun, Körper mit Namen zu sein. Frauen, bemerkte sie, kreischten immer ihre Namen.

Also war sie keine Frau mehr: Sie zog sich zurück.

Sie ging nicht mehr hinaus zum Briefkasten, weil da nichts war, was sie interessiert hätte. Stundenlang saß sie in der Hütte, dachte nach, fragte sich, wie alles sie enttäuscht hatte, warum es so geschehen war, warum niemand ihr das gesagt hatte. Ihre Illusionen waren vorüber. Sie wollte die schrecklichen Erfahrungen ihres Lebens in sich aufnehmen– die Gewalt ihrer Liebe zu Männern, die Gewalt ihrer Angst vor ihnen – und sie in sich zu nichts auflösen. Sie würde sie einfach zwingen, sich aufzulösen.

Conrad kam schließlich hoch, mit dem Bus. Er tobte herum, argumentierte. Er hatte im Bus getrunken, und er hatte eine Flasche Schnaps bei sich. »Was zum Teufel ist los? Was geht hier vor?« brüllte er. Sein Gesicht war gerötet, er war erstaunt, ungläubig. »Warum hast du mich angelogen, Nina? Also ist er tot, er ist beerdigt, es ist alles vorbei?« Er war kein Mann, wie sie gern einer sein wollte. Er rannte gegen die Dinge an, er war laut, ungeduldig, er nahm die Dinge zu wichtig, er suchte Streit mit ihr. Nina, nicht länger träge wie bisher, sondern still, aufgeweckt und ruhig auf eine neue Art, starrte ihn aus ihrer Entfernung an. Sie trug Männerkleider, aber nicht die Art Kleider, die Conrad trug. Sie beide waren keine Männer von gleicher Art. Sie erklärte ihm, sie werde nicht zurückkommen.

Er sagte, sie sei verrückt; was zum Teufel? Sie sagte ihm, sie werde hier bleiben, sie würde sich ihren Lebensunterhalt verdienen ... vielleicht könnte sie das Ferienhaus vermieten und damit Geld verdienen. ... Nein, sie würde nicht zurückkommen. Sie hatte mit all dem abgeschlossen.

Conrad blieb zwei Tage, besorgte sich mehr Schnaps und kam zum Haus zurück, als wäre es seines. Aber es war eben nicht seines. Er sah ein, daß ihre Macht seiner überlegen war, oder sein Körper begriff dies, denn er versuchte nicht, sie zu lieben, er gebrauchte nur Worte in seinem bitteren Streit mit ihr. Und schließlich sagte er, auf dem Weg hinaus, »Dann bleib eben hier! Wiedersehn! Wenn du schon verrückt bist, ich hab wenigstens mein Auto wieder!«

Ins Deutsche übertragen von Barbara von Bechtolsheim

Stoff und Energie

1956

Ich komme aus der Schule nach Hause; ich sehe mich mit
Büchern, einer alten, zerknitterten, weichen Papiertüte, in
der... meine Turnsachen sein müssen, meine schmutzigen
Turnsachen... und ein Handtuch. ... Ich trage die Bücher
und die Tüte und meine Handtasche gegen meine Brust gedrückt, so daß meine Schultern etwas vorgebeugt sind. Ich bin
mit Sharon zusammen, sie und ich reden. Sie lacht über etwas,
das ich sage. Ich albere herum. Ich imitiere eine Lehrerin aus
der Schule, Miss Strong, die sehr dünn ist und manchmal
weint... Aber die ANGST geht los: da ist sie. An der kommen-
den Straßenecke, und wenn wir um die nächste Ecke biegen...
an der folgenden Straßenecke wird sie auf mich warten. Sie
sieht schimmernd aus, gestaltlos.

Mir ist übel.

Ich bin zwölf Jahre alt an diesem Nachmittag. Sharon plaudert mit mir. Wir stehen vor unserem alten Haus, zwei Mädchen mit Büchern und Sachen in den Armen gegen die Brust
gedrückt. Wir schneiden Gesichter. Wir rollen mit den Augen.
Hinter mir, im Haus, hinter den heruntergelassenen Rouleaus,
wartet die ANGST.

»Bis morgen«, sagt Sharon.

Sie überläßt mich der ANGST.

Drinnen im Haus, Stille. Das Wohnzimmer ist zu leer.
Nichts in Unordnung, nichts umgefallen oder zerrissen... Ich

stehe in der Tür, überlege. *Was ist, wenn jemand eingebrochen ist und sie getötet hat, und er wartet jetzt mit einem Messer auf mich?*

Nichts.

Das Wohnzimmer leer. Küche leer. »Ma. . .?«

Wir sind jetzt zu zweit, seit mein Vater nicht mehr da ist. Ich rufe, »Ma? Ma?« Gestern um diese Zeit war sie im Bett. Ich gehe nach hinten in ihr Zimmer, das »Elternzimmer« . . . das Bett ist nicht gemacht. Ein Geruch von Zigaretten, stickige Luft. »Ma? Wo bist du?« Die Dusche, die ich nach der Turnstunde genommen habe, war zu heiß, dann war sie zu kalt. Mein Körper ist überzogen mit einem Flaum von erkaltetem, erschrecktem Schweiß. Ich lege mein Bücher auf den Küchentisch. Ein Weinen ist in der Luft, aber es ist still. Draußen im Garten hinterm Haus, nichts. Die Wäscheleine ist leer.

Der Keller?

Hier unten ist die Stille drückender. Das Weinen drückender, aber noch immer still. Dunkle Luft. »Ma, bist du hier unten?« Ich bin wütend. Da ist sie, sie hockt hinter der Heizung. Nein, sie sitzt auf etwas. »Was machst du? Warum versteckst du dich?« frage ich sie. Ich rieche ihren Schweiß. Sie sagt nichts.

Ich spüre die Schwere in ihr, in ihrem Körper. Sie keucht. Sie umklammert sich selbst. Sie gibt ein komisches Geräusch von sich – ihre Zähne klappern. »Warum bist du hier unten? Warum versteckst du dich hier unten?« schreie ich.

1969

Meine Aufgabe ist es, das Leben von anderen genau zu umreißen. Hier ist Elizabeth A. Price, Koordinatorin des Städtischen Kulturvereins. Geboren in Philadelphia, 1921, Bachelor am Wellesley College, Magister und Doktor der Psychologie an der Universität von Michigan. Verheiratet mit Norman Price, Anwalt. Seit fünfzehn Jahren aktiv im Kulturverein. Bürgerrechtsdemonstra-

tionen. Komitees... Stadt, Staat, Bund. ... Titelgeschichte in *Look* 1967... Eine stattliche, blühende Frau
mit geröteten Wangen, voller Energie. Sie sitzt und wartet darauf, bei unserer Show interviewt zu werden. Man
kann ihre Energie fast sehen, in ihren plumpen Oberarmen und der Spannung ihres Halses! Der Star der Show
ist Vince Ellman, hier in Detroit berühmt. Er raucht
hastig, hilflos, mit seinem spitzbübischen Lächeln. Ein
Junge. Ein jungenhafter Junge von fünfundvierzig. Wir
haben noch zehn Sekunden. Acht Sekunden. Vince albert
herum. Im Studio lachen alle. Mrs. Price lacht. Sie trägt
ein nichtssagendes Kostüm, und ihr Lachen dröhnt, frisch
und begeistert.

Wir sind auf Sendung.

»Heute morgen haben wir Mrs. Elizabeth Price bei uns,
sie ist Ihnen allen bekannt...« hebt Vince an. Seine
Stimme ist kurz angebunden und weich, ein wenig ver-
schmitzt. Er ist ein gutaussehender Mann, und er trägt
sein Haar lang, im Stil dieser Tage, mit Koteletten. Jungenhaft und etwas linkisch lächelt er in eine Kamera und
dann in eine andere, er beugt sich hinüber, um Mrs. Price
die Hand zu streicheln...

Während ich den Monitor beobachte, breitet sich eine
große Leere in mir aus: Ich denke an mich, wie ich den
Monitor beobachte. Ich bin hinter den Kameras, ich bin
nicht zu sehen. Ich sitze auf einem Stuhl, der in einer
Reihe von Stühlen steht, einen Block auf dem Schoß,
mein Kopf ist leer...

Vince plaudert ernsthaft mit Mrs. Price. Der Schrecken
von Detroit! – die Tragödie von Detroit! – alles hier in der
Vince Ellman Show heute morgen in Worte gefaßt, so daß
die Zuschauer vergessen können, was hinter den Worten
steht. Wenn man so darüber reden kann, ein gutaussehender Mann und eine mütterliche Frau, plaudernd, ernst
lächelnd, wenn man es im Fernsehen bringen und darüber
reden kann, kann es nicht wirklich sein, und nichts wird
sich ereignen. »Gewiß ist es ein Vergnügen, einem Men-

schen mit einer positiven Einstellung zu begegnen«, sagt Vince und schaut bedeutungsvoll auf die Fernsehkamera. Ich spüre, wie die Zuschauer nicken, dankbar und zufrieden. Vince lächelt. Um so zu lächeln, muß man die Mundwinkel sorgfältig mit einer Rasierklinge aufschlitzen. Wenn das Bluten aufhört, wird man wie Vince lächeln können.

1956

Ich bin allein in der Stadt, in einem Kino. Ich bin für einen Tag weggelaufen. Mein Kopf tut weh, weil ich nichts gegessen habe. Ich bin weggelaufen, ich trete etwas langsamer, ich sehe mir ein ganzes Doppelprogramm an, kaue an den Nägeln. Plötzlich ist ein Impuls in mir, mich nach vorne zu lehnen und den Kopf gegen den Sitz vor mir zu schlagen, ich weiß nicht warum... Zu Hause sitzt meine Mutter manchmal und schlägt ihren Kopf gegen die Wand, ganz sanft. Ich glaube, sie versucht, sich an etwas zu erinnern. Sie sitzt schwerfällig vor der Wand, so nah wie möglich, und dann lehnt sie sich nach vorne und stößt mit dem Kopf gegen sie. Zwischen uns beiden ist ein gewisser Abstand, eine Art Luftraum. Wir sind Mutter und Tochter. Wenn sie ihren Kopf gegen die Wand schlägt, hüpft etwas in mir, wie eine eigene Erinnerung, ich weiß nicht, was es sein könnte... in mir ist eine Kraft, die herausgelassen werden will, aus mir heraus will, aber ich weiß nicht, was es ist.

Der Film handelt von Soldaten. In Farbe. Eine eigenartige Kraft läßt die Männer herumlaufen – sie schießen mit Gewehren, sie springen über Gräben, sie krümmen sich auf dem Boden, sie sterben, erwachen wieder zum Leben, schreien, sie sind nicht wie Mutter und ich, aber ich verstehe nicht, was der Unterschied ist – warum sind einige von uns Körper, die im Dunkeln sitzen, und einige von uns laufen mit energiegeladenen Armen und Beinen herum? Aber jetzt ist etwas passiert: Das Tonband läuft nicht mit. Die Schauspieler bewegen ihre Lippen weiter. Dumm. Ein Mann im Zuschauerraum kichert.

Ich kann diese Stille nicht leiden. Davon ist zuviel im Kino. Ich befürchte, daß die ANGST in dieser Stille Gestalt annehmen wird.

1969

Vince vorgebeugt im schönen verblassenden Licht. Haufenweise Schnee um uns, langsam vorbeifahrende Autos... Der Himmel ist bedeckt, der Himmel hängt ein paar Zentimeter über unseren Köpfen. Vince sagt, »Worüber denkst du immer nach? Warum bist du so geheimnisvoll?« Er neckt mich, er ist etwas verärgert über mich. Weiß er denn nicht, daß in mir eine Schwere ist, ein Gravitätszentrum, das tiefer geht als sein eigenes? Er nimmt meine Hand zwischen seine Hände und reibt sie, energisch, obgleich wir in der Öffentlichkeit sind, auf dem Gehweg vor Topinkas. »Mein kleines Mädchen hat kalte Hände!« sagt er, offen und lieb. So ist er auch oft in der Show. Es ist sein wahres Selbst. Ich habe mich in ihn verliebt, ich glaube, ich habe mich in ihn verliebt, als ich ihn am ersten Tag bei der Arbeit auf dem Monitor sah. Als ich ihm begegnete, sah ich einen Mann von nur mäßiger Größe, unternehmungslustig und gesprächig, mit einem merkwürdig weichen, unschuldigen, ja ungeschützten Gesicht... als ich ihn auf dem Monitor sah, zog sich mein Herz zusammen, ein starres und gutaussehendes und kontrolliertes Gesicht, Worte, die mit einer solchen Magie aus ihm strömten... »Du bist auf einer Insel, und ich komme und rette dich!« sagt er, im Spaß und auch nicht im Spaß.

1957

Drei Monate Gesundheit! Tante Thelma kommt dauernd herüber. Vater hat versucht zu kommen – sie wollte ihn nicht sehen. (Er trinkt viel, sagen sie, er geht die ganze Zeit nicht zur Arbeit.) Aber trotzdem ist sie gesund, sie hat sich verändert, sie geht zur Kosmetikerin und läßt sich wie all die anderen Frauen in unserer Gemeinde die Haare frisieren, läßt sich eine Dauerwelle machen; häßlich. Sie lächelt unter ihrem häßlichen Haar. Sie macht Frühstück und Abendessen für uns, sie kocht richtige Mahlzeiten, sie geht alleine einkaufen, und drei Monate lang ist sie gesund ... Dann überkommt sie eines Tages das Zittern ... ich spüre, wie der Boden unseres stark angeschlagenen Hauses vibriert ... Ich schreie sie an, »Du tust das absichtlich! Du haßt mich! Du tust das absichtlich!« Der Fluch beginnt. Sie liegt angezogen im Bett. Ihre Fingernägel sind schmutzig. Sie starrt vor sich hin, ihr Gesicht ist teigig und wulstig, etwas strebt aus ihr heraus. Sie erinnert mich an einen Baum, einen gedrungenen Baum, der geköpft daliegt, umgeschlagen. Ihre Finger könnten sich in Zweige verwandeln, sie sind so ruhig. Sie murmelt vor sich hin: »Wenn das alles war, was ich tun mußte ... Mistweiber, die die Straße herunterstolzieren ... ich muß ihnen nicht sklavisch dienen, ich kann ihnen sagen, sie sollen zum Teufel gehn ... ich werd mir seinen Gestank nicht gefallen lassen. Wenn er hier auftaucht, wenn dieser Scheißkerl auch nur einen Fuß in die Tür setzt, ruf ich die Polizei, sie können ihn haben ... Ich brauch mir gar nichts gefallen zu lassen ...«

1969

Das Fernsehstudio hat keine schattigen Ecken, keine Flekken. Alles blitzt im Licht. Ich wache jeden Morgen um fünf auf. Ich kann nicht schlafen. Ich denke nach. Ich gehe zur Arbeit. Ich trage meine Papiere in einer großen Ledertasche zum Studio hinauf. Hier oben ist überall Licht, Licht in den Ecken, Klarheit. Ich mache genaue Abrisse vom Leben wirklicher Menschen: Nicholas Bruno, Gitarrist. Geboren Brooklyn, 1934. Aufnahmen bei der Schallplattenfirma Capitol. Seine neueste Aufnahme ist ... Titelrolle in dem Paramount-Film ... Vince nimmt mir die Papiere ab, liest sie gierig in einigen Sekunden. Ich beobachte, wie seine Augen sich blitzschnell die Zeilen entlang bewegen. In diesen wenigen Sekunden nimmt er sich alles, was ich erkundet habe, er weiß alles, dann setzt er sich, um dem Gast dieses Morgens gegenüberzusitzen. Eine lebhafte Show heute? Auseinandersetzungen? Vince hat ein zufriedenes, düsteres Lächeln, er wird seinen Gast auf gefährliches Terrain führen, wenn er kann... Neulich hat er einen evangelischen Pfarrer dazu gebracht, seinen Zweifel an Gott zu bekennen... jedenfalls schien der Pfarrer das zu sagen... hundert Telefonanrufe folgten darauf, aufgebrachte Frauen, kampfbereit! Vince zündet sich eine Zigarette nach der anderen an. Ich beobachte ihn auf dem Monitor, wie er eine Zigarette anzündet. Man meint, daß das Fernsehen unwirklich sei, daß die Leute, deren Gesichter darauf erscheinen, Schauspieler seien, keine richtigen Menschen, die einstudierte und nicht wirkliche Worte sagen. In den Häusern lehnen sich die Leute nach vorne und versuchen, in die Welt von Vince Ellman einzudringen, neugierig auf den wahren Vince Ellman... aber ich bin hier ein paar Meter von ihm entfernt, und ich ziehe das Bild auf dem Fernsehschirm vor: lebendiger, besser aussehend, ohne Ablenkungen, wie er den Hausfrauen und mir, nur mir, vertraulich zuzwinkert... Nach der Lunchpause geht Vince mit mir zum Essen. Er küßt mir die Hand. Er hat eine Frau und vier Kinder, er sieht jünger aus als seine Frau, ich liebe ihn, und törichterweise schlägt mein Herz in seiner Anwesenheit schneller, ich will die Angst abschütteln, die meinen Körper schwer macht. Aber ich kann es nicht. Er sagt, »Wo gehen Sie jetzt hin?« »Meine Mutter besuchen. Es ist Mittwoch«, sage ich zu ihm. »Soll ich Sie absetzen?« sagt er. Ich sage nein, das Krankenhaus ist zu weit weg. Nein.

1958

Ist das Blut, da auf dem Boden? Blutflecken an der Wand, an der Badezimmertür...? Sie muß im Bad sein. Ich stehe im Flur. Stille. Warten. Trägheit. Ich spüre die Stille auf der anderen Seite der Tür, ihren Körper, wie meinen Körper, träge, wartend. Die Stille wird lastender. Gestern abend ist sie spät nach Hause gekommen, sie hatte getrunken, sie schlüpfte in die Küche und sagte, ich hätte Wasser auf dem Boden verschüttet, sie kratzte irgendwie ihre Knöchel, sie schrie mich an. »Du willst, daß ich sterbe! Die ganze Zeit willst du, daß ich sterbe! Weißt du nicht, daß ich hören kann, was du denkst?« Sie warf den Mehlbehälter nach mir, es tat nicht weh. Er traf mich an der Brust, fiel auf den Boden und ging kaputt, Mehl stäubte überall hin, über alles... Jetzt ist sie im Badezimmer. Ich warte. In ein paar Minuten werde ich die Tür aufmachen: da, in der Badewanne. Ihr Körper. Schwer, zusammengebrochen, die Brüste bläulich-weiß und eingefallen, ihr Körper von einer sonderbar leuchtenden Farbe, alle Energie verbraucht und doch noch am Leben, noch am Leben... Beschmiert, gestreift mit Blut. Das Messer auf dem Boden. Oh, dieses häßliche Blut, dieser Geruch! Dieses häßliche Gesicht, dem Bewußtsein fehlt! Ich fange zu schreien an. Ich schreie sie an, sie soll aufwachen. Ich schreie noch immer.

1969

Timing nach Bruchteilen von Sekunden, das Timing eines Magiers: mein Geliebter! Er spielt den Clown, er rollt die Augen, die Kamera richtet sich auf ihn, und er ist »normal«, er beginnt zu sprechen. Ich beuge mich vor, benommen von seinen Worten. Er spricht nicht von der Stille eines Hauses oder des Nachthimmels... er spricht nicht von den Schrecken leerer Räume, Parkplätze, Wüsten, Stadtbibliotheken zur Schließungszeit... vom Anblick eines Messers in einer Küchenschublade... von Mehl, das aus einem karierten Rock nicht herausgeht . . . Nein, er spricht von einem Möbelausverkauf, einem Frühjahrsausverkauf . . . Sofas, Zweisitzer, Sessel, Lampen, Dinettes zum halben Preis . . . Er weiß genau, was er sagt, die Worte sprechen für sich und sind perfekt, kein Anlaß zur Sorge. Ich liebe diesen Mann, aber ich habe Angst vor ihm. Innerlich schwitze ich vor Angst, aber äußerlich bin ich eine hübsche junge Frau, stets pünktlich. Eine Lehrerin, eine alte Jungfer, die uns Mädchen gute Ratschläge gab, hat mir einmal gesagt, *Deine Gabe kann es sein, immer zuverlässig zu sein.* Das ist meine Gabe.

1958

Der Krankenwagen kommt an. Sie wird auf einer Pritsche hinausgetragen, nicht tot. So viel Blut! Die Badezimmertür ist geschlossen. Ich schäle mein Gesicht aus den Händen, sehe sie noch immer. Warum hat sie das getan? Warum nicht meine Tante, warum nicht die Frau von nebenan? Warum nicht die Mutter meiner Freundin Sharon? Mir ist schlecht vor Haß, Haß, Haß. Meine Tante Thelma zieht jetzt zu uns, und ich hasse sie, ich will mich hinter der Heizung verkriechen und auf dem schmutzigen Boden liegen, mich gegen den Boden drükken, versuchen, da durchzukommen. Meine Mutter lag immer auf dem Boden und versuchte da durchzukommen . . . Sie hat ein Gesicht, das jemand zerkratzt hat, ihr Haar ist wüst, gestreift mit Blut; oh, ihre Hände sind Baumwurzeln, die aus der Erde gerissen sind, und sie sehnt sich danach, in diese Dunkelheit, die dunkle Luft und die Stille zurückzukehren. Obgleich sie jetzt weg ist, im Krankenhaus, sehe ich sie noch immer. Meine Tante macht für mich eine Dose Rindernudelsuppe auf.

In sich zusammengesunken, eine Frau in einem sackigen, blauen Kleid. Eine Dienstbekleidung. Meine Mutter hat ein wirres, schrilles, königliches Gesicht – ihre Backen sind ohne Rouge gerötet; ihre Augen sind scharf, sehr scharf. Sie sieht mich flüchtig an. Sie weiß genau, wer ich bin, aber sie will nicht Guten Tag sagen, will mir keinen Kuß geben. Ich will sowieso nicht, daß sie mich küßt! Was kann ich dieser Hexe mitbringen, was nützt die Tüte mit Obst, was nützt sie ihrem gelben Teint, ihrer gereizten Haut? »Ich bin noch immer dieselbe, du brauchst nicht nach Anzeichen von Glück zu suchen«, sagt sie, indem sie ihre Lippen bewegt. Unsere Augen begegnen sich wie zufällig. »Geh weg. Schau mich nicht so an. Denkst du, ich bin in einer Raritätenshow?« sagt sie. »Ich gehe, wenn du willst«, sage ich. »Wozu bist du gekommen?« sagt sie. »Bloß um zu reden . . . hallo zu sagen . . .« sage ich. »Du spionierst für sie«, sagt sie teilnahmslos. »Nein«, sage ich. »Sie nutzen dich aus, ohne daß du es weißt, du bist so dumm«, sagt sie. »Sie können hören, was du denkst . . . Du bist zu dumm, das abzuschalten! Du weißt eben nicht wie!« Andere Frauen saßen um uns herum, gähnend und blinzelnd. Medikamente halten sie auf dem Meeresboden. Die Augen meiner Mutter sind fiebrig von ihrem Kampf gegen den Schlaf, gegen die Kapitulation. Wenn sie sich ergibt, wird ihr etwas zustoßen, meint sie . . .« Sie tun etwas mit dem Gehirn«, sagt sie. »Sie operieren es. Zuerst stecken sie dir eine Nadel rein und drücken deine Knie auf den Tisch, und du schläfst ein, dann machen sie, was sie wollen . . . sie holen deine Innereien heraus . . . sie stochern in deinem Gehirn herum. Ich weiß es.«

Plötzliches Schweigen.

»Ma, du siehst schon viel besser aus«, sage ich ihr. Schwere. Schweigen. Zeitlosigkeit. Der Flur aus Formica und Plastik, ein angenehmes Beige, die anderen Frauen sind unförmig und zufrieden, schlafen und lächeln, vermutlich alles Mütter. Da sitzen wir nun, Mutter und Tochter. Wir sind zur Ruhe gekommen. Ich bekämpfe das Bedürfnis, mich meiner Mutter zu Füßen zu legen und meinen Körper gegen den Boden zu pressen, den Linoleumboden, um alles um mich herum anzuhalten. Ich schwitze innerlich. In meinem Magen bilden sich Schweißklumpen.

1960

Das zweite Krankenhaus. Das dritte Krankenhaus. Sie stopft sich voll und wird dick – ihr Magen schwillt an, schrumpft dann wieder. Jetzt bin ich sechzehn Jahre alt, und das Haus ist verkauft. Mein Vater geht nach Kalifornien. Ich schlafe: Ich träume von dem blutbespritzten Gang, der Tür, der Frau drinnen, die blutet. Im Schlaf folge ich der Fährte von Blutflecken.

1969

Im Schlaf folge ich der Fährte von Blutflecken. Sie führt mich in meine Zukunft! Ich laufe einen Gang entlang, folge diesen kleinen, sternförmigen Explosionen von Blut, ich werde in mein Leben eingeführt, in meine Zukunft . . . Ich greife an den Türknopf und öffne die Tür . . .

Ich rüttle mich wach und sehe auf dem Monitor ein »eindrucksvolles« Negergesicht. Judge Wright. Er spricht schnell, schneller als Vince, er ist schlauer als Vince, er fängt sogar an, Vinces Sätze für ihn zuendezusprechen . . . zwischen ihnen kommt Spannung auf . . . Vince schaut voll Ironie in die Kamera, die Judge Wright nicht sehen kann.

1963

Ornamentales Licht: goldene Flecken. Die halbgeöffneten rissigen Rouleaus. Sein Gesicht, seine überschatteten Augen. Wir flüstern einander zu, »Ich liebe dich . . .« Ich höre, wie ich selbst diese Worte ganz deutlich sage. Stehe ich unter Medikamenten? Bin ich wie meine Mutter im Heim, die unter Medikamenten und mit schweren Lidern daliegt? Aber mein Liebhaber flüstert diese Worte, und er steht nicht unter Medikamenten. Unsere Körper, umeinandergewunden, sind schwer und sehr warm. Ich liebe diesen Jungen. Ich liebe diesen Jungen nicht. Ich werde von ihm geliebt . . .? Ich kann nicht glauben, daß ich von ihm geliebt werde, ich bin nicht geliebt, ich bin gar nicht in diesem geheimen Zimmer, ich bin nicht einmal am Leben.

Während ich hier liege, stelle ich mir vor, wie sie irgendwo auf dem Boden liegt, wie sie im Keller auf dem Boden lag. Ich presse mich gegen diesen Jungen. Seine warme, feuchte Brust. Seine Stirn. Warmes, feuchtes Haar.

1969

Sonntag. Ein Sonnentag. Sie ist dicker, ihr Gesicht dicker. Ein Buch auf ihrem Schoß. »Was liest du da, Ma?« frage ich glücklich. »Es ist nur aus der Bibliothek . . . ein blödes Buch . . .« sagt sie verlegen. Sie ist jetzt leicht von selbst verlegen. Sie sitzt ungeschickt da, die Backen gerötet.

·1967

Krankenhäuser. Sechs Monate draußen, acht Monate drinnen. Dicker, sackiger Bauch. Eingefallener Bauch. Sie stopft sich mit Essen voll, dann hungert sie . . . sie schreit die Schwestern und mich an, sie sitzt schweigend da, trauernd. Ein plumpes, frisches Gesicht. Ein hageres Gesicht. Die Monate kommen und gehen, das Pendel schwingt vor und zurück, sie »macht einen neuen Anfang«, und dann bricht sie in frierendes Schwitzen aus . . . Die Jahre geraten durcheinander. Mein Kopf dreht sich mit den Jahren und Monaten, durcheinander, der echte Flur und der Flur in meinem Traum, das echte Blut und das Blut in meinem Traum . . .

1969

Der Roman, den sie liest, ist *Glory of Dawn*. Ihre Hände sind plump und sehen gesund aus. Plötzlich will ich meinen Kopf gegen ihren stoßen, sanft, etwas zu verstehen, etwas zu erinnern versuchen. In ihr sind Geheimnisse, die sie mir eines Tages erzählen muß. Ich will sie fragen, *Warum bist du verrückt geworden?* Ich will sie fragen, *Warum hast du meinen Vater geheiratet?* Ich will sie fragen, *Warum läßt du mich nicht gehen?* All diese Geheimnisse sind in ihrem Schädel mit dem fleckigen, grauen Haar. Ich will meinen Kopf gegen den ihren stoßen, sie packen, in sie hineinschreien.

Danach muß ich mich mit Dr. van Geel treffen.

Dr. van Geel: Ist Ihnen klar, daß sie Angst vor Ihnen hat? Sie sagt, Sie bedrohten sie.

Wie könnte ich sie bedrohen?

Dr. van Geel: Obwohl sie nicht so aussieht, ist sie wirklich sehr gestört. Wir verstehen es auch nicht. Sie gerät leicht in Verwirrung und behauptet, daß sie hört, was die Leute denken . . .

Hört sie nicht, wie ich an Liebe denke? Wie laut muß ich an Liebe denken? Ich bin fünfundzwanzig Jahre alt, sitze in diesem Krankenhausbüro, denke an Liebe und zittere.

Dr. van Geel: Nein, wenn Sie aufhören, sie zu besuchen, wird sie depressiv werden. Sie müssen sie weiter besuchen. Sonst hat sie nichts, wofür sie lebt, wirklich . . . Wenn sie sich mit den anderen Frauen streitet, geht es immer um Töchter, Sie und die Tochter der anderen Frau, zuerst reden sie auf eine sehr freundliche Weise miteinander, dann beginnt Ihre Mutter, aufgeregt zu werden, dann geht die Streiterei los ... Nun, diese erste Wochenhälfte hat sich Ihre Mutter außerordentlich gut benommen, sie hat die ihr zugeteilte Arbeit getan, sie hat sich selbst sehr sauber gehalten. Dann, am Donnerstag, ging es los. Sie redete immer über Sie. Sie wurde ganz verwirrt. Sie preßte ihre Hände gegen den Kopf und sagte uns, sie versuche, mit Ihnen in Kontakt zu treten, herauszufinden, ob Sie in Gefahr wären ...

Einmal hat sie versucht, mich zu töten, das werde ich nicht vergessen. Zerschlagenes Geschirr, Mehl überall in der Küche, erstickend trockener Geschmack nach Tod, weißes Mehl überall, überall, in meinen Augenbrauen in meinem Mund meiner Lunge ...

Dr. van Geel: Ich wünschte, wir könnten herausfinden, warum sie sagt, Sie bedrohten sie bei diesen Besuchen. Sie selbst haben da keine Vorstellung? Sie sagen nichts, was sie aufbringt? Von Donnerstag bis Sonntag wird sie zunehmend nervös, wartet auf Sie, bereitet sich auf Ihren Besuch vor ... nein, Sie müssen sie weiterhin besuchen ... ihr bliebe nichts, wenn Sie damit aufhörten.

1968

Ich werde Vince Ellman vorgestellt. Lebhaftes Händeschütteln. Das Fernsehstudio: Licht, Kameras, dickes Glas, Gummischnüre schwer auf dem Boden. Scherze, Geplänkel. Dieser Mann ist ein gutaussehender Mann. Es ging die Rede, daß er sich von seiner Frau scheiden lassen wolle, um jemand anderen zu heiraten, ein junges Mädchen, was wohl aus ihr geworden sein mag ...? Die Scheidung fand offensichtlich nicht statt. Er war »verliebt« in zwei Frauen, sagten seine Freunde. Er ließ sie beide wieder fallen.

Ich denke ständig an ihn.

Sonntagsbesuch im Krankenhaus: die Blumentöpfe, die anderen Besucher, die Keramikheiligen, die fluorroten Bogenlampen, die Telefonzelle, der Geruch der Halle, der Geruch ewiger Krankheit. Die Stimme meiner Mutter tönt aus dem Stimmengewirr. »Ich bin sehr krank gewesen«, sagt sie. »Jetzt werde ich gesund.«

»Ja. Du siehst glänzend aus.«

»Ich schäme mich schrecklich, wie ich mich benommen habe.«

»Oh, Ma...«

»Wie sieht's zu Hause aus? Ist alles in Ordnung?«

Du weißt genau, daß das Haus verkauft ist.

»Es ist alles in Ordnung.«

Sie starrt mich an. Schweigen.

»Ich werde gesund«, sagt sie langsam. »Ich werde ziemlich bald rauskommen...«

Warum erzählst du solche Lügen?

»Ostern, hab ich dir das erzählt, sind ein paar wirklich nette Mädchen vom Gymnasium hiergewesen, um für uns zu singen... sie waren etwa dreizehn oder vierzehn, die süßesten, nettesten Mädchen...«

Und du hattest sie gern! Du hattest sie gern, aber als ich in dem Alter war, hast du versucht, mich zu töten!

»Dann hab ich die ganze Woche in der Wäscherei gearbeitet... ich hab wirklich hart gearbeitet... ich hab mich gut benommen, nicht einmal...«

Ja, du hast versucht, mich zu töten. Das werde ich nicht vergessen.

1969

Monroe W. Mason, Bürgerrechtsgewerkschaft, Abschlüsse von Columbia und Harvard, Anwalt, verheiratet, drei Kinder, sandfarbene Haarbüschel, tadellose Zähne, lange, nikotingefleckte Finger. Er und Vince sind ernst, angespannt, unterbrechen sich gegenseitig. Ich beobachte sie auf dem Monitor. Ein Mann ist ein Mann: Eine Frau verliebt sich in die Vorstellung von einem Mann, aber anstelle von diesem Mann kann man einen anderen setzen, einen Ersatz. Ein Raum in der Luft muß ausgefüllt werden. Ein Mann tritt dafür ein. Es ist nicht Monroe E. Mason, der Mann rechts, den ich liebe. Es ist der Mann links, den ich liebe, Vince Ellman. Während ich sie auf dem Fernsehschirm beobachte, sorgfältig von einem zum anderen schaue, kann ich sie nicht beurteilen. Ich vermag nicht zu sagen, warum ich diesen einen Mann liebe und nicht den anderen. Ich kenne keinen von beiden. Nichts in ihren Gesichtern ist persönlich. Nichts in irgend jemandes Gesicht ist persönlich. Was läßt sich aus einem Gesicht entnehmen? Zu viel Lächeln verbraucht ein Gesicht, das stimmt, aber meine Mutter, die fast nie lächelt, hat ein verbrauchtes Gesicht. Mein eigenes Gesicht fühlt sich verbraucht an, aber nicht vom Lächeln. Ich sitze da, während die Programmminuten vorbeiflimmern, Sekunde um Sekunde – die Zeit verfliegt, wenn man auf Sendung ist – und ich spüre, wie die alte, öde, krankmachende Trance in mir aufsteigt, eine Kristallisation von ANGST. Warum? Ich werde in dieser Sache vernünftig sein. Die ANGST ist nicht real gewesen, niemals. Es war eine Lüge. Niemals, hinter den heruntergelassenen Rouleaus eines Hauses in Dougal Street . . . niemals hinter der Badezimmertür . . . nie, nie hat sie in der Dunkelheit des Kellers Gestalt angenommen, nie . . . alles Lüge, alles. Eine kranke Frau, das ist alles. Meine Mutter wurde im Alter von vierunddreißig Jahren krank, und jahrelang war sie immer wieder krank, dann gesund, sie ist krank, dann gesund . . . Sonst nichts. Es gibt keine ANGST, es gab niemals ANGST, nur Krankheit.

1969

»Ich möchte, daß du heiratest. Ich möchte, daß du glücklich bist.« – Es ist meine Mutter, die da spricht. Sie spricht mit einer »logischen«, leicht eintönigen Stimme, als wolle sie Dr. van Geel nachmachen. Er spricht als Holländer (glaube ich) mit einer sehr logischen, eintönigen Stimme, als spreche er immer mit Kindern.

Verwirrt nicke ich meiner Mutter zu. Ich stimme ihr zu.

Sie sagt mir, was ich mit meinem Leben anfangen soll. Ich spüre, wie sich ihre Muskeln zusammenziehen, während sie versucht, mich endgültig auszustoßen. Sie will meinen Kopf aus ihrem Körper herauspressen – sie will, daß ich sie verlasse, daß ich geboren werde, daß ich aus der Krankenhaushalle gehe, daß ich meine Arme und Beine um einen Mann, einen Fremden lege.

Mir kommen die Tränen. Oh, wie sie voller Haß ist, sie will meinen Tod! Das Geheimnis von Müttern und Töchtern: daß die Töchter »verheiratet« sein sollten, daß sie »glücklich« sein sollten. Nur, was heißt das?

»Warum weinst du?« sagt sie alarmiert.

Sie ist verlegen. Wenn nun einer von den anderen Patienten uns sieht? (Sie spionieren uns alle nach. Sie wissen Bescheid.) Wenn nun eine der Schwestern herbeieilt und mich packt, behauptet, daß ich genauso verrückt bin wie meine Mutter . . .? Meine Mutter will das alles für sich. Sie will für sich krank sein, aber sie läßt mich nicht krank sein. Sie will, daß ich hier weggehe. Eine Frau in einem blauen Kleid, die Füße in häßlichen Stützschuhen, sie ist sicher in ihrer fünfzehnjährigen Krankheit, und sie ist zu egoistisch, sie mit jemandem zu teilen.

Warum erzählst du ihnen Lügen über mich? Du erzählst ihnen, daß ich dich bedrohe!

»Warum weinst du?« sagt sie.

»Ich dachte, du könntest Gedanken lesen. Wenn das stimmte, wüßtest du's«, sage ich ausdruckslos zu ihr.

Das ist der Tag, an dem Mrs. Price in der Show war. Als ich heute morgen sie und Vince sah, spürte ich eine furchtbare, stechende Traurigkeit, oder Verlangen . . . die beiden, ein Mann, den ich liebte, und eine Frau, die meine Mutter hätte sein können, zwei Menschen, die ich hätte lieben können, auf diesem kleinen Bildschirm . . . in vollem Ernst sprachen sie über »Kinder« in den Slums. Wer sind diese Kinder? Warum sind sie wertvoller als wir anderen Kinder, die allein leben, erwachsen, in deren Köpfen noch die Schrecken der Kindheit nachhallen?

»Ich kann keine Gedanken lesen. Das gehörte zu meiner Krankheit«, sagt meine Mutter vorsichtig. Sie haben ihr beigebracht, das zu sagen. Ich lächle, um zu zeigen, daß ich das alles durchschaue – ihre Lügen. Natürlich kann sie meine Gedanken lesen! Mütter können die Gedanken ihrer Töchter lesen, als würden sie eine Telefonleitung abhören, aber sie wollen es nicht zugeben. Meine Mutter tut so, als sei sie jetzt gesund, und sie wird es nicht zugeben. Sie lügt.

»Ich war damals krank . . . als ich das gesagt habe«, erklärt sie.

Ich sage nichts. Soll sie doch ihre eigenen Lügen hören, wie sie in unseren Köpfen widerhallen. Lügen. Sie lügt. Soll sie sie doch weiter hören. Wir können hier die nächsten zehn Jahre zusammensitzen, uns anstarren, beide im Bewußtsein der Wahrheit. Das nimmt kein Ende! Es gibt keinen Ausweg für uns, wir müssen ewig hier sitzen! Wir sind zwei niedergedrückte Körper, und in unserem Inneren sind unsere Lebensgeister erloschen, nichts ist übrig als unsere zwei Körper und woran sie sich erinnern.

»Ja, ich will, daß du heiratest. Es ist an der Zeit«, sagt sie. Ich will, daß du heiratest und glücklich bist.«

»Du warst verheiratet, und du warst nicht glücklich«, sage ich zu ihr.

»Wir reden über dich und nicht über mich«, sagt sie.

»Es ist dasselbe«, sage ich zu ihr.

1969

Schließlich gehen die Sekunden zu Ende – die Show ist vorbei. Lächeln. Glückwünsche. Monroe Mason schüttelt Vince die Hand. Er schüttelt mir die Hand. Im Händeschütteln eines Mannes ist ein gewisser Druck, eine Frage, die eine Frau spürt, aber nicht erwidert, wenn der

Raum in ihr, der Liebe braucht, ausgefüllt ist. Ich erwidere diesen Druck nicht. Vince ist am Telefon, ich gehe auf die Damentoilette, ich frage mich, ob ich das Studio verlassen soll, ohne mich von ihm zu verabschieden... Zu viel Klatsch hier. Der Zwang, auf Sendung zu sein, von äußerster Anspannung, läßt jeden hinterher plaudern. Worte. Wir liebkosen einander, wir streiten miteinander mit Worten. In den Jahren, in denen meine Mutter schwieg, bin ich stumm geworden, weil sie mich nicht hören konnte. Meine Worte gingen ins Leere. Mir blieben keine Geheimnisse, nichts gehörte mir – was in meinem Leben gehörte mir? Sogar die ANGST wurde öffentlich. Ich erzählte meinen Freundinnen davon, ich machte Späße darüber, ich lachte mich selber aus. Die ANGST. In mir, da wo damals die ANGST war, ist nichts – ein ausgehöhlter Leib.

Vince holt mich ein und hilft mir in den Mantel. Mein Herz klopft in seiner Nähe. Ich habe Angst vor ihm. Ich will ihn wirklich nicht. Während er plaudert, denke ich an meine Mutter im Krankenhaus... ich will sie heute abend besuchen, ich will, daß sie gesteht..., daß sie etwas gesteht... Ich will keine Liebe von diesem Mann! Ich will ihre Liebe. Ich weiß nicht, warum Frauen Männer lieben. Was an ihrem Grinsen, ihrem Schweiß, ihren großen Händen zwingt Frauen zu lieben? Zwingt sie, sich hinzulegen, um zu lieben? Vor Jahren hatte ich einen Liebhaber, einen Jungen, und was sich zwischen uns abspielte, war wie im Film, den ich Jahre zuvor gesehen hatte, nichts weiter. Ich weiß, daß er mein Liebhaber war. Ich erinnere mich an sein Zimmer, das Sonnenlicht durch die rissigen Rouleaus... es muß einfach passiert sein... Ich erinnere mich sogar noch an sein Gesicht. Aber es ist für mich nicht wirklicher als eine Filmgeschichte. Es ist weniger wirklich, weil man den Film nochmals sehen könnte, sich genau erinnert beim zweiten Sehen, aber der Liebesakt ist für immer vorbei und läßt sich nicht in die Erinnerung zurückrufen.

Vince geht mit mir zum Aufzug. Eines Tages werde ich für mich selbst einen Bericht über ihn erfinden: Vincent Ellman, WWT-Fernsehen, Fernsehpersönlichkeit. Geboren in Waco, Texas, 1924, arbeitete für einundzwanzig Radio- und/oder Fernsehstationen in den Vereinigten Staaten, England und Kanada, kam 1963 nach Detroit, heiratete, vier Kinder, eigentlich nicht mein Liebhaber. Was kann ich noch über ihn erfahren? Warum bin ich für ihn von Interesse? Ist es meine Zartheit, mein hübsches Gesicht, mein weggedrehtes Gesicht, meine Angst vor ihm? Ist er an meiner stillen Art interessiert, Vince, der so mit Mund und Händen beschäftigt ist? Ich bin fünfundzwanzig Jahre alt, aber habe noch keine fünfundzwanzig Jahre gespeichert ... Nichts ist in mir. Keine Jahre. Mein Leben ist wie eine Geschichte, die von einer Kamera erzählt wird, auf einem Bildschirm, mein Gesicht in der Mitte, eine Geschichte, die sich in Episoden wiederholt aber sich nicht summiert. Es gibt keinen Handlungsfaden, keinen Fortschritt. Und die Heldin wird nicht älter. Sie ändert sich nicht, weil in ihrem Innern nichts ist – es ist ausgehöhlt, um sie vorzubereiten auf ihre eigene Krankheit, doch sogar diese Krankheit entgleitet ihr.

1969

Ich komme sie besuchen, außer Atem – in der Besuchszeit Mittwoch abends – es ist bereits sieben Uhr dreißig! Ich werde heute abend verlangen, daß sie mir die Wahrheit sagt. Heute ist Vince mit mir durch das Fisher Center gegangen, über die Parkplätze, an dem Gebäude von General Motors und den teuren Restaurants vorbei, wir beide im Gehen, während er sich zu mir beugt, um mir die Welt zu erklären, wie er sie den Leuten immer wieder erklären muß. Haßt er seine Frau jetzt, weil er ihr endgültig die Welt erklärt hat? Sie weiß alles über ihn. Sie ist dreiundvierzig Jahre alt, eine gutaussehende Frau, kein Dummchen. Aber sie kennt all seine Witze. Sie könnte

ihm die Sätze zuendesprechen, seine Eigenarten sind ihr so
vertraut wie ihre eigenen . . . vielleicht sind es ihre eigenen. Sie
ist fast so alt, daß sie meine Mutter sein könnte, diese Frau! Ihr
Mann fühlt sich von etwas in mir angezogen, etwas Stillem. Er
ging mit mir auf einen Drink zu Topinka. Einige Leute vom
Studio waren auch da. Er stellt sich am besten in solcher
Umgebung dar, vor dem Hintergrund anderer beschäftigter
Leute, vor Tischdecken und Silber und Drinks; bei solchen
Gelegenheiten ist es eigentlich unwichtig, was er sagt. Ich
schaue ihn verliebt an. »Du bist auf einer Insel. Du lebst allein
auf einer Insel«, sagt er. »Willst du, daß ich dich rette?«

Ich fahre den ganzen Weg zum Krankenhaus hinaus, um sie
zu besuchen, außer Atem und wütend. Ich bin so wütend! Aber
ich weiß nicht warum, nicht genau. Meine Mutter löst sich aus
einer kleinen Gruppe, mir ist klar, daß sie lieber mit diesen
anderen Frauen, mit diesen verrückten alten Frauen reden
würde als mit mir. Mein Gesicht zeigt das. Ich will nicht lügen.

Keiner von uns spricht. Sie ist die »Kranke« und sie scheint
sich zu ärgern, daß sie zuerst sprechen soll. Schließlich gibt sie
nach. Sie sagt, »Ich hatte nicht mehr damit gerechnet, daß du
heute noch kommen würdest . . .«

Mein Gesicht ist rot vor Wut. Eine Schwester steht in der
Nähe, von Dr. van Geel geschickt, uns nachzuspionieren. Ihre
Tracht ist zu eng um die Hüften, die Oberschenkel – sie ist eine
schlampige Frau um die vierzig. Ich wundere mich über die
Schwestern. Ich wundere mich über die Intimität der Schwestern mit ihren Patienten, all diese Stunden, die trüben, be-
deckten Tage, die Bäder, die Massagen, die Routineangelegen-
heiten dieser geheimnisvollen Tage in Krankenhäusern . . .

Meine Mutter und ich sitzen einander schweigend gegenüber. Wir werden niemals voneinander frei sein. Sie kann mich
sosehr anstarren wie sie will, sie wird doch niemals erreichen,
daß ich gehe. »Ich möchte dich etwas fragen«, sage ich nach
einer Weile mit so leiser Stimme, daß die Schwester mich nicht
hören kann. Meine Mutter sieht müde aus. Frauen in ihrem
Alter sehen müde aus, es sei denn sie lächeln, und es ist zu
schwierig zu lächeln.

»Was?«, sagt sie.

»Wann kommst du nach Hause?«

Sie starrt mich an.

Wir haben kein Zuhause.

»Der Arzt meint, ich könne noch nicht gehn . . . jetzt noch nicht . . . «

»Wie lange willst du noch hierbleiben?«

Sie sieht erschreckt aus. Sie wird dem Arzt erzählen, wie ihre Tochter sie erschreckt, wie ich die laute, kaputte Welt hierherbringe, in ihre Sicherheit, und wie ich sie damit bedrohe! Sie will den ganzen Tag im Bett liegen, ich kenne sie. Sie will mit diesen anderen Frauen reden und klatschen. Sie wird die Wäschereiarbeit hier tun und servieren und sich in der Küche hier plagen, aber als sie ein »Zuhause« mit mir hatte, hat sie nichts getan, sie hat sich im Keller versteckt und geweint. Ich konnte ihre Panik damals riechen. Sie wollte nicht meine Mutter sein! Heute gibt sie vor, meine Mutter zu sein, und sagt zu mir, *du solltest heiraten, du solltest glücklich sein.*

»Du kannst dich nicht ewig hier verstecken«, sage ich zu meiner Mutter. Ich spreche schnell. »Sie werden dich nicht hierbehalten, das ist Gesetz. Dr. van Geel hat es mir selbst gesagt.«

Die Muskeln in ihrem Gesicht beginnen sich zu verkrampfen.

»Nein, du willst, daß ich dich in Ruhe lasse, ich soll verschwinden«, sage ich flüsternd zu ihr. Ich beuge mich zu ihr vor. Wir sind uns so nah, meine Mutter und ich, daß ich die zarten Poren meiner Haut atmen fühle, wie in Erinnerung an die Zeit, als diese vor fünfundzwanzig Jahren in ihrem Körper atmeten, als ihr Blut in mich hinein und aus mir hinausströmte, derselbe Stoff. Sie weiß das. Ich kann hören, wie sie das denkt, aber sie wird es nicht zugeben.

»Du willst, daß ich verschwinde! Du willst, daß ich gehe . . . Als du damals versucht hast, mich zu töten, als du jahrelang all diese verrückten Sachen gemacht hast, hast du gemeint, ich werde sie vergessen? Wie könnte ich sie vergessen?«

Ein Fernsehgerät in einer Ecke. Beifall. Gekreische.

»Du bist dreckig und gehässig«, flüstere ich. Plötzlich erinnere ich mich an all das Blut. Blut auf dem Boden, auf der weißen Badewanne, an die Wand gespritzt – dieses Schwein! »Du sitzt da, stolz auf deine Arbeit in der Wäscherei, machst die dreckige Wäsche anderer Leute, und meine hast du nicht machen wollen – du hast dich unten in dem dreckigen Keller versteckt und da unten geweint! Stimmt's? Stimmt's? Wie kannst du das vergessen?«

Meine Mutter fängt an zu weinen. Sie bedeckt ihr Gesicht mit den Händen.

Die Schwester kommt herüber. »Fehlt was?« fragt sie mich. Ich muß verstört aussehen, sie hat Mitleid mit mir, sie schaut von meiner Mutter zu mir und wieder zurück. Ich nehme meiner Mutter die Hände vom Gesicht. Ja, da sind sie, die Häßlichkeit, der Haß. Die Schwester und ich starren es an.

»Ma, bitte nicht. Bitte, wein doch nicht. Ich muß in ein paar Minuten gehn«, sage ich zu ihr.

»Hätten Sie gern irgend etwas? Etwas Tee?«, sagt die Schwester sanft zu meiner Mutter.

1969

Frühling. Vince fährt mich aufs Land raus. Alles geht auf, steigt ins Sonnenlicht, aber ich fühle mich hinabgezogen. Die ANGST ist irgendwo da draußen und wartet auf mich. Vince stellt das Radio an, sucht im Fahren ruhelos die Stationen ab. Und er redet. Gerede über Neuigkeiten im Studio, über Freunde von ihm, Anekdoten – er kennt so viele Leute! Einmal wollte er sich von seiner Frau scheiden lassen, um irgendein Mädchen zu heiraten, das ich nie kennengelernt habe, und jetzt glaube ich . . . ich glaube, er würde sich von derselben Frau scheiden lassen, um mich zu heiraten, aber ich kann mich auf diese Tatsache nicht konzentrieren. Während er spricht, gehen meine Gedanken spazieren. Er redet, er redet, ich lasse mein Gesicht glühen vor Gesundheit und Jugend und einer gewissen

Art zierlicher, unheilvoller Anmut, und so redet er ewig auf mich ein, er versucht mich anzufüllen... aber niemand kann mich anfüllen. Er weiß über meine Mutter Bescheid. Er hat Mitgefühl. Es macht mich in seinen Augen schwach, wie ein Krüppel, ein behindertes Kind – ich sollte ewig dankbar für ihn sein, für sein Interesse. Deshalb hat es den Anschein, daß ich ihm so aufmerksam zuhöre. Ich bin fast so jung, daß ich seine Tochter sein könnte. Ich bin so jung, daß ich seine Tochter sein könnte. Aber seine Tochter bleibt ihm lediglich fern, das ist alles, augenblicklich gammelt sie in Europa herum und hat seit Wochen nicht geschrieben oder angerufen, sie will von ihren Eltern frei sein, aber ich bin gehorsam und dumm neben ihm im Wagen und höre zu. Ja, ich glaube, er würde mich heiraten. Er sieht in mir kein eignes Leben, keine Zerstreuungen. Immer sind Frauen hinter ihm her – schöne Frauen, Schauspielerinnen, Modelle, die Frauen seiner wohlhabenden Freunde – aber sie sind zu gesund für ihn, zu solide, ihre Schönheit ist zu selbstsicher, sie haben es nicht nötig, daß er sie anfüllt. Also wendet er sich mir zu. Ich werde ihn nie mit meinem eignen Leben beunruhigen. Ich werde mich nie weinend zu ihm drehen, ihm den Tod in mir bekennen, den Tod meiner Kindheit, die Fährte zerspritzten Blutes, die in meine Zukunft führt... Ich werde nichts von dem ständigen Schweigen sagen. Nichts über die Wand von Verrücktheit, hinter der sie sich verbarg. Die andere Seite der Wand ist immer außerhalb, draußen in der Welt, und ich werde nie dahinkommen. Ich bin gefangen. Im Schlaf oder wenn ich wach bin, immer folge ich dem Pfad der Blutspuren, und ich bin in diesem Flur gefangen, ich kann nicht entkommen. Ich bin eigentlich tot, obwohl ich hier sitze und diesem Mann lächelnd zuhöre. Aber davon werde ich ihm nie etwas sagen. Ich werde ihm nichts sagen.

Und so wird sich nichts ändern. Nichts wird sich voraussichtlich ändern.

»Was hat der Arzt gesagt?« fragt Vince.

»Das Übliche.«

»Daß du sie anklagst...? Sie bedrohst?«

»Ja. Ich will nicht darüber reden.«

Vince schüttelt den Kopf. »Gott, das muß schon hart für dich sein. Warum sollte sie sich gegen dich wenden? Du besuchst sie die ganze Zeit, du bringst ihr Geschenke... sie sollte verdammt dankbar sein. Aber ich nehme an, daß das zu ihrer Krankheit gehört, die Dinge, die sie über dich sagt.«

Ich nehme das stillschweigend hin. Er hat recht.

Draußen auf dem Land gehen wir spazieren. Die Erde ist schwammig. Mein Körper wird nach unten gezogen. Ich will mich gegen die Erde pressen, damit alles wieder still wird, wirklich still. Ich verstehe, warum die Erde unsere Körper in sich aufnimmt, wenn wir sterben. Es sind unsere Körper, die nach unten streben, die Erde würgen, ersticken, weil sie zurück in sie wollen. Sollte ich mich hier hinlegen? Sollte ich mein Gesicht gegen die Erde pressen, nach der Erde greifen, in sie hineinschreien? ... Vince umarmt mich leicht. Ich habe Angst vor ihm, aber ich entziehe mich nicht. Heute? Heute nachmittag? Ich werde ihm nachgeben, ich werde ihn lieben? Er küßt mich, und ich weiche nicht aus, obgleich ich panische Angst verspüre. Ich fühle mich klein und ziemlich ungeschickt, wie eine Verräterin, sehr hinterlistig, sehr graziös in den Armen dieses Mannes. Wenn ich mich auf den Boden lege und ihm erlaube, mich zu lieben, dann...

Heute nicht.

Wir gehen nebeneinander her. Die ANGST zieht sich zurück. Vince ist jungenhaft, guter Laune. In seinem Herzen ist er sich meiner sicher, denn ich bin wie eine Tochter, befreit von allem außer vom Gehorsam; das kann man mir am Gesicht ablesen. Mein Haar ist lang, bis auf die Schultern, glatt und braun und gehorsam. Meine Augen sind braun und gehorsam. Er liebt nicht mich sondern seine Spiegelung in mir, als sei ich ein Bildschirm, in dem er sich endlos sehen kann, sich bewundern kann, seine Worte, seine Sprache, die Magie seiner Männlichkeit, seine Unsterblichkeit. Er liebt mich. Und dennoch, während er spricht, denke ich an die Schulbücher und den Beutel mit Turnsachen und meine Tasche gegen die Brust gedrückt, ich denke an den Heimweg von der Schule, die vorderen Stufen, die Reklame im Briefkasten, die Stille im Haus... Ich denke an die Fährte von Blutflecken... Vince bückt sich, um ein Unkraut zu pflücken. Es hat kleine, grüne Knospen, wo sonst Blüten sein würden. Die Knospen sind sehr klein, noch nicht einmal grün; sie sind weiß. Sie sind blutlos, winzig, schmal, nach innen gedreht wie in einer traumhaften Agonie. Vince verbeugt sich, er überreicht mir die »Blume«. »Hast du mich ein wenig lieb?« sagt er im Spaß. Ich nehme ihm die Blume ab. Es ist keine Blume, und es wird auch nie eine Blume sein. »Ja. Ich glaube schon«, sage ich zu ihm.

Er scheint zufrieden.

Ins Deutsche übertragen von Barbara von Bechtolsheim

Ich war verliebt

Ich war in einen Mann verliebt, den ich nicht heiraten konnte,
also mußte einer von uns sterben – ich lag wach, ich versuchte,
mit den Augen zwinkernd im Dunkeln zu erkennen, wer von
uns beiden sterben sollte. Er lebte allein in einem großen,
zugigen Haus und richtete sich mit Leuten zugrunde, verausgabte sich an Leute, ließ sich von ihnen verschlingen wie von
anonymen, uninteressierten, gefühllosen Maden. Ich lebte mit
meinem Mann und meinem Sohn, und sonst kam niemand an
mich heran. Er hatte keine Familie. Ich hatte meine Eltern und
die Eltern meines Mannes. War ich mehr wert? Ich lag wach
und versuchte zu erkennen, wer von uns beiden sterben sollte,
er oder ich. Die Zukunft dieser Liebe zu ihm war ein Skelett mit
zitternder Haut überspannt, mit vor Angst zuckender Haut.
Die Angst mußte aufhören.

Die Monate und Jahre vor uns hatten eine knochige Gestalt,
wie ein Skelett. Ich spürte das.

Morgens waren meine Augen trocken. Wenn mein Mann
gegangen war, saß ich am Tisch und streckte die Hand aus, um
die trockenen Krümel auf seinem Teller zu berühren. Toast-
krümel. Jemand kam hinter mir zur Haustür und stand beob-
achtend da. Das Schweigen war wie ein Schrei. Ich brauchte
mich nicht umzuschauen. Nach ein paar Minuten hörte ich ihn
etwas sagen – hörte ich meinen Sohn Bobby etwas sagen – also
schaute ich mich um. Die Knochen in meinem Genick schienen
sonderbar. Eine unwillkürliche Bewegung war in ihnen. Bobby
sagte irgend etwas voller Wut, zeigte dabei auf sein Hemd. Er

ist acht Jahre alt, mein einziges Kind. Bin ich daran schuld, daß er schmal gebaut ist, klein, daß er unproportioniert aussieht? Oder ist es eine optische Täuschung? Ich mache mir deswegen Sorgen. Aber der Arzt sagt, seine Entwicklung sei normal. Ich akzeptiere das erleichtert, beifällig nickend, eine dankbare Mutter. »Ja, er ist ein guter Esser, ja...« sage ich dem Arzt voller Dankbarkeit, indem ich die Worte den Lippen einer anderen Mutter entnehme – einer Frau, die ich im Wartezimmer über ihren eigenen kleinen, schmalen, unansehnlichen Sohn reden hörte. Als Kind habe ich in Drugstores und billigen Kaufhäusern und von Schreibtischen meiner Freunde geklaut. Ich habe geklaut und bekam Angst und habe die Sachen alle weggeworfen; jetzt klaue ich Worte von anderen Leuten. In mir ist ein Schweigen, das aufgefüllt werden muß. »Ja, ein guter Esser. Er ißt sogar Gemüse«, sage ich dem Arzt immer.

»Das ist zerrissen. Das ist kaputt«, sagte Bobby wütend.

Er bewegte seinen Arm auf und ab, um zu zeigen, daß das Hemd unter dem Arm zerrissen war.

»Wie hast du das angestellt?«

»Es ist kaputt.«

»Es ist nicht kaputt, was ist los? Red doch nicht!«

Einmal habe ich einige Sachen in einem Schrank gefunden, die vor Feuchtigkeit mürbe waren, Kinderkleidung, die uns nicht gehörte. Es war eine Wohnung, die wir in Maine gemietet hatten. Ich nahm die Pyjamas eines fremden Kindes heraus, die Pyjamahosen, und aus irgendeinem komischen Grund zog ich daran, versuchsweise zog ich die Hände auseinander. Der Stoff zerriß.

Warum hatte das meinen Sohn beeindruckt?

»Stell dich nicht an, dein Hemd kann gar nicht kaputt sein. Komm her. Unsere Sachen sind nicht kaputt.« Den Blick auf den Boden gerichtet kam er zu mir, anscheinend angeekelt. In seinem Gesicht zeigt sich Ekel sehr deutlich. Ich legte meine Arme um ihn. Montags morgens ist ihm nie danach zumute, zur Schule zu gehen. Ich weiß nicht warum: Unsere Sonntage sind langweilig genug. Manchmal fahre ich hinaus, um »ein paar Sachen zu holen« und meinen Liebhaber zu besuchen, ein zehn- oder fünfzehn-Minuten-Besuch, und abgehetzt und verzweifelt fahre ich wieder nach Hause, und in dieser Zeit sind die Sonntage für mich nicht langweilig. Für normale Leute sind Sonntage langweilig. Bobby lehnte sich schwer gegen mich, zuckte dann zurück. Das ist eine Gewohnheit von ihm. Wenn er sich aus meinen Armen losreißt – als habe er gerade an etwas Dringendes gedacht – spüre ich den gespenstischen Schmerz eines Babys, das in meinem Körper zuckt und herauskommen will. Ich spüre auch die kleine aber hartnäckige Kraft dieses Kindes.

»Ich habe eine Orange in dein Lunchpaket gepackt, Schatz.«
Er sagte nichts.
»Ißt du sie auch oder wirfst du sie weg?«
Er zuckte die Achseln.
Sein Kopf scheint groß für seinen Körper. Der Hinterkopf sieht bedenklich aus. Sein rehbraunes Haar genügt nicht, diesen zarten Schädel zu schützen; ich bin voller Angst wegen seiner dauernden Gefährdung. Letztes Jahr stießen einigen Kindern in seiner Schule eigenartige Unfälle zu. Ein Mädchen steckte ihren Kopf durch eine kleine Öffnung und konnte ihn nicht mehr herausziehen – sie stieß ihren Kopf durch. Ein anderes Mädchen wurde von einer Hollywood-Schaukel am Kopf getroffen, die rückwärts durch die Luft flog und sie genau zwischen den Augen traf. Sie muß dagestanden und sie beobachtet haben. Ein Junge wurde gekidnapt, gewaltsam entführt, aber ein paar Stunden danach wurde er beim Herumlaufen in der Stadt gefunden – er konnte sich nicht genau an die Männer erinnern, die ihn mitgenommen hatten. Weiße, sagte er. Unverletzt und unbesorgt. Ich war in einen Mann verliebt und konnte nicht an diese Dinge denken. Ich mußte jeden Tag stundenlang an ihn denken, nur an ihn. Ich war dazu verurteilt. Wenn das Telefon klingelte, wagte ich nicht, es abzunehmen, aus Angst, es könnte jemand anderes sein. Wenn das Telefon klingelte, lauschte ich sehr aufmerksam, nahm es aber nicht ab. In einem leeren Haus ist Telefonklingeln immer lauter.

An diesem Morgen ging Bobby wie immer zur Schule. Ein

paar Klagen. Keine Tränen. Ich half ihm beim Anziehen eines neuen Hemds, und wir beide warfen das alte Hemd in einen Papierkorb, als sei das eine wichtige Zeremonie, eine Art, die Woche zu beginnen. Es schien ihm dringend zu sein, es loszuwerden und sicherzugehen, daß es wirklich weggeworfen war. Aber es war kein altes Hemd – es war zwar älter als das Hemd, das er dann schließlich doch trug, aber eben kein altes Hemd. Offenbar hatte er es bewußt zerrissen. Warum? Ich dachte daran, ihn zu fragen, entschied mich dann aber dagegen; warum sollte man die Woche nicht derart beginnen.

Als er gegangen war, fuhr ich hinaus, um von dem Haus wegzukommen. Ich hatte Angst vor dem Telefon. Ich beschloß, mir die Haare schneiden zu lassen – ein erster Schritt. Wenn ich sterben müßte, sollte wenigstens mein Haar gut aussehen. Ich dachte nicht an den offenen Sarg – ein schönes, wächsernes Gesicht, Frieden etc. – ich dachte vielmehr an diese aufregenden Minuten, wenn man mich in einem Motel-Zimmer finden würde, in einer vierten Dimension. Ich konnte mir leicht vorstellen, ich sei tot. Ich versuchte, auf der Straße zu parken, aber das rechte Hinterrad schlug immer wieder gegen den Bordstein, prallte ab und rutschte wieder runter. Mein Körper war durchgerüttelt. Indem ich immer wieder langsam gegen den Bordstein stieß, dachte ich die ganze Zeit an die Entfernung zwischen meinem Liebhaber und mir; ich dachte an ihn da draußen in seinem Haus, wie er nicht genug aß. Ich dachte daran, ihm etwas rohes Gemüse zu bringen und ihm beim Essen zuzusehen. Es stimmt nicht, daß mein Sohn ein guter Esser ist, nicht so wie sich Mütter gute Esser vorstellen. Manchmal kann ich mich nicht daran erinnern, ob er je überhaupt etwas gegessen hat. Ich nehme die Teller vom Tisch, kratze verträumt die Reste in den Müll – leidenschaftslos, da ich schon früher an diesem Tag meine Leidenschaft losgeworden bin – ich kann den Teller meines Mannes nicht vom Teller meines Sohnes und von meinem unterscheiden. Der Müllschlucker zermahlt alles wie ein guter Magen. Das Essen verschwindet. Nach dem Friseur würde ich auf den Markt gehen und etwas frisches Gemüse kaufen.

Ich plane die Zukunft gerne bis ins kleinste Detail – Finger- und Fußnägel.

Ich parkte den Wagen und schloß ihn ab. Ich ging in einen Friseursalon, aber sie wollten mich nicht annehmen; »Heute ist nur ein Mädchen da«, sagten sie. Ich meinte, das müsse etwas bedeuten. Ich ging die Straße hinunter und sah in die Schaufenster auf der Suche nach einem weiteren Zeichen. Es stimmte, daß einer von uns sterben mußte: Welcher von uns beiden? Mein Herz klopfte, so gewaltig war mein Haß auf unsere Liebe, unsere Verdammung zur Liebe; sie hing mir zum Hals raus, ich hatte sie satt, ich suchte nach einem Zeichen . . . Im Spiegel eines Schaufensters sah ich mich, eine eigenartig angespannte Frau. Mein Gesicht ist ein haßerfülltes Gesicht, zu scharf. Da ist dieser dauernd wachsame, angespannte, leidenschaftliche Ausdruck – übergroße Augen, ein semitisches Aussehen, irgendwie gejagt. Als ich Anfang zwanzig war, kam es mir so vor, als ob die Männer mich zur Strecke brachten, einige Männer, mich hetzten und einschüchterten. Einer von ihnen wurde später bei einem Flugzeugabsturz im Atlantik getötet, das Flugzeug fiel aus ungeklärten Gründen vom Himmel. Sein Körper war einer der wenigen, die wieder gefunden wurden, aber er war nur eine Leiche. Ein anderer war der Mann, den ich dann schließlich heiratete.

In einem Drugstore blätterte ich Zeitschriften durch, ohne etwas zu kaufen. Ich sehe wie eine Frau aus, die immer etwas kauft; die Leute vertrauen mir. Mein Herz begann schneller zu schlagen, als stehe mir eine Offenbarung bevor. Über unser Leben entschieden zu haben, über seines und meines, alles vollendet zu haben! Ich blätterte eine Frauenzeitschrift durch und war fasziniert von einigen ganzseitigen Farbfotos von Speisen. Ich würde zu diesem alten Haus hinausfahren und meinem Liebhaber Speisen aufhäufen, ihn zum Essen zwingen. Warum aß er nicht vernünftig? War seine Gleichgültigkeit gegenüber dem Essen eine Art Selbstmord, eine Art, sich mir zu entziehen? Woran dachte er, wenn er allein war? Er hat ein schwaches, süßes, stilles Lächeln . . . er ist eine unbestimmte Persönlichkeit, kaum zu charakterisieren. Seit Jahren ist er dauernd umgezogen, hat gepackt und ist allein in seinem Volkswagen über Land gefahren, hat Bücher, Zeitschriften, gesprungene Teller, abgetragene Kleider, abgenutzte Freundschaften zurückgelassen . . . Ein Foto von Brokkoli Amandine. Zerlassene Butter, Mandeln, Zitronensaft . . . Mein Magen war ein leerer Sack, nutzlos, aber ich erinnerte mich an den Zweck anderer Mägen, die Speisen zermahlen, um Leben zu erhalten. Es war meine Verpflichtung, ein paar Menschen zu ernähren und sie am Leben zu erhalten.

Als ich die Straße entlangging, sah ich, wie die Leute, die mir entgegenkamen, nicht mehr deutlich im Blick waren. Meine eigene Haut ist blaß wie rasch mit dem Messer geschnittene Kartoffeln, dieses erstaunliche Aussehen von halbierten Kartoffeln. Mein Haar ist dunkel, mit Streifen von rot und seit kurzem mit Streifen von grau. Mein Gesicht ist scharfgeschnitten und angenehm unschuldig, wie die Gesichter von Fahrern, die Tiere überfahren, aber erst wenn sie den Stoß spüren merken, daß sie etwas angefahren haben; sie können sogar das Tier auf der Straße sehen, wie es sie beobachtet, aber erst wenn sie die kleine Erschütterung durch ein Tier, das von einem schweren Auto zermalmt wird, in ihren Oberschenkeln und Hintern spüren, erst dann wird ihnen das Bild klar und deutlich. Einmal hat Bobby bei meinen Schwiegereltern in der Einfahrt gespielt, und mein Schwiegervater hätte ihn fast überfahren.

Mein Wagen war komisch geparkt. Der linke Hinterreifen war nach außen gedreht, als flirte er mit dem Straßenverkehr. Ich stieg ein und fuhr langsam hinaus aufs Land. Das Haus, das mein Liebhaber gemietet hat, ist zugig und häßlich, nicht gut für seine Gesundheit. Niemand kümmert sich da um ihn. Mein eigener Mann wiegt rund neunzig Kilo, kleidet sich gut und warm, ißt gut, wird geliebt wie ein zweites Selbst immer geliebt wird, ohne Gefühlsaufwallung. Ich brauche nicht oft nach ihm zu schauen. Wir beide sind auf immer zusammen, keine Sorge. Ich ernähre ihn, gebe ihm nachts Wärme, ziehe ihm die Decke um die Schultern. Er zittert und taumelt im Schlaf, erklimmt kleine, tückische Böschungen. Ich halte ihn auf diesen Klettertouren warm. Ich muß gar nicht darüber nachdenken; es ist, als zöge ich eine Decke hoch, um mich selbst warmzuhalten. Mein Denken wendet sich dem anderen Mann zu. Jeden Tag muß ich ein paar Stunden lang an ihn denken, und wenn ich nicht an ihn denke, denke ich dennoch an ihn, bin mir seiner bewußt, wie ein Schauspieler, der sich bewußt und doch nicht bewußt ist darüber, daß sich ihm jemand auf der Bühne nähert, der den Zuschauern diese doppelte Dimension mitteilt. Mir tut der Kopf weh, die Nerven in meinen Augen zucken von dieser Gleichzeitigkeit. Die Erleichterung, wenn einer von uns stirbt, wird überall spürbar sein.

Ehe ich mich verliebte, war ich festgelegt. Jetzt bin ich unbestimmt, Unkraut wächst zwischen meinen Rippen. Die Last, jeden Tag stundenlang an einen Mann zu denken, ist schlimmer als Bibelverse oder Geschichtsdaten auswendig zu lernen. Der Kalender steht immer zu seinen Gunsten: Tage eines neuen Monats, die schon durchkreuzt sind, ausgestrichen, verloren... Ich hielt bei einem großen, modernen Supermarkt, nicht an dem kleinen Lebensmittelladen, wie ich es vorgehabt hatte, und kaufte Gemüse – Tomaten, Möhren, Spinat. Mein Herz schlug, als plötzlich ein Begehren in mir aufstieg, diesen Mann zum Essen zu zwingen. Er war zu groß, zu dünn. Seine Rippen waren zu sehen. Wenn er sich bewegte, waren sie schmerzlich sichtbar, als tanzten sie unter seiner Haut, aber für ihn war das nur ein Scherz, unzusammenhängende Knochen. Ich lag auf seinem Bett und weinte jene mühelosen Tränen, die wir bei kaltem Wetter weinen. Er lachte sanft, ich weinte sanft, dieselben Geräusche.

... Er faßt sich an den Kopf, als zerstörten meine Tränen ihn. »Du mußt entweder hierbleiben oder gehen«, sagt er, indem er sich an den Kopf faßt.

Er wohnte außerhalb der Stadt, aber nicht in einem Vorort. Gewisse Gegenden sind für Vorstadthäuser vorgesehen und für gepflegte Plätze im Kolonialstil mit Reinigungen und Drugstores und kleinen Metzgereien, alle unter derselben weißen Dekoration, in der langen, gepflegten Williamsburgstraße. Er wohnte auf dem flachen Land, in zu viel und zu wenig

Raum. Dort waren unbebaute Grundstücke, die nicht unbebaut bleiben würden. BAUE NACH WUNSCH DER MIETER, sagten Schilder. Die Autobahn war rissig und voller geheimnisvoller Löcher, als hebe sich nachts der Boden darunter mit einem Achselzucken. In der Nähe war ein Flughafen für kleine Privat-flugzeuge, voll Unkraut und fast verlassen. Draußen an der Autobahn waren Wurststände und Kegelbahnen und Gasthäu-ser, alle drittklassig, zum Untergang bestimmt. Nebeneinan-der aufgereiht waren Bungalows, merkwürdig dicht bewohnt, obgleich dies das »Land« war, und die Fabrik- und Werksarbei-ter, die dort wohnten, stolz darauf waren, auf dem »Land« und nicht in der »Stadt« zu wohnen. Nur ein paar Bauernhäuser waren geblieben, große, alte Häuser auf Grund und Boden, der auf ein paar tausend Quadratmeter geschrumpft war, die Scheunen abgerissen. Mein Liebhaber mietete eines dieser Häuser. Er hielt es für attraktiv. Im Boden waren Risse, durch die man hätte flüstern können; sie bliesen mir kalte Luft die Beine hoch. Er verbrachte die meiste Zeit in der Küche. Das Haus gehörte ihm nicht, er hatte es gemietet. Ihm gehörte nie etwas. Er mietete nur.

Mein Herz hatte gefährlich geschlagen, und dann war es erleichtert: Ja, sein Wagen war in der Einfahrt.

Ich fing an, ihn zu hassen wegen meiner Angst, er könne nicht zu Hause sein. Ich konnte es nicht leiden, daß ich Angst vor ihm hatte. *Ehe ich dir begegnete, muß ich sehr glücklich gewesen sein*, sagte ich immer zu ihm.

Zum Beispiel arbeitete ich in einem Ausschuß zur Erhaltung des Standards in den städtischen öffentlichen Schulen. Wir diskutierten über die fallende Besteuerungsgrundlage und die steigenden Steuerbeträge, wir tranken Kaffee und rauchten und diskutierten über die Familien(weiß), die auszogen, und die Familien(Neger), die einzogen, die Lehrer, die weggingen, weil sie bessere Jobs fanden, die »unvorbereiteten« (Neger)-Schüler, die die Klassen aufhielten, und mein Gesicht wurde weiß, totenbleich, wenn ich die weißen, nervösen Familien mit Geld verurteilte, die wegzogen, wegzogen! – dauernd, stetig, jeden Tag aus unserer Stadt wegzogen! Bobby ging in die

Schule in der Nachbarschaft, wo jedes Jahr kleine Negerkinder auftauchten, vorbereitet und unvorbereitet, und es schien mir eigentlich keine Sache von großer Bedeutung zu sein, ob er so viel lernte, wie er hätte lernen sollen, oder ob die besten Lehrer der Schule weggingen. *Ich war sehr glücklich* in diesem Ausschuß, Kaffee trinkend und Zigaretten rauchend und leidenschaftlich, langatmig, glücklich diskutierend, eine Mutter und eine Frau und eine Bürgerin . . .

Sein Wagen war da, er war zu Hause. Ich klopfte an der Hintertür. Er machte auf, schob seinen Stuhl vom Küchentisch zurück, stolperte auf mich zu, schon mit einem Lächeln.

Wir umarmten uns nervös. Wir küßten uns.

»Wie lang kannst du bleiben?«, sagte er überrascht.

Er roch nach modrigen, feuchten, verrotteten Morgenstunden, ein zarter Geruch. Sein Gesicht war von einer leicht slawischen Breite und Unschuld, die Augen ohne viel Farbe, das Haar braun und sehr dicht. Er arbeitete an einem Buch. Er hatte ein Stipendium bekommen, um ein Buch zu schreiben und die exzellente Bibliothek einer exzellenten Universität vierzig Meilen entfernt zu benutzen. Sein Buch sollte die Theorie der Raum-Zeit-Relativität in der Dichtung des neunzehnten Jahrhunderts mit Schwerpunkt Shelley erklären, glaube ich . . . Ich habe nie zugehört, wenn er es mir erklärte. Obgleich die reale Zukunft für ihn gestaltlos war, obgleich er sein Leben nie plante, hatte jeder Tag für ihn eine enge und trockne Gestalt wie das Skelett eines kleinen Tieres, klein genug, in der Hand gehalten zu werden.

Mir kamen trockne Tränen. Er tröstete mich. Ich stand eine Zeitlang in seinen Armen und zuckte dann zurück, riß mich aus seinen Armen. »Ist er noch immer da?« flüsterte ich.

Er versuchte zu lächeln. Ich hatte diese Schuld gespürt, deshalb hatte ich mich aus seinen Armen losgerissen.

»Hast du ihm nicht gesagt, daß er gehen soll . . .?«

»Hab ich.«

»Aber er ist immer noch hier? Wo ist er?«

»Oben, er schläft. Er ist krank, wie kann ich ihn rauswerfen, wenn er krank ist?«

Ein Freund von der Ostküste, der sich nach Kalifornien durchgammelte, war seit vier Tagen in seinem Haus. Elektrische Ströme durchzuckten mich. Meine Augen juckten.

»Bitte, weine nicht, du siehst so verstört aus«, sagte er.

Ich stieß ihn zurück.

Ich hatte an seinen Tod gedacht, aber jetzt sah ich, daß ich diejenige war, die würde sterben müssen, um ihn zu bestrafen. Dann könnte er sich nie im Spiegel betrachten und jene Worte sagen, die er sagte, wenn wir uns geliebt hatten, *jetzt bin ich vollkommen.*

»Komm, wir fahren irgendwohin raus«, sagte er. »Können wir zu dir nach Hause fahren?«

»Nein.«

»Können wir irgendwohin fahren? Eine Spazierfahrt?«

Ich ging zu dem Tisch, auf dem seine Bücher und Papiere lagen. Er schrieb mit einer kleinen, ordentlichen Handschrift, einer Buchhalterschrift. Das schien mir immer sein wahres Selbst zu sein. Sein »wahres Selbst« tauchte für mich aus den verstaubten Buchhüllen auf, Schnappschüsse eines jüngeren, ernsthafteren Mannes, eines »vielversprechenden« jungen Mannes. Sein »wahres Selbst« blitzte eines Abends in New York vor mir auf, als ein Vetter von ihm mir über ihn sagte: »Wir haben uns immer gern gehabt. Wir sind im gleichen Alter. Aber in ihm war diese Leere, die eine Sünde war – er ließ sich von jedem ausfüllen, der daherkam. Die Leute füllten ihn aus. Dann ging er weg, verschreckt, und dann begegnete er jemand anderem und wurde wieder ausgefüllt, wie mit Gas. Er war immer von dem Geist irgendeines anderen bewohnt, so daß ich, wenn ich ihn traf, in den ersten fünf Minuten schon sagen konnte, was für ein Mensch er jetzt war – voller Hoffnung oder hoffnungslos.« Dieser Mann, gleichaltrig mit meinem Liebhaber, hatte slawische Gesichtszüge, und sein Haar war dünner; deshalb war sein Schädel verletzlicher. Ein verheirateter Mann, getrennt. Mein Liebhaber hatte nie geheiratet und konnte deshalb nie von anderen Geliebten getrennt werden.'

Sie schrieben ihm, sie riefen ihn an, sie tauchten in seinen

gemieteten Zimmern und Wohnungen und Häusern auf. Sie
bettelten, daß sie bei ihm bleiben konnten, und aus Freundlich-
keit und Feigheit stimmte er manchmal zu. »Sie hat für die
Nacht neben mir geschlafen«, erzählte er mir dann mit Tränen
in den Augen, »sie hat auf der Außenseite der Decke geschlafen, wie ein Kind ... morgens haben wir zusammen geweint,
und sie ist gegangen.« Er erzählte mir alles.

Ich hatte gewünscht, er würde sterben, als er mir das erzählte. Jetzt bin ich nicht mehr so sicher.

Ich hob seinen Stundenplan für den Tag vom Tisch auf, es
machte ihn verlegen, wenn ich seine Sachen durchschaute. Er
stand jeden Tag um sechs morgens auf, ob man es glaubt oder
nicht, er stand auf und zog seine Uhr auf, kam herunter,
machte Kaffee, und schrieb seinen Stundenplan für den Tag
auf. Dann befolgte er ihn, bis ins letzte Detail.

»*Turner* – was ist das?« sagte ich.

»Ein Buch, das ich brauche. Ich fahre zur Bibliothek.«

»Wann?«

»Ich dachte gegen Mittag.«

Mein Herz schlug fürchterlich.

»Und wenn ich nun zu dir zu Besuch gekommen wäre ...?«

»Ich wollte dich vorher anrufen ...«

»Und wenn ich nicht zu Hause gewesen wäre, und wenn ich
unterwegs hierher gewesen wäre, den ganzen Weg?«

»Ich wollte warten ... Du kommst gewöhnlich nicht nachmittags ...«

Wir schauten einander an. Es war klar, daß wir nicht verliebt
waren.

»Ich sollte wohl gehen.«

»Was?«

Er hatte sich an diesem Morgen nicht rasiert, was bedeutete,
daß er mich wirklich nicht erwartet hatte. Am Freitag hatten
wir einige Stunden zusammen verbracht, waren durch das
Kunstzentrum gebummelt. Es bereitete mir Vergnügen, seine
Zeit zu verschwenden, seinen perfekten Stundenplan durch-
einanderzubringen. Ich wartete immer darauf, daß er sagen
würde, »Aber ich kann mich nicht den ganzen Nachmittag

freimachen . . . « Er sagte das nie. Dennoch spürte ich, daß er es sagen wollte. Am Freitag hatte ich gesagt, ich könne mich mehrere Tage nicht mit ihm treffen, er hatte Kopfschmerzen gehabt, wir gingen zu einem Cunningham Drugstore und saßen an der Theke, er nahm mehrere Aspirin. Eine Neugier regte sich in mir: Ich konnte einen Mann krankmachen.

»Fühlst du dich besser? Es ging dir am Freitag nicht gut.«

»Am Freitag?«

»Sind die Kopfschmerzen weggegangen?«

»Ich denke, sie sind weggegangen.«

Er nahm meine Hände und sah mich an. *Das bedeutet nichts*, wollte ich geringschätzig sagen, *mein Mann hält meine Hände auch!* Er war fast vierzig Jahre alt, sah aber wie fünfundzwanzig aus; er hatte eine falsche Unschuld an sich. Ich fragte mich, ob er nach meinem Tod altern würde. Würden seine Fingernägel und Fußnägel weiterwachsen? Als Tote stünde ich ihm nicht zur Verfügung. Scheideweg. Mein Mann, meine Familie, meine Schwiegereltern, meine Freunde würden sich um mich sorgen. Er nicht. Am Morgen der Beerdigung würde er um sechs aufstehen, seine Uhr aufziehen, Kaffee machen, seinen Stundenplan für den Tag aufschreiben . . .

»Ich würde gern hier rauskommen. Ich muß mit dir reden«, sagte er.

»Ich sollte gehn . . . «

»Warum bist du ärgerlich?«

»Ich bin nicht ärgerlich.«

»Du siehst verstört aus.«

Wir standen da und schauten aneinander vorbei. Eine Art Glanz war um uns, keine Liebe. Schließlich sagte ich, »Ich will sterben«.

Er blickte auf seinen Arbeitstisch hinab, als könne der Tod eine Notiz auf einem Stück Papier sein, etwas, das ich gelesen und von ihm gestohlen hätte. Seine Hände bewegten sich eigenartig, eine nach oben, als wolle er sein Gesicht bedecken, die andere klopfte an seine Brust. Schweigen. Ich raubte ihm immer Scherze und kleine Bemerkungen; ich gab ihm seine Lieblingssprüche zurück, als füttere ich ihn. (Er hatte ein komplexes, poppiges Vokabular von Slang und Anspielungen, die auf Unterhaltungsmusik und linken, abgedroschenen Slogans fußten, auf Bauern- und Arbeiterbewegungen, denen gewisse Liberale angeblich anhängen, seit Jahrzehnten aus der Mode. Und er hatte ein leicht gangsterhaftes, jugendliches Flair, das von den Samstags-Matineen stammte, als er noch ein hageres, unterernährtes Kind in New York war.) Wenn ich mir diese Scherze in Erinnerung rief, vergaß ich immer, daß sie witzig sein sollten. Mir wurde schlecht, wenn ich daran dachte, daß ich mit diesem Mann eine Rolle spielte, der es doch nicht wert war.

»In dir ist etwas Leeres – in dir ist nichts«, sagte ich bitter. »Ich kann es nicht ausfüllen. Soll doch jemand anderes es ausfüllen. Was ist in dir . . . was ist leer in dir . . . du selbst –« stammelte ich außer Atem. Ich vermochte nicht, ihn anzusehen. Er trug ein vertrautes, dunkelgrünes Hemd, das bis ganz oben an den Hals zugeknöpft war, der Kragen hochgestellt, was darauf hinwies, daß er sich einbildete, er hole sich eine Halsentzündung. Das Hemd war nicht in die Hose gesteckt. Ich konnte diesen Anblick nicht ausstehen, er erinnerte mich an Bobby und seine Freunde.

»Bitte, bitte . . .« sagte er.

Ich ballte die Faust und schlug auf den Tisch.

»Warum ist er immer noch oben?« flüsterte ich.

Er deutete mit einer Geste Schmerz an.

Er saß wackelig auf der Tischkante und zog mich an sich. Er strich mir über's Haar. »Wein doch nicht, bring uns nicht beide zum Weinen, sei nicht so böse . . .«, sagte er murmelnd. Ich habe ihn im Verdacht, daß er Kinder hat: In seiner Stimme ist immer ein Wiegenlied, das durchklingt. Er hat die Gabe, Leute zum Schlafen zu bringen. Wenn wir zusammen schlafen, wirklich schlafen, zieht er mir liebevoll die Decke über die nackten Schultern, aber mit der Liebe eines Vaters. Ich nehme an, daß er anderen Leuten die Decke so über die Schultern zieht, genauso, mit derselben Liebe . . . Er ist kein fest umrissenes menschliches Wesen.

Ich wich zurück, um ihn anzusehen. Sein Gesicht war nicht

ganz gefaßt, wie ein unentschlossenes Gemüt. Es wurde etwas zurückgehalten, bewacht. Er hätte denken können, daß ich die Faust balle und ihn schlage.

Wenn dein Liebhaber sich aus Liebe mit dem Bösen in dir abfindet, dann liebt er dich wirklich. Man muß ihn immer testen. »Wenn einer von uns sterben würde, wirklich sterben würde...?« flüsterte ich. Er nickte. »Du hast daran gedacht?« sagte ich. Er nickte wieder. Seine Augen waren farblos. Ich spürte, wie die Bedeutung meiner Worte in sie eindrang, sie neutralisierte, sie farblos machte. Plötzlich wollte ich, durstig, diesem Mann das Blut aussaugen und mit ihm Schluß machen; dann könnte ich nach Hause fahren.

»Komm mit mir spazieren. Ich möchte dich da rausbringen«, sagte er. Er legte den Arm um mich und begleitete mich in das andere Zimmer, als begleite er eine kranke Frau. Eine Frau, die zu viele Tabletten genommen hat, um auf ihre Geringfügigkeit aufmerksam zu machen. »Mir ist die ganze Zeit schlecht, ich kann nicht arbeiten«, sagte er. »Du willst nicht hier bei mir bleiben und du willst nicht mit mir wegfahren, du läßt mich nicht mehr zu dir nach Hause kommen... Am Freitag hast du ständig um dich geschaut, als erwartetest du, daß jemand Besseres auftauche. Warum hast du das getan?«

»Hab ich das getan?« sagte ich alarmiert.

Aus einem Grund haßte ich ihn vor allem: daß er unser Haus nicht bewunderte. Er mußte die guten Möbel bemerkt haben, die Vorhänge, in Gold und Silber und Weiß, die schweren, rauhen, schwarzen Teppiche, aber er sagte nichts.

»Ich werde gehn«, sagte ich.

»Was hilft das?«

Wenn er tot wäre, würde das Telefon mit einem anderen Ton klingeln. Ich würde immer hineilen, bereit zu einem Abenteuer. Beim Spazierengehen im Park würde ich den Gruß eines Fremden erwidern, ich würde seine ausgestreckte Hand fassen, ich würde ihm ins Gebüsch folgen, in die Bäume! – ich wäre großzügig mit jedem!

»Ich muß Bobby heute nachmittag von der Schule abholen... er muß direkt von der Schule zum Arzt...«

Dieser Satz begann mit einer Lüge, endete aber mit der Wahrheit. Bobby hatte wirklich an diesem Tag einen Arzttermin.

»Na und? Das ist heute nachmittag, bis dahin sind noch Stunden.«

»Ich will nicht aufgeregt sein, wenn ich ihn abhole.«

»Reg ich dich auf?«

»Wenn einer von uns sterben würde, wenn wir etwas entscheiden könnten ...« sagte ich mit einem Lächeln.

»Willst du, daß ich sterbe?«

Wenn ich meinen Mann nachts in den Armen hielt, vergoß ich Tränen um den Mann, den ich nicht umarmte; ich hielt den einen Mann fester, um mir den anderen vorzustellen.

Meine Mutter hatte weise gesagt, »Wenn du verheiratet bist, wirst du entdecken, daß es das beste ist, dich um deine Kinder zu sorgen und Partys zu geben. Dinge für andere zu tun, sie zu bewirten und mit ihnen zu reden und sie warm zu halten. Das Übrige kannst du vergessen.« Sie meinte die Liebe, die Liebe vergessen, sie riß mich aus meinen Qualen bei dem Gedanken an die Ehe heraus. Es war für mich an der Zeit gewesen zu heiraten; sie hatte mit mir darüber gesprochen, woran ich denken und was ich vergessen solle.

»Ich seh dich in ein, zwei Tagen«, sagte ich ungestüm. Ich spürte, daß ich von ihm wegkommen sollte.

»Aber wenn du bis heute nachmittag Zeit hast ...?«

»Der Termin ist früher. Ich muß ihn früher abholen.«

»Das ist eine Lüge.«

Wir gingen in die Küche zurück. Der Herd war groß und verrußt, häßlich wie die Maschine einer Lokomotive. Er war fast so groß. Der Tisch war ein Arbeitstisch, mit Papieren und Büchern übersät. Ein paar Minuten lang standen wir schweigend beieinander, hielten uns an den Händen. Wir wußten nicht, was wir sagen sollten. Dann glitten meine Worte häßlich zu etwas Vertrautem zurück, »Diese Leute, die an dir hängen ... ich kann es nicht ausstehen, daß du das zuläßt ... Du bist innerlich so leer, da ist einfach nichts ... Sie ruinieren dich!«

Er begleitete mich zur Tür. Wir blickten hinaus auf das Fundament einer Scheune, das von einer Scheune übrig war. Am anderen Ende »seiner« Weide war eine Tankstelle, ein erfolgloser Laden. Manchmal tankte ich dort, als würde die Unterstützung örtlicher Geschäfte meinem Liebhaber zeigen, daß ich an ihm interessiert war, am Wohlstand seiner Gemeinde.

Er lehnte seine Stirn an das gesprungene Glas der Tür.

»Sie kriechen mit dir ins Bett. Sie essen dein Essen weg. Sie schneiden Geschichten aus Zeitungen aus und schicken sie dir. All die Spucke, die aus ihren häßlichen Mündern sabbert! Weißt du eigentlich nicht, daß sie dich hassen? Sie wollen, daß du wie sie versagst, sie wollen, daß du verbrennst, wenn sie im Bett rauchen . . .« Ich fing wieder zu weinen an.

»Randolph raucht nicht«, murmelte er.

Die Liebe ist ein Prüfstein. Du stichst ihn mit einer dünnen Nadel. Du reichst mit den Fingernägeln hinter seine Augen und ziehst am Sehnerv. Du beschuldigst seine Freunde dafür, daß sie seinen Tod wollen, während du sein einziger Freund bist, und der einzige Mensch, der seinen Tod will: Die anderen wollen Geld von ihm leihen.

Plötzlich ändert sich alles und ich denke, *Warum in aller Welt, ich habe mich selbst zu diesem Mann gebracht, warum weine ich? Ich habe ihm meinen Körper und meine Liebe gebracht, warum preßt er seine Stirn gegen die Tür?*

»Schau mal, bitte. Ich liebe dich.« Ich berührte seinen Arm. Er schien von einem gefährlichen Gipfel herabzublicken. Er traute mir nicht.

»Ich liebe dich. Du darfst mich nicht hassen.« Ich führte seine Hand an meine Lippen und küßte sie. Er schaute mich erfreut an. Ein Schwindel stieg in uns auf wie die Sonne. Offensichtlich waren wir verliebt. »Ich hab dir im Auto etwas mitgebracht. Du ißt nicht vernünftig«, sagte ich.

»Du hast mir etwas mitgebracht?« sagte er ungeduldig.

Etwas Benommenes, Flüchtiges war an ihm. Wir gingen hinaus. Er nahm die Tasche mit dem Gemüse sehr erfreut aus dem Wagen. Ich war verblüfft, wie sein Gesicht glühte.

»Was ist das alles? Möhren? Spinat?«

»Du ißt nicht vernünftig«, sagte ich schüchtern.

»Danke dir, das ist so lieb von dir . . . Du bist so wunderbar.«
Er schaute in die Tasche.

Wir sind draußen so exponiert. Jeder könnte uns sehen.

Als wir wieder hineingingen, stellte er das Gemüse vorsichtig ab. »Du wirst es nicht wegwerfen?«, sagte ich zum Spaß.
»Du wirst es essen?«

»Oh, ja. Ja. Ich bin jetzt gerade hungrig.«

Wir aßen beide eine Tomate. Ich verliebte mich in ihn, während ich mit ihm eine Tomate aß. Meine Zunge stieß an das Fleisch der Tomate; die Tomatensamen sind sehr weich, etwas schleimig. Sie sind mehr wie menschliche Samen als wie die harten, kleinen Kerne anderer Früchte.

»Ich liebe dich, ich liebe dich gerade so«, sagte er. Sein Gesicht glühte. Er war kein gutaussehender Mann, aber sein Gesicht glühte vor Unschuld und Erregung unter der Haut, die sie erwärmten. Wenn er sterben würde, wäre das, was von ihm bliebe, irreführend: diese Fotos auf seinen Büchern, die Bemerkungen seines Vetters.

Ich liebte ihn mit einer Heftigkeit, die schweigend in meinem Blut aufstieg. Er war ein schöner Mann. Ich leckte mir den Tomatensaft von den Fingern.

Oben ging jemand herum.

»Diese Leute sind für mich die Hölle, ja«, sagte mein Liebhaber, indem er die Augen zum Himmel rollte.

Ein Geständnis.

»Warum läßt du sie dann bei dir wohnen? Liebling . . . ?«
Er zuckte die Achseln.

»Zu viel Liebe . . . du liebst zu viel . . . du wirst dich verbrauchen und sterben«, sagte ich im Spaß. Ich liebte ihn, und ich wollte meine Hand in sein zugeknöpftes Hemd gleiten lassen, meine Hand zwischen seine Rippen gleiten lassen, sein wunderbares, pulsierendes Herz in meine Finger nehmen!

»Ich werde ihn noch heute rauswerfen«, sagte er.

Sein Gesicht leuchtete zu mir hin, seine Liebe zu mir. Ich hatte ihn von seinem Stundenplan weggerissen. Wenn ich wollte, konnte ich zu seinem Tisch gehen und ihn umwerfen, alles auf den Boden schmeißen. Einmal hatte ich ein paar Bücher auf den Boden geworfen, hatte ihn mit meinem Haß verletzt. Ich hatte es einmal getan, erfolgreich, und hatte kein Interesse daran, es nochmals zu tun.

Randolph kam geräuschvoll herunter.

Ein kleiner Mann, wie ein Nagetier, nervös, mit Bart. Ein schales und süßes Aussehen. Ganz hilflos. Er sah immer aus, als hätte ihn jemand erst vor Minuten von einem Foltergerät befreit. Dankbarkeit dafür, befreit zu sein, aber Erinnerung an Schmerz... sein Gesicht war blaß und zerfurcht und neugierig, wie das Gesicht einer Ratte. In der Entfernung hörte man das Geräusch von Flugzeugen. Seine Augenlider flatterten, das Geräusch mußte ihn wohl erschreckt haben.

Er sagte, »Ich gehe spazieren.«

Wir antworteten nicht. Er knöpfte sein Hemd ganz bis zum Kinn zu und ging hinaus, als wolle er der Gefahr ins Gesicht sehen.

»Heute abend werde ich ihm sagen, daß er gehen soll. Das tu ich«, sagte mein Liebhaber.

Es war ein Gelöbnis.

Wir gingen hinauf. Drei Schlafzimmer waren in diesem alten Haus. Das größte war das meines Liebhabers, mit einem Bett, dessen Decken ordentlich zurückgeschlagen waren, und einigen Koffern auf dem Boden, die noch nicht ganz ausgepackt waren. Die Tapete löste sich ab. Sie sah aus, als weine sie. Wir sanken gegeneinander, als versuchten wir uns aneinander vorbeizudrängen, aneinander vorbeizureden. In der Entfernung war das Geräusch von Flugzeugen, lauter und dann leiser. Ich hörte, wie die Stimmen meiner Familie zu mir plapperten, mich beschimpften, *Warum bist du so weit von uns weggegangen?* sagte meine Mutter gleichgültig, *Brauchst du wirklich so viel Liebe?* Ich spürte, daß sie mich fallenließ, froh, mich los zu sein.

Eine Frau verbringt Zeit vor Spiegeln, zufrieden, sich selbst immer in einem Spiegel zu sehen, irgendwo, ihr wahres Selbst, während ihr Körper in der Welt umherwandert. Es ist das

Spiegelselbst, das gewisse Männer lieben, und das sie liebt; das andere Selbst ist damit beschäftigt, Abfall von Tellern zu schaben und die großen, heißen, zusammengerollten Haufen von Laken und Handtüchern und Unterwäsche und Strümpfen aus dem Trockner zu nehmen. Es ist das Spiegelselbst, das unermüdlich liebt, leidenschaftlich und heftig, tränenreich liebt; das andere Selbst steckt die fleckigen Laken in die Waschmaschine und dreht den Knopf.

Ich atmete aus dem Bauch, von den Muskeln dort. Mein Atmen tat weh.

Der Schmerz schoß durch meine Lenden.

Er schrie auf, »Oh, hab ich dich verletzt . . .?«

Ich sagte nein.

Er lag in meinen Armen. Sein Rücken war naß. Sein Haar war naß. Ich konnte mich unter seinem Gewicht nicht bewegen.

Ich schloß die Augen, und ich war wieder in meinem ersten Schlafzimmer, krank oder angeblich krank. Eine schwere Last lag auf mir. Es war kein Mann, sondern eine Steppdecke. Ich wollte sie wegtreten, weil ich unter ihr schwitzte. Ich kann Lasten auf mir nicht ausstehen. Man muß immer an die Last denken, wenn sie auf einem liegt; man ist nicht frei, an anderes zu denken.

»Liebst du mich?« sagte er.

Er hob den Kopf, um mich ängstlich anzuschauen. Seine Augen waren trübe von kleinen, verzweifelten Venen. Die Iris in seinen Augen war sehr blaß-blau, etwas blaß-grau.

Ich küßte ihn. Seine Last wurde zu panischer Angst.

»Dann antworte eben nicht«, sagte er.

Wir waren hier in diesem Zimmer sicher. Keiner konnte uns nachspionieren. Vom Himmel aus gesehen war dieses Haus ein verwittertes, altes Wrack, nicht wert, bombardiert zu werden. Ich schloß die Augen und sah kleine Lichtexplosionen. Sie erinnerten mich an Bienen. Einmal hatte ich Bienen in einer Kette gesehen, wie sie in einer Kette flogen. Wie eine Peitsche. Seit ich mich verliebt hatte, hatte ich Kopfschmerzen, meine Augen taten weh, mein Hals tat weh von dem Bedürfnis, ununterbrochen zu weinen, meine Lenden taten weh von der Liebe von zwei Männern, ich war die Geliebte zweier gesunder Männer. Die Bienen waren stets da in meinen Augen. Ich stellte mir vor, wie sie über meinen Körper peitschten, leicht und zufällig stachen, Funken bildeten.

Wenn ich ihn verlassen hatte, kritzelte mein Geliebter Bilder von mir, Köpfe und Schultern. Er meint, daß ich schön sei, und er liebt mich, deshalb liege ich unter ihm mit schmerzenden Armen, mein Bauch glitschig von Schweiß. Seine Bilder von mir sind nicht ich, sie zeigen seine Liebe. Ich bewahre sie in einer meiner Schreibtischschubladen, wo sie eines Tages von meinem Mann gefunden werden.

»Kommst du mich morgen besuchen? Bitte?«

»Du wirst hier allein sein?«

»Ja. Oh, ja.«

Als ich ging, war ich sehr glücklich. Ich fuhr die Autobahn entlang und kam an Randolph vorbei, in Eile, nicht einmal Zeit, ihm ein Siegeszeichen zu blinken.

Nichts ist entschieden, dachte ich. Warum war ich glücklich?

Es war schon halb drei. Ich hatte noch nicht gegessen. Mir war schlecht. Ich fuhr bis viertel vor drei herum, dann fuhr ich zu Bobbys Schule. Mein Glück machte mich schwindelig. Ich konnte den Wagen nicht richtig bedienen. Ich schämte mich, meinen Sohn zum Arzt zu bringen: Er ist zu schmal auf der Brust! Warum log der Arzt und sagte, daß er normal sei? Während ich am Straßenrand wartete, versuchte ich, das Glück aus meinem Gesicht verschwinden zu lassen, meinen Mund ruhig zu halten. Mein Mund wollte immer wieder ein glattes, kleines Lächeln lächeln, ein böses Lächeln. Das ist das Lächeln des Ehebruchs. Ich zog an meinen Lippen, und meine Finger lösten sich, mit Lippenstift befleckt.

Als Bobby und die anderen Kinder aus der Tür drängten, machte ich eine Show daraus, ihm zuzuwinken. Er erblickte mich sofort und eilte auf mich zu, als wolle er mich beruhigen. Er trug ein Buch und ein großes Stück Papier, auf Pappe geklebt.

»Oh, was ist das, Schatz?« sagte ich. Meine Stimme war zu

laut. Ihre betonte Fröhlichkeit mußte meinen Sohn erstaunen.
»Hast du das allein gemalt?«

Ein Bild von einem Flugzeug.

»Hast du Hunger? Hast du deinen Lunch aufgegessen?«

Er schaute mich an.

»Was ist los?« sagte ich. »Du hast doch wohl keine Angst vor dem Arzt . . .?«

»Nein.«

»Ist alles in Ordnung? Schatz?«

Er sah weg. In meinem Gesicht war etwas, das ihn erschreckte.

Ich fuhr los. Bobby fing an, den Bodenbelag zu treten. Ich schwatzte zu ihm hin und streckte eine Hand aus, um sein Haar zu berühren. Er blickte mich von der Seite an.

»Du hast geweint?« sagte er schließlich.

»Was? Geweint? Natürlich nicht.«

Eine eigenartige Spannung kam im Auto auf. Die Luft zwischen uns wurde heiß. Die Männer in meinem Leben sind unschuldig, und ich bin schuldig, weil sie mich lieben, und ich mich von ihnen lieben lasse. Als Geliebte von zu vielen Männern habe ich meinen Körper zu vielen Männern hingegeben, mein Körper rebelliert und will sterben. Bobby lehnte sich gegen die Autotür, als sei ihm schlecht vom Geruch meines Körpers. *Er riecht diesen anderen Mann*, sagte mir eine kluge Stimme. »Setz dich gerade!« sagte ich. »Sitz still! Hör mit diesem Treten auf!«

»Du hältst den Mund!« rief er.

Vor Jahren hatte er versucht, mir zu sagen, ich solle den Mund halten. Es war vorbeigegangen.

Ich sagte nichts.

»Du hältst den Mund«, flüsterte er.

Wir sahen uns an. In seinem Gesicht war ein Glühen von Angst. Er konnte seine Worte nicht verstehen.

Mit vierzig Meilen pro Stunde in diesem schweren Wagen lehnte ich mich herüber und schlug ihm ins Gesicht. Ich spürte, wie sein Kopf gegen die Scheibe schlug.

Er fing an zu schreien. Er trat um sich. Er krümmte sich auf dem Sitz, warf sich herum. Mit der rechten Hand versuchte ich, ihn ruhig zu halten, nach allem greifend, was in Reichweite war – seinem Haar, dem Kragen seiner Jacke – ich konnte sehen, daß seine Augen geschlossen waren und sein Mund sich öffnete und fest schloß, er öffnete ihn zu einem hohen, wütenden Jammern, und schloß ihn fest, als wolle er das Jammern hinunterschlucken.

»Hör auf! Du bist verrückt!« rief ich.

Er warf sich plötzlich nach vorne und schlug den Kopf gegen die Windschutzscheibe. Er schlug ihn nochmals an, als wolle er sie durchstoßen. Ich zog ihn auf den Sitz zurück, indem ich ihn am Kragen zerrte. Wir schrien uns gegenseitig an. Wir schrien aneinander vorbei. Er zuckte zurück und griff nach der Wagentür, die verschlossen war, und drehte sich um, um sie aufzumachen, indem er den kleinen Sicherheitsknopf hochzog – so wählerisch in seinem Todeswunsch! – und dann machte er die Wagentür auf, während ich schrie und an seiner Jacke zog, aber seine Kraft war größer als die meine. Er warf sich aus dem Auto.

Der Wagen rutschte zur Seite. Etwas prallte vorne hinein. Es war wie eine Vergnügungsfahrt: Ich wurde hoch geworfen, zur Seite geworfen. Ich kroch über den Sitz, blutüberströmt, und überlegte, wie drückend und still alles geworden war – der Wagen, die stickige Luft im Wagen, das Klingen von jemandes festgeklemmter Hupe draußen gleich neben meinem Kopf . . . ich brauchte ein paar langsam vergehende Sekunden, ehe ich herauskroch und auf die Füße taumelte, blutüberströmt, und zurückschaute, um zu sehen, was meinem Sohn passiert war.

Ins Deutsche übertragen von Barbara von Bechtolsheim

Ein innerer Monolog

Ich bin fasziniert von dieser Frau. Ich bin Chemiker und Faszination überkommt mich nicht leicht. Ich bin einunddreißig Jahre alt, ich lebe allein, meine Stunden vergehen in Konzentration auf die kühle Realität von Bechergläsern und Statistik, Plastik verschiedener Art, dem eisigen Flaum von Feuchtigkeit auf Röhrchen, dem tiefen, geheimnisvollen Summen von Maschinen. Wenn ich an meinem Labortisch sitze, schaue ich manchmal auf meine Fingerspitzen, stelle mir einen feinen Eisflaum auf ihnen vor. Da ist natürlich kein Eis. Meine Finger sind lang und schmal. Mir scheint, daß sie künstlerisch aussehen, obgleich ich kein Künstler bin. Wenn ich einer wäre, würde ich etwas mit diesem Labor anstellen, ein Bild davon malen, so wie es um sechs Uhr abends aussieht, um viertel nach sechs – Glas, Email, Gummiröhrchen, Pfropfen, das schreckliche, gewaltige Ziehen der Schwingungen von Kühlmaschinen, die schreckliche Gewalt von Schatten, die sich langsam über alles bewegen, auch über mich, wenn sie mir bis zu den Fingerspitzen hinunterlaufen.

DIE BEGEGNUNG

Sie und X begegneten sich in einer Bibliothek. Sie reden oft über diese Begegnung. Einmal mit X in einer Bar – wo ich nur eine Cola hatte, da ich nicht trinke – redete er darüber in einer Art trunkener Ekstase, gab mir Einzelheiten. »Hör nicht auf, erzähl mir alles!« hätte ich ihm zurufen wollen. X ist ein liebenswürdiger junger Mann mit dunklen Brauen, etwa in meinem Alter. Ich sage etwa in meinem Alter: In Wirklichkeit ist er achtundzwanzig. Sein Haar fällt ihm in die Stirn, wenn er sich aufregt. Der wesentliche Umstand, der unser Leben verändert hat, das Leben von uns dreien, war diese Begegnung.

Sie saß an einem Tisch, ihre Bücher um sich ausgebreitet. Ich habe das vor Augen. Sie ist salopp, selbstbewußt und darauf etwas stolz – sie kann es sich leisten, salopp zu sein, andere Mädchen können das nicht. Also gut. Sie nimmt an dem Tisch Platz. Sie trägt etwas Leichtes, vielleicht ein Baumwollkleid (sie geben mir nicht genügend Einzelheiten, und so muß ich eben meine eigenen einfügen) und ihr Talismanarmband, klimpernd mit silbernen Talismanen. Sie zieht ihre Lesebrille heraus und spielt mit ihr herum, hält sie ins Licht. Ganz verschmiert. Ihr Haar ist honigfarben, dieses eitle Mädchen. Ich kann ihr Haar nicht leiden, ihre blöden, weißen Zähne, ihre schwachköpfige Stirn mit den Ponystreifen, alles so ermüdend hübsch... Trotzdem, da sitzt sie nun. Ich muß mir Mühe geben, diese Vorstellung wach zu halten. Da sitzt sie, sitzt da, sitzt da... und X kommt herein, ein Fremder, sitzt ihr gegenüber, seine Augen entzündet vom Lesen, die ganze Nacht bleibt er auf, vergeudet sein junges Leben in Bars nahe der Universität, die um elf Uhr morgens noch dunkel sind. Er setzt sich. Er läßt seine Bücher neben sich fallen. Schmerz, seine Augen tun weh, seine Schultern tun weh, sogar sein Gehirn tut weh von vorzeitiger Müdigkeit, ein dreiundzwanzigjähriger junger Mann und schon ein paar Jahre zu alt für seine Klassenkameraden, anders als sie, er lebt gierig von dem intellektuellen Blödsinn in seinem Philosophiegrundkurs. Er bemerkt das Mädchen gegenüber. Er kann durch sie durchsehen, durch ihren Kopf, zu dem Zeitschriftenregal hinter ihr, wo Zeitschriften von *Review of English Studies* bis zu *Studies in Existential Psychology* ausgelegt sind. Nicht höflich, X, aber brillant und schwerfällig; nicht bezaubernd, die junge Frau, aber von üppiger Statur und mit einem neckenden, jedoch freundlichen Lächeln. Sie begegnen sich. Sie verlieben sich. Sie heiraten.

Sie ist nicht sportlich, trotz ihrer Figur, und Tennis langweilt sie. X und ich spielen sonntags morgens Tennis, statt in die Kirche zu gehen. Er war ehemals ein sehr frommer Katholik und sah, als er ihr untreu wurde, die Welt zu Wasser werden, sah Mücken hindurch schwimmen, lag nachts weinend mit klappernden Zähnen wach, so daß er in den Kissenüberzug beißen mußte, um diese ganze Angst vor seiner Familie geheimzuhalten. Als ich austrat, ging es leichter. Ich glaube nicht, daß ich weniger ernst bin als X, aber trotzdem bewegte es mich weniger; ein paar Wellen, mehr nicht. Wir spielen sonntags morgens Tennis, statt in die Kirche zu gehen. Ich habe den aggressiven Schwung eines Aufschlags gern, ich habe die Schweißflecken auf meinem Hemd gern, ich habe eine gewisse kühle Frische der Luft gern, auch wenn dies nur Detroits Palmer Park ist und der Abfall von den Picknicks der letzten Woche überall liegt. Schau halt nicht hin. Warum denn hinschauen? X und ich spielen Tennis, rufen unsere Punkte aus. *Sie* kommt manchmal vorbei, mit dem Baby auf dem Arm. Sie sitzt auf einer Bank und liest mit übergeschlagenen Beinen Zeitschriften. Sie trägt Baumwollhosen. Manchmal hat sie die Haare zurückgebürstet, gleichgültig, salopp, eine fünfundzwanzigjähre, schlampige Hausfrau. Egal: ein paar Schichten billiges Make-up, und ihr Gesicht bekommt wieder Farbe, ein paar Striche Lippenstift, und da ist sie, Miss Amerika, Miss '65, aufgeweckt und flink und helle und hingegeben an einen saloppen Flirt mit mir, so lässig, als wolle sie mich beleidigen, was liegt ihr daran? »Hier, mein Lieber, laß mich dir den Kragen hinten festmachen. Dieser kleine Knopf – er ist durchgebrochen – er steckt nicht im Knopfloch.« Und während ich schwitze und ganz gerade stehe und mich zwinge, an Teströhrchen, Bechergläser, das kühle, saubere Schwitzen von Metall zu denken, knöpft sie mir nonchalant diesen kleinen Knopf zu.

Sie zwingt mich, dieses Wort zu gebrauchen! Ich selber gebrauche es nie. Es ist keines meiner Worte. Nichts an mir ist nonchalant. Ich habe 1964 meinen Doktor in Chemie an der Universität von Michigan erworben. Damals in der Schule wurde ich als eine Art Genie angesehen – mein Chemielehrer schenkte mir für ein Jahr ein Abonnement für *Scientific American*. Ich kleide mich lässig aber ordentlich, ich bemühe mich um ein ruhiges, korrektes, unbedeutendes Aussehen; ich will niemandem ins Auge fallen.

ICH BIN NOCH IMMER DA...

Sie ist immer da, immer da! Sie räkelt sich in meinem Hinterkopf! Offensichtlich war sie schon im Alter von zwölf eine Frau. Alles wissend! Im Alter von elf, zehn alles wissend! Ihre honigklaren Augen, ihr lockiges Haar, ihr süßes, dummes Lächeln... eine kleine Königin des Spielplatzes, die die Jungen verspottete. Oh, wie gern würde ich die Zeit zurückdrehen, um sie die Spielplatzrutschbahn hochklettern zu sehen, wie sie mit ihrem königlich unduldsamen Blick oben innehält und sich wie etwas Wertvolles hinsetzt, frühreife Frau, sich einen Ruck nach unten gibt... Unter der Rutschbahn hervor grinsend aufzustehen, ein Racheadler, sie an diesem Buckel auf halbem Weg an ihren Beinen festzuhalten und sie herunterzuziehen! Oder stattdessen, noch besser, die Rutschbahn umzukippen – ein riesiges, schweres, rostiges Ding, das sehr langsam fallen würde, auf sie drauf fallen würde. So weit so gut.
Ich bin noch immer da... Ja, ich höre, wie sie in meinem Kopf gurrt, wenn ich wach liege und verzweifelt überlege, wie ich mein Leben regeln könnte. *Ihr* Leben braucht nicht geregelt zu werden. Neulich abends, als ich bei ihnen zum Abendessen war, zu einem Spaghettiessen, sagte sie vor X, »In Kalifornien hat die Scheidungsrate endlich die Heiratsrate eingeholt. Ich habe über Scheidung nachgedacht, theoretisch. Ich habe dar-

über nachgedacht, wie es alles aufrütteln würde, wie wir uns dadurch selber klar und schrecklich sehen würden ...« Aber sie spielt nur, spielt nur mit X. Sie wird sich nie von ihm scheiden lassen. Er wird sich nie von ihr scheiden lassen.

Oder spielen sie beide mit mir?

Ich sehe, wie sie mich von der Seite angrinst. Sie scheint zu zwinkern. Aber sie sagt nur ganz ungeduldig, »Alan, nimm dir noch etwas Salat. Ich habe diese Sauce extra für dich gemacht.«

LANDSCHAFT IN NEUTRALEN FARBEN

Sie und ich sind im Supermarkt, haben uns zufällig getroffen. Sie trägt weiße Shorts, das Baby ist irgendwie im Einkaufswagen festgemacht, die fetten Beinchen durch den Drahtkorb gesteckt. Leichte Anzeichen von Erschöpfung unter ihren Augen. Sommersprossen auf ihren Oberarmen, vermutlich auch auf Schultern und Rücken. Nicht viele im Gesicht: überpudert? Auf ihrer Oberlippe ist feiner, sehr feiner Flaum, kaum der Rede wert. Die Andeutung von Muskeln auf ihren Armen und Beinen erschreckt mich.

»Ja, ich habe den Bergman-Film gesehen, ich mochte ihn gar nicht«, sagt sie.

»Warum? Macht Wahnsinn dir Angst?«

»Solche Art Wahnsinn, auf dem Bildschirm, ist schrecklich, weil ... weil man sich dem nicht entziehen kann, auch wenn man die Augen schließt, ist der Ton noch immer da, und das Gefühl von Wahnsinn ... Es ist anders, als ein Buch zu lesen, das Buch kann man zuklappen. Nein. Ich mochte ihn nicht.«

»Meinst du, das hat persönliche Gründe?«

»Vielleicht.«

»Du hättest aus dem Kino gehen können.«

»Ich gehe nie aus dem Kino – nicht, wenn ich für den Eintritt bezahlt habe!«

»Hat es Bob gefallen?«

»Oh, du kennst doch Bob –« mit einem leicht erfreuten Achselzucken, natürlich *kenne ich Bob eigentlich nicht* – »Er hält alles durch. Er hält alte Filme im Fernsehen durch, James Cagney und Ginger Rogers, all diesen alten Mist – er ist ein sehr sentimentaler Mensch.«

»Aber warum hast du Angst vor Wahnsinn?« sage ich, während ich meinen Wagen so geschickt vor mir herschiebe, wie ich das Gespräch auf das Thema zurücklenke, mit dem Gefühl größter Kontrolle und Klugheit. »Ist das nicht eine gewisse Schwäche bei dir? Sollten die Menschen nicht so viel Erfahrung wie möglich suchen?«

»Ach du lieber Gott.«

»Sollten wir denn jeder Art Erfahrung den Rücken kehren?«

Sie hat es nicht einmal nötig, zu antworten, sie blinkt mir ihr kühles Schulmädchenlächeln von der Seite zu, ein Lächeln, das meine Vorderzähne aussaugen könnte, so giftig und köstlich und unwissend! Ich würde ihr gern einen Ballon kaufen, einen großen, rosa-weiß gestreiften Ballon, ich würde ihr gerne die langen, aufgeplusterten Kleider anziehen, wie sie die Frauen in den Gemälden von Monet und Manet und Renoir tragen, ich würde gerne ganz sorgfältig ihre Wangen übermalen, das Blau ihrer Augen dunkler machen, ihre widerspenstigen, kleinen Augenbrauen betonen, ihr den Glanz einer wirklichen Frau geben – einer alterslosen, betagten, die den Tod eines Mannes wert ist. Ich würde gerne – nein – den Ballon zu einem Riesenballon machen, einen kleinen Korb darunterstellen, den sie betreten kann, einen Picknickkorb tragend, alle Blau- und Rosa- und Gelbtöne, ihre blassen, hübschen Arme frei, aber ihre Beine bescheiden ganz bedeckt – ihr langes, braunes Haar zu einem züchtigen Knoten aufgesteckt, ein wenig zerzaust, auf hübsche Art zerzaust – oh, soll sie dieses Selbst sicheren Fußes in einen Korb setzen, und ich will das Seil aufbinden, ich will das Seil mit einer Riesenschere durchschneiden, und sollen doch Ballon, Korb und Frau in den gemalten, blauen Himmel schweben!

Als ich ihr draußen auf dem Parkplatz mit ihren Einkäufen behilflich bin – ich als ebenso gehorsamer Ehemann wie X, dem ebenso flüchtig gedankt wird – bemerke ich, daß das Pflaster grau ist, der Gehweg grau, der Himmel grau, meine Hosen grau, meine Hände grau, grau werdend. Als ich zurückkomme in meine Drei-Zimmer-Wohnung in einem teuren Gebäude mit einem Vordach, das auf den Fluß schaut, mit einem Pförtner, aber eben doch nur drei Zimmer, eile ich ins Badezimmer und schaue mich an, ich könnte weinen, weinen über mein ergrauendes Haar.

Wie kann ich mein Leben leben, ohne eine Tat mit einer riesigen Schere zu begehen?

EHELICHE LIEBE

Da sind sie, es ist nach Mitternacht. Sie sitzen in ihrem schäbigen, kleinen Wohnzimmer. X arbeitet für seinen Doktor in Englisch, ist aber dabei gelangweilt, seine Augen wieder entzündet; *sie* vertrödelt ihr Leben mit Gähnen und Klagen, mit scharfem Blick für die Häuser ihrer Freundinnen in den Vororten, sehr eifersüchtig, sie fährt mit großen schludrigen Strichen über seinen ganzen Körper, bohrt ihren Absatz in seine weiche Lunge, zwinkert ihm zu. Ich muß lachen, so eine Ehe! Ehe! Plötzlich, nach Mitternacht, tut mir der Kopf weh, und ich stehe auf, um ein Aspirin zu nehmen, und plötzlich sehe ich völlig klar jene sechs Meilen durch die Stadt zu *ihrem* kleinen Wohnzimmer, wo sie sitzen, ein Chaos von Kräckern auf dem Sofa zwischen sich, Krümel und Käsestückchen; X wird langsam dick von der Erleichterung, daß sie die Schwangerschaft hinter sich bringt, während sein dünner werdendes Haar *sie* scharfäugig und unruhig macht. Oh, sie weiß zu viel! Sie liest *Cosmopolitan*, und der Leitartikel heißt »Wie Sie zu ihrem zweiten – dritten – vierten Mann kommen!« und mit gerunzelter Stirn, finster, überfliegt sie den Artikel, um *herauszufinden*, wo man das Leben lebt, was die Einzelheiten eines zurückgezogenen, geheimnisvollen Lebens sein müssen. Sollte ich ihr nicht doch den Ballon kaufen? Und sie majestätisch in den Himmel setzen?

Neulich abends schaute ich bei ihnen herein, nachdem ich allein im Kino war, und sie hastete herum, um Ordnung zu schaffen – ahnungslos, wie gern ich das Chaos sehen wollte, in dem sie gewöhnlich leben, gierig zu sehen, wie sie *gewöhnlich* leben – und plötzlich wollte ich ihre Hüften in diesen unsauberen, ungebügelten Baumwollhosen umarmen, ich wollte ihr zurufen, *Hab Erbarmen mit mir!* Stattdessen überredete ich X, eine Partie Schach zu spielen. *Sie* kann Schach nicht leiden; Frauen können Schach nicht leiden. X ist gutmütig und vergeudet gerne seine Zeit, er läßt sich zu fast allem überreden, also läßt er sich zu einer langen, raffinierten Partie überreden, die sich bis nach ein Uhr hinzieht – oh, mein Glück! – und sie gähnt und klagt über das Baby, wie lästig, und geht schließlich mit schweren Schritten ins Schlafzimmer. Ich kann sie da drinnen hören, im anderen Zimmer. Und im Bad. Ein feiner Eisflaum scheint sich an meinen Fingerspitzen und um die Nasenlöcher zu bilden, während ich ihr zuhöre, intensiv zuhöre, von der Anstrengung dieses Zuhörens seufze, mir vorstelle, wie sie die Tür zu dem Medikamentenschränkchen aufmacht – der Spiegel schwingt zurück, rahmt ihr gerötetes, gelangweiltes, fettes Gesicht und verliert es dann wieder –, wie sie vielleicht nach einer Augenbrauen-Pinzette greift oder nach einem großen Gefäß mit kühlender Creme. Nein: Das täte sie nicht. Sie würde ihre Kleider abwerfen und ins Bett fallen, ein träges Gewicht, sie würde sofort schlafen und uns vergessen. Hier sitzen wir draußen im Wohnzimmer, über einen Couchtisch gebeugt, und zerbrechen uns den Kopf über winzige Stückchen rotes und schwarzes Plastik – das Schachspiel! X's Haar wird langsam etwas dünn, ja. Er sieht dankbar, ironisch aus, ein sehr gefühlvoller junger Mann, der sich jedoch im Eheleben vergröbert, schlaff wird um die Taille. Ich stelle mir vor, wie er als Teenager an der Bahn herumlungerte, um zu sehen, was es zu sehen gab. Ich stelle mir ihn vor mit einer Gruppe von anderen Jungen, wie er an einem Strand, in einem Vergnügungspark herumtrödelte, wie sie mit harten, versteinerten Gesichtern den Mädchen nachjagten, sich einig in ihrem Vorhaben. Ich stelle mir ihn vor hinten im Klassenzimmer, wie er morgen früh versucht, wach zu bleiben, wie er im Kopf die Schachpartie noch einmal durcharbeitet, und wie er sich mich vielleicht in

Erinnerung ruft, meine verschiedenen, verzweifelten Bemerkungen, die ihn zu beunruhigen schienen –»Ich wünsche, du würdest nicht so reden«, sagte er ernst zu mir. Er sah mich an. »Du weißt genau, daß du dir nicht das Leben nehmen wirst, also warum darüber reden?«

»Ich weiß. Es tut mir leid.«

»Du hast wirklich alles im Leben – einen guten Job, Freiheit, alles was du willst – du kannst in Ferien fahren, wann du willst, du kannst alles tun –« Aber hier fing er zu stocken an, zerbrach sich den Kopf: Was fange ich mit meinem Leben an? Was tue ich, sein bester Freund,in meinem einsamen Leben?

Also, um ihm herauszuhelfen, sage ich schnell, »Ich weiß, es tut mir leid. Es hört sich wohl sehr nach Selbstmitleid an.«

»Nein, aber es ist eben überraschend ... sprich nur nie so vor *ihr*«, sagte er mit einer unvermittelten, ruckartigen Kopfbewegung, die auf sie hinwies, wie sie in diesem Doppelbett fest schlief. »Sie würde das nicht verstehen. Sie ist so, weißt du, so gesund und so ungeduldig ... sie wird sogar ärgerlich, wenn ich krank bin. Gott! Sie ist schon jemand!« Und verbissen, liebevoll begann er, über sie nachzudenken und hörte auf, über mich nachzudenken, über meinen Todeswunsch, o wie real, wie tief ist mein Todeswunsch! und das Spiel ging also weiter.

Sie sitzen in ihrem kleinen Wohnzimmer, Abend für Abend. Sie gehen in ihr kleines Schlafzimmer. Alles darin ist zu eng – mit Möbeln vollgestopft – ich habe das Zimmer einmal gesehen, als ich ihnen beim Einzug half. Ich war erfreut, daß sie mich um Hilfe baten. Danach gingen wir zusammen Pizza essen; sie luden mich ein. Kein Baby damals. Ich glaube allerdings, daß sie schwanger war – wie wären sonst gewisse kleine Scherze zwischen den beiden zu erklären gewesen? Sie trug gelb, einen gelben Pullover. Sie zieht sich den Pullover in diesem kleinen Schlafzimmer aus. Ihr gemeinsamer Schrank muß ein Chaos sein, wenn *sie* ihre Sachen darin hat. X ist sehr ordentlich, wie ich. Im wesentlichen ist er ordentlich. Er hat sich einmal vor Jahren darüber beklagt, daß ihre Kleider seine verdrängen, seine zerknittern. Er hat jahrelang allein gelebt. Ich habe jahrelang allein gelebt, seit ich aus meinem Elternhaus

weggegangen bin. Ich wache um viertel vor eins mit Kopfschmerzen auf. Ich nehme ein Aspirin, eine einfache und unschuldige Handlung. Und plötzlich sehe ich sie – ich stelle sie
mir vor, wie sie daliegen und sich umarmen, das Laken gleichgültig über sich, X auf einen Ellenbogen gestützt, wie er mit ihr
und sie mit ihm scherzt, nichts ist zwischen ihnen ernst oder
heilig, sie sind verliebt, verliebt, verliebt; sechs Meilen entfernt wird mir plötzlich schlecht, von diesem Leben allein.

Feuer, Flut, Erdbeben, all die klassischen Arten der Not –
geschmolzene Lava, die aus Hähnen fließt – die Erde selbst zu
einem riesigen Backblech geworden – ein Feuerofen brennen-
der Städte, genug, um das bemalte Gummi hoch segelnder
Ballons zu schmelzen – wie soll ich da gut sein? Wie soll ich
gerettet werden?

ICH DENKE NICHT

Ich denke nicht an ihren Mund, seinen Mund. Ich denke nicht
an ihr Kind, das zu einem eigenständigen Menschen wird. Ich
sitze im Park, Palmer Park. Geschrei von Kindern, die in der
Nähe Shuffleboard spielen . . . ihre Sachen durcheinanderwer-
fen, Lyrik mit Gewalt. Ein Mann mit einem spitzen Stock geht
herum und sammelt Papier auf. Ein spitzer Stock! Papier auf-
sammeln! Ich möchte zu ihm sagen, »Warum sehen Sie mich
an, Sie alter Narr?« Aber er sieht mich nicht an. Ich würde ihm
gerne sagen, »Sie meinen, ich bin komisch oder so, wie ich hier
sitze? – was wollen Sie tun, mich anzeigen? Wem tue ich hier
etwas zuleide? Ist dies denn nicht ein öffentlicher Park?«
Ich denke nicht an die Krebszellen, die in ihrem Schoß sein
könnten, in ihrem dehnbaren Schoß. Ich denke nicht an den
Bremsklotz, an den ihr Wagen fuhr – einen ganzen Abend lang
veranschaulichte sie das für mich, machte mir damit fast Angst,
während X mit einem kleinen, gezwungenen Lächeln den Kopf
schüttelte und denken mußte, *denken mußte*, wie nahe sie
daran gewesen war zu sterben und ihn zurückzulassen. »Du
solltest vorsichtiger fahren«, sagte ich zu ihr. Ich weiß, wie sie

fährt: Ich bin einmal mit ihr gefahren und sie hätte fast einen Jungen auf einem Fahrrad angefahren. Die ganze Zeit redend, mit ihrem Haar herumspielend. Kein Wunder, daß sie beinahe einen Unfall gehabt hätte. Nein, ich denke nicht an sie, wie sie in einem Autowrack zerfetzt ist, ihr Körper ist trotz seiner Erkrankung für ein derartiges Schicksal zu geschmeidig. Ich denke nicht an die ziemlich hervortretenden Venen an ihrem Hals. Stattdessen denke ich... an weiche, karamell-farbene Sandbänke, unberührt von menschlichen Fußstapfen, unbeschmutzt, jungfräulich und entzückend, vom Wind zu fließenden Fluten geformt, in den dunstigen Himmel übergehend; ich denke an langsame, stille Kamelkarawanen, die den Sand durchqueren, mit Männern darauf, die in glänzendem, absoluten Weiß gekleidet sind, auf den Höckern jener häßlichen, schlafenden Tiere schwankend, die Gesichter der Männer verschleiert, ihre Augen dunkel und ihre Brauen dunkel, alles sehend. Ich denke an zarte Tropfen von Musik, wie Wassertropfen. Die genau auf meine Stirn fallen. Ein Kristalltropfen, der den Sand spiegelt, und jedes Sandkorn schwanger mit Kamelen, Männern in Weiß, schwingenden Schleiern, der schrecklichen, grausamen Kraft versteckter Glieder und Körper und den Muskeln von Männern und Kamelen, vermischt...

Die Nacht überkommt die Wüste ganz plötzlich, als schalte jemand ein Licht aus. Wir sind allein. Wir schlafen friedlich.

EINE TREPPE ZUM GALGEN

In einem Trödelladen, einem Antiquitätengeschäft, vier Treppen hoch. »Eine Treppe von einem echten Galgen«, sagt der Händler, ein kleiner wenig überzeugender Mann mit einem säuerlichen Zug um den Mund. Es sieht nicht so aus, als würde *ich* solchen Trödel kaufen! Aber ich drücke mich daran herum, lasse meine Finger darüber gleiten, fast in der Hoffnung auf einen Splitter, in Gedanken. *Doch sind vermutlich Leute über diese Stufen gegangen, die heute tot sind...*

Später an diesem Abend schaue ich bei ihnen herein. Irgend

etwas ist in der Luft, Spannung? Ein Streit? Sie sitzt auf dem Sofa, das Kind zerreißt eine Puppe, X sitzt im Erker des Eßzimmers am Tisch und versucht zu arbeiten. Sie sind merkwürdig ruhig heute abend. Ich beuge mich über Xs Schulter, voll Sympathie, aber auch Ironie; er liest Chaucer. »Was liest du von Chaucer?« frage ich ihn. Er sagt, »Oh, nichts, es würde dich nicht interessieren« und klappt das Buch zu. Das ist etwas überraschend; aber es soll wohl nichts bedeuten. Wir gehen in die Küche. Er holt eine Bierdose für sich und Limonade für mich. Eis, das von seinen Fingern in die Gläser fällt. Ihr Eisbehälter ist immer eine Schweinerei. Ich mache ihn sauber, fülle frisches Wasser hinein, stecke ihn wieder ins Gefrierfach. Ihr Gefrierfach ist immer eine Schweinerei. Das gibt mir Zeit, mich in der Küche umzusehen – ja, Geschirr vom Abendessen im Ausguß, ein Geschmier von etwas Rotem auf einem Teller, vermutlich hatten sie nichts Besseres als Spaghetti, ein häufiges Gericht bei ihnen.

Draußen im Wohnzimmer sitzen wir und unterhalten uns. *Sie* ist langbeinig und mürrisch. X sieht müde aus. »Ist irgendwas?« frage ich sie schließlich. Ich bin sehr nervös. »Also, das Genie hier ist heute durch seine Deutschprüfung gefallen«, sagt sie. Bitter und triumphierend. Ich wende mich zu X, errötet vor Erleichterung, und will ihn trösten. Aber sein Gesicht ist abgeschaltet; kein Trost erwünscht; er trinkt sein Bier. »Oh, scher dich zum Teufel«, sagt er zu ihr. »Ich dachte, du wärst das Genie in dieser Familie.«

Wir sitzen schweigend da. Das kleine Mädchen ist gereizt, muß zu Bett gebracht werden. X fragt mich nach neuen Schallplatten, die ich gekauft habe, anscheinend interessiert. Ich habe einige tausend Schallplatten in meiner Wohnung, alle katalogisiert in verschiedenen Katalogen. Ich berichte ihm von dem neuen Streichquartett eines Komponisten, von dem er noch nie gehört hat. Die ganze Zeit beobachte ich sie, wie sie im anderen Zimmer herumgeht. Schließlich kommt sie heraus, scheint über uns hereinzubrechen, während sie ihren Mantel zuknöpft. »Begleite mich doch zur Apotheke, Alan. Ich muß mir ein Medikament abholen.«

Ich stehe sofort auf, so groß ist ihre Kraft. Ich folge ihr nach draußen, während ich X ein Zeichen gebe, daß sie mich gerufen hat, ich muß ihr einfach gehorchen; sie scheint mich ihm vorzuziehen, um ihn dafür zu kränken, daß er durch seine blöde Deutschprüfung gefallen ist; wo ist die Liebe bei all dem, Liebe, Liebe, Liebe? was bedeutet Ehe? – aber er fängt meinen Blick nicht auf. Sie und ich gehen nach draußen. Es ist November, ziemlich kalt. Sie geht schnell. Sie sagt, in der kalten Luft keuchend, »Warum heiratest du eigentlich nicht? Worauf wartest du?« Ich bin verlegen. »So viele Leute fragen mich danach . . .«

»Nun gut, worauf wartest du?«

»Eine perfekte Liebe vermutlich.« Ich lächle ironisch, um zu zeigen, daß dies ein Scherz ist. Sie ist zu verbissen, zu eitel, mein Lächeln aufzufangen.

»Erinnerst du dich, wie du und ich einmal sehr lang miteinander geredet haben?« sagt sie.

Ja, ich erinnere mich. Wir redeten stundenlang. Ich hatte am späten Nachmittag bei ihnen hereingeschaut, während X in seinem Milton-Seminar war, durch das Seminar döste, und wir redeten ernsthaft, mit einer sehr jugendlichen, naiven Ehrlichkeit, über den Sinn des Lebens ohne Gott. Sie hatte gesagt, daß jeder Mensch seinen eigenen Sinn finden müsse. Das Gespräch, das Duett, hatte sich über Stunden hingezogen; wir hatten es hin und her gezerrt, diese ausgezeichnete, starke, gehässige Frau, eine verheiratete Frau, die Frau meines Freundes X, und ich, mit ziemlich dünnen Armen in meinem Sporthemd und ihr nicht gewachsen, kein Match. Ein paar Tage später gab ich ihr ein Taschenbuch, *Psychoanalytic Explorations in Art*; es muß im Zusammenhang mit unserem Gespräch gestanden haben. Sie hat es später nie erwähnt, hat es wohl nicht gelesen. Ich dachte immer, sie hätte dieses Gespräch vergessen.

»Mein Leben, mein Leben mit Bob ist sehr kompliziert und sehr eigenartig«, sagte sie. »Ich meine, daß ich wieder ein Kind bekomme. Aber ich glaube nicht, daß es von ihm ist . . . ist das nicht komisch? Du kennst uns beide, du bist unser bester

Freund und praktisch unser einziger Freund, du weißt, daß wir dich beide lieben, gewissermaßen . . . Ich meine, wir lieben dich wirklich . . . Aber mein Leben besteht aus Stücken, die nur noch nicht auseinandergefallen sind, und was daran so merkwürdig ist, ich bin sehr glücklich, und Bob ist auch glücklich, obwohl ich sicher bin, daß er Bescheid weiß . . . über alles. Ich wollte dir das sagen. Ich weiß nicht warum.«

Betäubt, ich bin betäubt. Erschreckt. In der Apotheke wende ich mich von ihr ab – aber sie wendet sich von mir ab. Sie tupft sich die Augen. Sie hat geweint, diese Frau! Während sie zu der Rezepttheke geht, versuche ich, mich in die Gewalt zu bekommen. Mein Herz ist erschreckt, in einem gelinden Schock; warum hat sie derartige Gewalt über mich? Ich stelle mir vor, wie sie und X umschlungen im Bett liegen, ihre Körper umschlungen, und ihre weiche, rosa-farbene Zunge stößt an sein Ohr, berichtet ihm von den geheimnisvollen Zärtlichkeiten ihres Schoßes, zerstört ihn und vergoldet ihn wieder, meinen Freund X, kurze, geplatzte Venen im Weißen seiner Augen. Und ich stelle mir vor, wie sie sich lässig eine Bluse aufknöpft, wie sie sie auf eine Stuhllehne fallen läßt und sich umdreht, um einen anderen Liebhaber zu umarmen, der kein Freund von mir ist und den ich nicht kenne, den ich nicht kenne . . . Sie steckt Wechselgeld in ihre Brieftasche, geht unsicher auf mich zu, schaut nach unten. Sie trägt eine Papiertüte – irgendwelche Tabletten, was für welche? Aber ich kann nicht fragen. Das ist zu intim. Sie schaut zu mir auf und unsere Augen treffen sich und plötzlich bin ich voll von furchtbarer Wut. Sie hat etwas zu tun mit dieser gesunden, glücklichen Frau, die durch eine Apotheke schreitet, ein Geschäft, das nur für sie gebaut scheint, wie sie sich die falschen, verrückten Tabletten in diesem Geschäft aussucht, diese zuckrigen Tabletten, und genau erhält, was sie will. Immer. Warum kann sie sich nicht entschließen, aus einer Laune heraus, sich von X scheiden zu lassen? Warum entschließt sich X nicht, aus Verzweiflung und zur Ablenkung, zu mir zu ziehen – bis »alles geregelt ist«? Warum vertritt sie sich nicht draußen und wird ein paar Meter weiter auf der Straße von einem Auto voller Teenager überfahren? Warum nicht, warum nicht? Ein Fieber steigt in mir hoch. Meine Augen sind fiebrig. Draußen auf der Straße möchte ich sie anschreien, *Laß ihn gehn! Ist ein Mann nicht genug für dich?* Aber ich sage nichts. Ich ertrinke, ersticke in der Hitze meiner Wut. Sie spricht in einer fremden Sprache leise zu mir, ich verstehe nichts davon, Geplapper, Geplapper, leicht und gedankenlos wie ein Vogel, diese amerikanische Frau, die sich aus einem amerikanischen Mädchen entwickelt hat, deren eigenes Fieber sie auf einem Seil von gewebtem Gold führt, straff und sicher für ihre goldenen Füße Größe 9 gespannt, so geschickt. Ich könnte diesen eher häßlichen Leberfleck von ihrem Arm kratzen und eine Kultur von Gehirnkrebs darin einpflanzen, eine kleine, saubere Kultur, sie festkleben, ein paar Wochen sitzen lassen und sehen, was ausgebrütet wird . . . aber sie plappert weiter neben mir wie eine Frau in einem Musical. Glücklich. Sie ist glücklich und X ist glücklich. Sie sind zusammen glücklich. Ich habe das Gefühl, plötzlich treppauf zu gehen, Treppen hinauf, mit der Schwerkraft kämpfend, mein Herz und meine Lunge bereit zu platzen, mein Gesicht zum Platzen voll mit einem Fieber von Blut, mein Gehirn voll Wut, ihnen zuzurufen, *Ihr seid kalkulierbar, ihr auch! Ihr seid Statistik! Ihr existiert fast gar nicht! Was für eine Rolle spielt das, eure Lieben und eure Ehebrüche und eure schwatzenden, entzückenden Kinder, eure Streitereien, eure Spaghettiessen, eure fleckigen Sofas? Was für eine Rolle spielt das alles?*

DIE MASCHINE. DIE GÖTTIN.

Ich bleibe jeden Abend lange bei der Arbeit im Labor. Das Summen einer Maschine ist wie Musik unter meinem Atem. Später heute abend, oh, nicht zu früh, aber wie zufällig, werde ich in ihrer Wohnung vorbeischauen. Es ist jetzt eine Woche her; sie müssen denken, ich sei beleidigt. Sie müssen sich fragen, ob mich etwas beleidigt hat. Ich werde vorbeischauen, vielleicht gegen zehn, halb elf, wie zufällig, auf meinem Nachhauseweg . . . Ich werde *ihr* einen winzigen Talisman für ihr

Armband mitbringen, den ich zufällig in einem kleinen Geschäft gefunden habe, wobei ich sofort an sie gedacht habe, eine
winzige, silberne Figur von einer Schlittschuhläuferin. Selbstbewußt, muskulös, eine Art Göttin, die weise und kriegerisch
aussieht, die über Land und Wasser wie über Eis gleiten kann,
über unsere Knöchel, unsere klopfenden Herzen . . . Alles ist
da, in dieser winzigen Figur. Frauen, die über Männer gleiten.
Über unsere nackte Brust gleiten, unsere Beine. Ich werde es
ihr schenken, einer Ehefrau, und ich werde auf ihrem Sofa
sitzen, in der Strömung ihrer Ehe, neugierig und unabhängig
und verliebt, durchgeschüttelt wie Seegras oder Wassertröpf-
chen, in der Erwartung, welche Geschenke mir die Zukunft
wohl bringen mag.

Ins Deutsche übertragen von Barbara von Bechtolsheim

Was ist die Verbindung
zwischen Männern und Frauen?

Was für ein Gefühl ist es, die ganze Nacht wachzuliegen?
Sie ist eine undefinierbare Frau, nicht daran gewöhnt, die Haut
so eng um ihr Gesicht zu spüren. Undefinierbar, wie ein Reh,
sich über sich selbst im Unklaren ... wenn sie an sich selbst
denken sollte, würde sie sich eine Frau mit einem viel älteren
Gesicht vorstellen. Ihr Gesicht fühlt sich verbraucht an. Die
gespannte Haut, ein Schmerzen um die Augen herum, ein
fiebriges Glänzen um die Wangen ...

Was für ein Gefühl ist es, die ganze Nacht wachzuliegen?
... Ihre Haut ist so zart, daß dieses Wachliegen, dieses Elend,
sie beschädigen wird. Kleine Linien haben sich bereits um die
Augen gebildet. Es sind blasse Linien von der Sonne, die sich
strahlenförmig entwickeln, und unter ihren Augen sind leichte
Schatten, die Schatten von ...

Was für ein Gefühl ist es, die ganze Nacht wachzuliegen?
Warten. Sie kann nicht schlafen. Sie liegt still, und ihr Herz
rast; es ist ein Fieber, dieses Rasen, dieser dauernde Gedanke.

Was für ein Gefühl ist es, so zu warten?
Vor vielen Jahren wurde ein Junge in ihrer Schulklasse wahn-
sinnig, und sie sagten, er starb an Wahnsinn. Sein Herz raste,
sein Körper wurde steif und fiebrig, in seinem Körper war keine
Infektion außer der Infektion des Wahnsinns. Ein Katatoniker.
Er war an Wahnsinn gestorben. Sein Körper hatte sich in ein

paar Wochen verbrannt, ausgetrocknet. Kleine Kriege hatten sich in seiner Brust abgespielt, in seinem pumpenden Herzen, sein Gehirn war verschreckt gewesen, er war gestorben. Er starb irgendwo in einem Krankenhaus. Man redete in der Schule und in der Nachbarschaft darüber.

Was für ein Gefühl ist es zu warten?
Jetzt ist es achtzehn Jahre danach. Der Junge, Fred, ist seit achtzehn Jahren weg. Es liegt ihr nichts mehr an ihm, nichts. Und doch ist er für sie lebendiger als der Mann, der heute abend zu ihr kommen wird ... ein Junge, der wahnsinnig wurde und vor achtzehn Jahren starb ... Damals hatte sie nicht gedacht, daß achtzehn Jahre für *sie* vorbeigehen würden. Keine zehn Jahre. Keine fünf Jahre. Die Zeit war massiv und bewegte sich langsam; sie war unwirklich. Jetzt ist sie vierunddreißig Jahre alt, und wenn der wahnsinnige Junge heute abend an ihrer Tür klopfen sollte und sie ihm aufmachen würde, nicht wissend, wer da klopft, wäre er noch ein Kind und sie, sie wäre zu einer Frau geworden, obgleich sie ein Jahr jünger war als der Junge ...

Was für ein Gefühl ist es zu warten?
Ein Fieber!

Wie spät ist es jetzt?
Nutzlos, hier wartend im Bett zu liegen. Die Laken sind feucht. Ihr langes Haar ist feucht und scheußlich. Trotzdem ist es gefährlich, sich plötzlich aufzusetzen ... ihr Zimmer ist wie ein unbekanntes Zimmer, wie ein Hotelzimmer im Dunkeln. Sie sollte das Licht anmachen. Sie sollte aufstehen.

Wie spät ist es jetzt?
Sie setzt sich plötzlich auf und macht das Licht an. Ein momentanes Geblendetsein – ihre Augenlider zwinkernd wie Motten. *Zehn Minuten nach vier.* Hinter den Jalousien wird es bald Morgen sein. Das Dämmern ist ein Prozeß, der sich nicht aufhalten läßt.

Was für ein Gefühl ist es, die ganze Nacht wachzuliegen?
Sie denkt an ihre Mutter, ein Bündel Schlaf. Ihre Mutter
wohnt in einem kleinen Reihenhaus ein paar Meilen entfernt,
sie schläft, ihr Gesicht im Schlaf schmerzverzerrt, ihr Mund
leicht geöffnet... zweifellos schnarcht sie. Alte Frauen
schnarchen gewaltig. Sie sind wie Körper, in die bei Nacht
merkwürdige Tiere gekrochen sind; die Tiere sind böse, un-
züchtig, laut. Und wie sie schnarchen! Ihr Schnarchen ist
schamlos. Alte Frauen werden zu alten Männern.

Was für ein Gefühl ist es, die ganze Nacht wachzuliegen?
Das Telefon wird klingeln. Was dann? Sie sitzt auf der Bettkante, fiebrig, verstört. Eines sollte sie wissen: Sie hat Angst.

Was für ein Gefühl ist es, auf einen Mann zu warten?
Sie überquerte gerade eine Straße, den Kopf gegen den Wind
geneigt, ihre Augen Schlitze, um den fliegenden Staub abzuhalten. Sie trug eine Einkaufstüte, die sehr leicht war – sie
erinnert sich noch, wie leicht sie war. Ein Auto verlangsamte
die Fahrt. Das Geräusch einer Hupe. Aufgeschreckt sah sie auf
und sah auf der anderen Straßenseite ein zerbeultes, altes
Auto, das bremste und zum Halten kam. Jemand winkte ihr zu.
Rief sie beim Namen. Es war ein alter Mann, den sie nicht
kannte. Dann sah sie, daß sie ihn doch kannte, er war einer von
den Männern, mit denen ihr Schwiegervater vor Jahren immer
zusammenhockte. Unmöglich, ihn zu meiden. Und sie schämte
sich, daß sie ihn meiden wollte, mit seinem breiten Lächeln sah
er so mitleiderregend aus, wie er ihren Namen über die Straße
rief... Also stand sie auf dem Gehweg und redete ein paar
Minuten mit ihm. Es gab nicht viel zu sagen; er lebte jetzt bei
der Familie seines Sohnes, sagte er; er begeisterte sich für das
Baseballspiel am folgenden Tag. Sie sagte ihm liebenswürdig,
daß er den Verkehr aufhalte...

Was für ein Gefühl ist es, auf einen Mann zu warten?
Ihr Schwiegervater ist tot. Seit Jahren tot. Ihr eigener Vater ist
tot, ja, und ihr Mann ist tot, endgültig tot. Sie denkt an sie, drei

Männer, alle drei tot und daher endgültig, fixiert im Alter ihres Todes, wie der Schuljunge, der im Alter von sechzehn starb . . . Liebenswürdig sagte sie zu dem alten Mann, »Ich glaube, Sie halten den Verkehr auf . . .« Ein freundliches Aufwiedersehen-Winken. Sie beobachtete, wie er wegfuhr. Und dann drehte sie sich um, um einen anderen Mann zu sehen, einen Fremden, der in der Nähe stand.

»Hat der alte Kerl Sie belästigt?«

Sie schüttelte schnell den Kopf. *Nein. Nein.* Sie ging an diesem Mann vorbei, und er drehte sich mit ihr um; sie sah flüchtig etwas von seinen Händen – dicke, kurze Finger, die Nägel ungewöhnlich dick und cremefarben.

»– dachte, er würde Ihnen Ärger machen –«

»Nein. Alles in Ordnung.«

Etwas weiter weg überkam sie etwas wie mit einem Schlag, eine Faust schlug gegen ihre Brust; sie blieb stehen.

Sie drehte sich um, um zu dem Mann zurückzuschauen.

Er beobachtete sie. Er war etwa ihre Größe, sein Haar war schwarz und dicht, seine Haut dunkel. Sie hatte ihn noch nie gesehen, und trotzdem kannte sie ihn sehr gut. Sie kannte diese Hände, die Art, wie er dastand und sie beobachtete, wie sein Gesicht aussah . . .

»Okay, geben Sie halt acht!« sagte er lächelnd und hob die Hand zu einem raschen, ruckartigen, schüchternen Gruß. Auch wie er ihr zuwinkte war ihr vertraut.

Was ist die Verbindung zwischen Männern und Frauen?
Sie ging in ein Geschäft am Ende der Straße. Ihr Körper schwach, zitternd. Sie hatte ihn auf der Straße gesehen! Er hatte einen Anspruch auf sie geltend gemacht. Sie kannte ihn. In dem Geschäft war ein Korb mit Kartoffeln, die sehr schmutzig waren. Blasse Äpfel. Salat locker in braunes Papier gewikkelt, die Blätter welk und braun, eine Enttäuschung. Sie berührte etwas, nahm es in die Hand . . . sie legte es wieder hin . . . Nein, sie kannte diesen Mann nicht; das war ein Irrtum. Sie hatte ihn noch nie gesehen. Sie hatte kein Interesse an Männern und dachte nicht über sie nach.

Was ist die Verbindung zwischen Männern und Frauen?
Jemand hatte darauf gewartet, es ihr zu sagen. Eine andere
Atmosphäre im Treppenaufgang des Wohngebäudes, der Geruch von schlechten Nachrichten ... die Tür zur Wohnung der
Pedersens angelehnt, so daß sie, als sie näherkam, wußte, daß
etwas nicht stimmte. Die fette Mrs. Pedersen würde sie über-
fallen und sich über den Müll, über das Radio beschweren!
Aber nein. Mrs. Pedersen machte liebenswürdig die Tür auf,
und hinter ihr stand ein Mann, ein Fremder, beide sahen
zögernd aus, feierlich, wichtig. Der Fremde war vom Betrieb.
Aber ihr Mann war nicht bei der Arbeit gestorben, er war bei
einem Autounfall umgekommen ... dieser Mann war in einem
der anderen Autos gefahren und war herausgeschleudert worden.

Was für ein Gefühl ist es, verheiratet zu sein?
Sie ist eine undefinierbare, blonde Frau. Sogar ihre Fotos sehen
undefinierbar aus, verschwommen. Ihr Haar ist manchmal
struppig, und kleine Strähnen liegen ihr auf der Stirn, Feuchtigkeit macht ihr Haar lockig, dann kann sie es nicht ausstehen.
Sie würde gern eine Bürste mit festen Borsten nehmen und sie
wild durch ihr Haar ziehen, die Locken herauszwingen, das
Haar glattziehen, glatt. Warum sind die Schnappschüsse von
ihr so verschwommen? Sie steht immer in einem zu grellen
Sonnenflecken, oder die Kamera wurde im falschen Augenblick
bewegt, oder sie selbst bewegte sich im falschen Augenblick.
Ein Schnappschuß von ihr und ihrem Mann, bei einem Pick-
nick aufgenommen, zeigt sie in einem leuchtenden Weiß, als
hätte ein Blitzstrahl sie berührt, nur sie, und hätte ihren Mann
aufrecht gelassen und ein wenig finster dreinschauend, sein
Gesicht klar, sogar das Hemd mit Rautenmuster, das er an
diesem Tag trug, so klar, daß man hätte meinen können, es
hätte eine Bedeutung ...

Was für ein Gefühl ist es, verheiratet zu sein?
Sie ist auf Dauer mit diesem Mann verheiratet. Verheiratet.
Auf Dauer verheiratet. Sie ist noch immer in diesen Mann

271

verliebt, einen Toten. Verheiratet. Verliebt. Wenn sie schläft, schläft sie mit ihm; sein Körper ist im Schlaf ganz nah bei ihr.

Was für ein Gefühl ist es, die ganze Nacht wachzuliegen?
An diesem Abend trägt sie einen alten, weißen Slip. Sie hat nur ihr Kleid ausgezogen und Schuhe und Strümpfe, voll Angst, sich ganz auszuziehen. Normalerweise trägt sie in der Wohnung einen Bademantel; sie zieht ihn gleich an, wenn sie von der Arbeit nach Hause kommt. Nachts trägt sie ein altes, verblichenes Nachthemd, normalerweise. Aber heute abend hatte sie Angst gehabt, sich auszuziehen.

Was ist die Verbindung zwischen Männern und Frauen?
In dem Geschäft spürte sie, wie ihre Augenlider sich vor Angst dicht über ihren Augen schlossen. Nicht hier. Nicht in diesem Geschäft. Nach dem Tod ihres Mannes war sie fast ein Jahr lang immer wieder zusammengebrochen ... manchmal direkt auf dem Bürgersteig oder in einem Geschäft, überall ... und das lange, bebende Schluchzen hatte begonnen und sie gedemütigt. Das war jahrelang nicht mehr vorgekommen, aber sie hatte immer Angst, es könnte passieren. Es könnte passieren. In dem Geschäft ertappte sie sich dabei, wie sie auf Schokoladenkuchen starrte, der in Zellophan verpackt ausgestellt war; sie versuchte, genau zu sehen; versuchte, nicht zusammenzubrechen.

Der Mann kam in das Geschäft.

Sie spürte, wie er ihr näher kam. Das Fleisch ihres Körpers begann seine lange, stille Klage. Sie sah ihn nicht an. Er ging langsam auf sie zu, als sei das nicht geplant, er ging mit den langsamen ziemlich schweren Schritten ihres Mannes, sie sah aus den Augenwinkeln, wie er näherkam.

Sie sah sich erschreckt nach ihm um.

Er versuchte zu lächeln.

Ein grobes, düsteres Gesicht. Das Lächeln änderte nichts daran. Er wirkte irgendwie erschöpft – weiche, leicht farblose Haut unter den Augen. Er hatte ein intelligentes Gesicht, aber es sah mißbraucht aus; als würde er es mit den Händen mißhandeln. Sie stand schweigend da und beobachtete ihn. Es gab nichts zu sagen. Wieder hob er seine Hand zu einem verlegenen Gruß ... sie sah die Finger, die Knöchel, die dicken, quadratischen Nägel ...

Warum verfolgen Sie mich! wollte sie ihm zurufen.

Sein Gesicht war wie eine Maske, diese dunkle gefleckte Haut. Dahinter war ein anderes Gesicht. Eine andere Person. Der Mund war ihr nicht vertraut, aber sein Ausdruck war ihr vertraut. Er war nahe daran, sie beim Namen zu nennen.

Er sah, wie verschreckt sie war.

Verlegen sagte er, »Ich komme manchmal hierher ... Ich schau hier manchmal selber rein ...«

Er hatte ihren Namen nicht gesagt. Sie wich zurück, nickte. Lieber hier rauskommen. Laufen. Nach Hause kommen.

»Ich habe Sie nicht verfolgt oder so«, sagte er.

Sie konnte sich nicht bewegen. Ihre Augen waren auf einen Punkt hinter ihm fixiert, wie auf diesen Punkt hypnotisiert. Er starrte sie ganz offen an. Trotzdem konnte sie sich nicht bewegen, sie konnte den Augenblick nicht abbrechen. Er starrte sie ganz offen an, ihr Gesicht. Sie schien ihm ihr Gesicht wie eine Blume anzubieten.

Wieder meinte sie, er werde ihren Namen aussprechen.

»Ich muß gehen –« sagte sie erregt.

Sie legte, was sie in der Hand hatte, zurück – irgendeine Dose – Tomaten in der Dose. Sie stellte sie auf ein Regal, ohne auf das Regal zu sehen.

Er betrachtete ihr Gesicht, ihre Augen, als betrachte er sie im Schlaf. Und auch das war ihr vertraut: daß er sie betrachtete, während sie schlief.

»Ich muß gehen«, flüsterte sie. Sie ging aus dem Laden. Der Ladenbesitzer würde ihr Benehmen komisch finden. Warum war sie hereingekommen, wenn sie nichts haben wollte? Warum lief sie weg? Draußen, auf dem Bürgersteig, erinnerte sie sich, daß sie bereits in einem Geschäft gewesen war, in der Nähe ihrer Arbeitsstelle, und daß sie schon gekauft hatte, was sie brauchte ...

Sie ging schnell nach Hause. Sie spürte, wie sie sich auf dem

Bürgersteig durch die Leute fädelte, von ihnen unbemerkt, weil sie so in Eile war, so verschwommen: eine Frau in einem braunen Mantel, den Kopf leicht geneigt, die Augenlider halb geschlossen gegen den Staub.

Was ist es für ein Gefühl, so zu warten?
Fieber. Sie läßt kaltes Wasser laufen, legt einen Waschlappen auf ihre Stirn. Alles ist heiß, heiß. Aber das kalte Wasser ist sehr kalt. Es läßt sie an die Frische der Luft denken, wenn sie ihr Gesicht und ihren Körper berührt. Die Poren ihres Gesichtes und Körpers sind der Luft immer ungeschützt ausgesetzt. Immer offen. Alles kann passieren. Lebt sie noch, so viele Jahre danach? Ihr Mann ist gestorben und sie lebt noch immer. Das verblüfft sie. Manchmal, wenn sie allein ist und das Telefon nicht abnimmt, sitzt sie in einer Art Starre da, verblüfft darüber, so viele Jahre nach dem Tod ihres Mannes noch am Leben zu sein. An diesem Nachmittag war er gestorben. Und sie hatten es ihr gesagt. Und sie hatte die Worte gehört, die Nachricht, sie hatte sie mit ihrem Fleisch angenommen, durch die Poren ihres Fleisches, und hatte dabei gedacht, es würde sie töten. Aber es hatte sie nicht getötet. Sie war noch immer am Leben; sie saß stundenlang, benommen und traumlos, in einer Art ungewissem Schrecken gefangen, aber schließlich würde sie zu sich kommen müssen und tun, was auch immer getan werden mußte. Sie würde bügeln müssen; sie würde etwas zum Essen machen müssen. Immer essen. Essen. Am Leben bleiben. Sie war nicht gestorben.

Was ist die Verbindung zwischen Männern und Frauen?
Tagsüber ist es eine Welt von Frauen. Sie sieht die ganze Zeit Frauen. Sie ist jetzt Abteilungsleiterin in dem Geschäft, in der Geschirr- und Glaswarenabteilung. Es ist ein gut bezahlter Job, und die Arbeit ist körperlich nicht anstrengend; wenn sie an ihren Job denkt, ist sie damit zufrieden. Das Geschäft ist das größte Geschäft dieser Art in der Stadt. Ihr Traumgeschäft. Jeden Tag strömen die Leute hinein, die Rolltreppen hinauf und hinunter, die Aufzüge hinauf und hinunter, schauen und

fassen an und kaufen, hypnotisiert. Auf ihrer Etage, der siebten, sieht sie die ganze Zeit Frauen ... aber sie stellt sie sich nicht als Frauen vor, als *Frauen*. Sie stellt sich Männer nicht als *Männer* vor. Ungeschickt von Gedanken geführt, von blitzschnellen, fischartigen Vorstellungen, denkt sie an die Welt der Körper. Kommen Sie her. Kaufen Sie dies. Gehen Sie davon weg. Strecken Sie Ihre Hand aus. Legen Sie sich hin. Schlafen Sie.

Was fühlt eine Frau, während ein Mann sie liebt?
Barfuß steht sie an der Tür. Ihre Hand auf dem Knauf. Sie steht da in ihrem abgetragenen, weißen Slip und lauscht. Niemand auf dem Flur? Niemand? Sie wird die Polizei rufen, wenn sie irgend etwas hört. Es ist sehr spät abends, zu spät, als daß irgend jemand noch auf sein könnte. Ihr Herz klopft vor Angst. Schweißtriefender Schrecken.

Wenn sie wieder ins Bett geht, wird sie daliegen; ihre Augenlider werden brennen. Es ist noch nicht Zeit für sie zu schlafen. Sie muß eine Zeitlang hier stehen und lauschen, den Kopf gebeugt, die Gesichtsseite brennend, als stünde jemand ihr gegenüber im Zimmer und sähe sie an.

Was fühlt eine Frau, während ein Mann sie liebt?
In den Monaten danach konnte sie ihren Mann aus den Augenwinkeln heraus sehen. Wie er sie beobachtete. Und so ging sie schnell, verstohlen, auf den Bürgersteig hinunterschauend. Sie zog aus der Wohnung, die sie gemietet hatten, aus. Sie fand eine Stelle als Prozellanverkäuferin. Sie saß und hörte sich die Klagen ihrer Mutter an – die Nachbarn, die Nachbarschaft, die Krankheiten ihrer Mutter, das Wetter- und aus ihren Augenwinkeln heraus sah sie ihren Mann, wie er sie überwachte. Sie sprach nicht mit Männern. Sie bemerkte Männer eigentlich gar nicht. Nachts lag sie wach und dachte an ihren Mann, der tot war und doch irgendwie bei ihr war, schwer bei ihr lag, einen Arm um sie gelegt ... sein Atem rauh, wie es gewesen war, wenn er schlief ... »Oh, Gott«, sagte sie laut, ihre Stimme überraschte sie: klar wie ein Fingernagel, der gegen ein Was-

serglas klopft. Vor ihrem geistigen Auge sah sie sich als verbraucht, ihre Haut über das Gesicht gespannt, ihre Augen aus dem Kopf springend. Wenn sie sich im Spiegel sah, war es immer eine Überraschung, verglichen mit dem Gesicht, das sie sich vorgestellt hatte. Warum war sie noch immer jung? Warum war sie noch immer am Leben?

Sie steht an der Tür, allein, und ein Gefühl von Dunkelheit überkommt sie. Übelkeit. Ihre Augen tun weh. Ihr Körper tut weh. Sie denkt an jemanden, der die Treppen heraufkommt – sie denkt an das Telefonklingeln – sie denkt an jemanden, der an die Tür klopft. An die Tür hämmert. Er kommt sie holen. Wenn sie von dieser Stelle wegläuft und die Straße hinunterläuft zu dem Lokal, das die ganze Nacht auf ist, oder wenn sie sich ein Taxi nimmt und zu ihrer Mutter hinüberfährt, wird er sie doch finden; er wird wissen, daß sie weggelaufen ist.

In einer Weile wird es Morgen sein.

Ihr Haar ist schwer, das bringt sie zum Weinen. »Gott!« sagt sie laut und ärgerlich. Sie geht im Zimmer umher, ihrem Wohnzimmer, schlägt die Hände zusammen, die Handflächen treffen aufeinander und prallen weich zurück, so weiches Fleisch! – sie geht ins Schlafzimmer, sieht das Bett, die Laken. Dies ist, was sie tun wird: sich anziehen und ein Taxi rufen und zu ihrer Mutter fahren. Nein, erst ihre Mutter anrufen. Aber nein, nein. Ihre Mutter würde Umstände machen. Immer Umstände. Sie haßt ihre Mutter und wird nicht zu ihr fahren... nein, sie haßt ihre Mutter nicht, aber sie haßt die Umständlichkeit ihrer Mutter. Als Kind streckte sie ihrer Mutter immer hinter deren Rücken die Zunge heraus. Ihre Zunge hatte an ihren Wurzeln gezerrt, als versuche sie, aus ihrem Mund herauszugelangen, so wütend und so ungeduldig mit ihrer Mutter! – wie sie ihre Mutter haßte! Sie reckte sich dann, um ihre Zungenspitze zu sehen. Rosa und zitternd. Sie wollte nicht stillhalten. Sie streckte sie mit Schwung aus dem Mund und sie zitterte vor Wut, vor Haß, während ihre Mutter über irgend etwas murrte und keine Vorstellung davon hatte, was sich da abspielte, diese wütende, zitternde Zungenspitze, die sich nach ihr herausstreckte, als wolle sie sie berühren.

Was fühlt eine Frau, während ein Mann sie liebt?

Sie ging schnell nach Hause, fädelte sich ihren Weg durch die Leute. Niemand merkte etwas. Niemand, dachte sie, bemerkte etwas. Sie schien ihren Körper vorwärts zu schieben, den Kopf so geneigt, daß die Schädeldecke nach vorne drängte, wie gegen einen Wind. Beeil dich und komm nach Hause, um Gottes willen. Komm von der Straße weg. Tagsüber, im Geschäft, dachte sie manchmal an ihr früheres Leben, ehe sie sich verliebt hatte; das glatt weiße Prozellan erinnerte sie an die Leere in ihrem Leben. Und dann ihr Mann. Ein Mann mit den Bedürfnissen eines Mannes. Seine Arme, seine Umarmung. Sein Körper. Im Geist flitzte sie hin und her zwischen den beiden – zwischen dem Mädchen und der Frau, die sie war – und fühlte sich schuldig, daß sie ihn so leichtfertig betrog.

Ein Fieber. Ein fiebriger Glanz auf ihrer Haut.

Ein gewaltsames Durchdringen bis in ihr Herz: oben in der Brust. Ein Gefühl zu ersticken. Erwürgt zu werden. Er hatte sie gehalten und war in sie eingedrungen, und in seiner Umarmung hatte sie stillgelegen und ihr Bewußtsein war in weiße, erschreckte Glasstücke zerfallen. Und dann war das Weiße verschwunden; der Schrecken war verschwunden. Sie fühlte, wie er sich in sie hineindrängte, ihre Schenkel an den Innenseiten wund von seinen Schenkeln, ihrer muskulösen Kraft, und die Bewegungen dieses Mannes waren Bewegungen, mit denen sie nichts zu tun hatte, nichts. Sie liebte ihn und hielt ihn in ihrer Umarmung. Sie war eine stille, blonde, hellhäutige Frau, eine attraktive Frau, die sich nicht mit sich selbst beschäftigte, sie war die Frau eines Mannes und auf Dauer in ihn verliebt, auf Dauer mit ihm verheiratet. Die Ehe würde ohne Ende sein. Seine Liebkosungen würden ohne Ende sein.

In diesem kleinen Lebensmittelgeschäft hatte er sich ihr zögernd genähert. In dem Geschäft hatte er etwas davon gesagt, daß er sie verfolgen werde. Sie nicht verfolgen werde.

Sie hatte sich blindlings umgedreht, um zu gehen. Sie war gegen eine Theke gestoßen. Der Mann streckte die Hand nach ihr aus, und sie streckte ihre Hand aus, um sich festzuhalten, und ihre Finger schlossen sich um seinen Arm.

Auf ihrem Nachhauseweg war sie schnell gegangen, hatte niemanden gesehen.

Wie spät ist es?
Ein Geräusch irgendwo. Draußen auf der Straße. Sie geht zum Fenster und späht vorsichtig durch die mit Daumen und Zeigefinger geöffneten Jalousien, ihr Auge verengt zu einem Schlitz, als fürchte sie, etwas da draußen zu sehen. Aber nichts. Kein Alarm.

Es ist halb fünf.

Als sie an diesem Nachmittag in Eile nach Hause kam, hatte sie sich nicht einmal umgesehen. Sie hatte gespürt, daß er ihr folgte. In einiger Entfernung, eine Straßenecke hinter ihr . . . er folgte ihr bis zu diesem Gebäude. Ihr schwirrte der Kopf. Sie wollte sich darüber klar werden, was sie zu tun hatte: einen Bus nehmen? In ihrer Nähe hielt ein Bus, und eine müde Menschenschlange stieg ein. Aber nein, sie ging vorbei. Kein Bus. Aus irgendeinem Grund war sie nicht eingestiegen. Sie überquerte Straßen, die Einkaufstüte leicht in ihrer Armbeuge, ihre Tasche noch leichter, alles vom Wind staubig geblasen; der Staub schien wild wirbelnd in ihrem Kopf zu sein. Sie wußte nicht, ob sie Angst hatte oder nicht. Warum sollte sie Angst haben? Er wohnte hier in der Gegend. Er kam oft in das Geschäft, hatte er gesagt. Und wenn er hinter ihr herging, eine Straßenecke weiter, gab es keinen Grund für sie zu denken, daß er ihr folgte.

Ihr Atem war flach. Sie war sehr nervös. Sie würde eine Straße weiter gehen, in ein Geschäft, sie würde sich vor ihm verstecken . . . Oder sie würde sich umdrehen und zurückschauen, um zu sehen, wo er war. Sie würde darauf warten, daß er sie einholen würde. Sie würde ihm sagen, er solle sich zum Teufel scheren.

Aber sie tat nichts, sie bog nicht ab, sie wartete nicht auf ihn. Sie ging weiter nach Hause. Es war zwanzig vor sechs, und normalerweise war sie um halb sechs zu Hause.

Jetzt ist es halb fünf Uhr morgens.

Um viertel vor sechs war sie zu Hause. Apartment 2-B. Sie

warf ihren Mantel ab, ließ ihre Handtasche auf den Tisch fallen, stellte die Einkaufstüte auf den Tisch... sie rieb ihr Gesicht, ihre Augen kräftig mit den Handflächen. War dieser Kerl draußen? Draußen auf dem Bürgersteig? Würde er ihr ins Haus folgen und auf die Briefkästen schauen, würde er herausfinden, welches ihre Wohnung war? Und was würde er dann tun?

Wenn ihr Mann sie geliebt hatte, lag sie neben ihm und spürte, wie ihr Herz langsamer schlug, wieder zum Normalen zurückebbte. Aber nichts war wie zuvor. Er war der einzige Mann, der sie je geliebt hatte, und sie hatte kein Interesse an anderen Männern vor oder nach ihm, sie konnte sich nicht dazu zwingen, an sie zu denken, es war eine Last, eine Zeitverschwendung... Männer und ihr nervöses Lachen! Männer und ihr Grinsen, das fleckige Zähne zeigte, wie sie die Frauen brauchten, wie sie sie selbst brauchten, ihre ungeschickten Scherze, ihr Kampf um eine günstige Stellung, wie in einem Rennen, wie sie Frauen haben wollten, wie sie sie selbst haben wollten! Sie konnte nicht an sie denken. Sie schleppte ihren Körper durch die Menge von Männern, denen sie im Laufe der Jahre seit dem Tod ihres Mannes begegnet war, sich der Männer eigentlich nicht richtig bewußt, nicht an ihnen interessiert. Sie war noch immer verheiratet. Sie war auf Dauer verheiratet.

Wenn dieser Mann sie anriefe, würde sie zu ihm sagen, *Ich bin auf Dauer verheiratet.*

Was könnte eine Frau tun?
Alles.

Was für ein Gefühl ist es, eine Frau zu sein?
Wenn eine Frau durch eine Menge von Männern geht, spürt sie, wie etwas in ihr, in ihren Lenden, sticht. Ein Fieber, eine Hitze wie ein Messer. Sie bahnt sich ihren Weg durch den geheimnisvollen Fluß der Zeit, als schwimme sie, als stemme sie sich voran gegen den Wind, wütend und ungeduldig und voll Angst. Sie spürt ein Begehren, das nicht einem Mann gilt, sondern einer Menge von Männern, ihren unpersönlichen und

drohenden Gesichtern; sie streckt ihre Hand unbewußt aus und greift nach jemandes Arm, ihre Finger schließen sich fest um sein Handgelenk.

Zur Liebe gehört zweierlei: Körper und Worte. Die Worte sind mit gewissen Körpern verbunden, manchmal mit den Namen dieser Körper, ihren »Namen«, und manchmal mit den Namen, die diese Körper ausrufen.

Was könnte eine Frau tun?
Sie ging aus der Küche, ohne die Lebensmittel wegzuräumen. Sie ging ins Badezimmer und schaltete das Licht an und lehnte sich gegen das Waschbecken, so daß sie sich ins Gesicht schauen konnte. Es war das Gesicht, in das dieser Mann so tief geschaut hatte – das dunkle, blonde Haar aus dem Gesicht zurückgekämmt, eine unruhige Haarlinie, winzige Haarsträhnen und Locken an den Schläfen und vor den Ohren, das Gesicht selbst gerötet und hektisch, die Nasenlöcher eigenartig geweitet. Sie war immer überrascht, daß sie wirklich noch immer eine junge Frau war. Eine junge Frau nach so vielen Jahren. Ihre Augen waren weizenfarben, unbestimmt, verschwommen; im Weißen waren winzige Blutfäden. Sie atmete schnell. Sie konnte den Vorgang des Atmens in ihrem Gesicht sehen – die leicht geweiteten Nasenlöcher, die blanke Offenheit ihrer Haut, ihre Poren, in die alles fließen könnte, jede Art von Luft. Es war sehr warm in diesem Zimmer. Sie wußte nicht, warum sie hier hereingehastet war, um in ihr eigenes Gesicht zu schauen.

Verrückt zu werden war vor Jahren eine Versuchung gewesen.

Vielleicht war sie ein wenig verrückt gewesen, mit diesem unkontrollierbaren Schluchzen . . . sogar ein paar Mal draußen auf der Straße, dieses Schluchzen, der Schrei, der in ihrem Hals aufstieg . . . dem Wunsch, sich das Gesicht zu zerkratzen. Dieses Fieber jetzt in ihr war eine Art Verrücktheit. Es könnte sie verbrennen: ihr Körper ausgetrocknet, ausgeleert. Im katatonischen Zustand werden im Inneren des Körpers kleine Kriege geführt, ausgetragen, auswendig gelernt, geprobt, ausgelöst, wieder begonnen, wiederholt. Sie hatte davon gelesen. Nein, es war ihr erzählt worden. Und als sie in der Küche ihrer Mutter bitter geweint hatte, hatte ihre Mutter die Geduld verloren und gesagt: »Oh, du! Flennst die ganze Zeit wie verrückt! Meinst du, niemand außer dir hat je einen Mann verloren?«

Sie hastete aus dem Badezimmer und schaute auf das Telefon. Es stand auf dem kleinen Tisch bei dem Fernsehgerät. Das würde sie tun: ihre Mutter anrufen und sagen, daß jemand sie verfolge. Sie nach Hause verfolgt hatte. Sie würde nicht sagen, daß der Mann ihr Mann war... sie würde das nicht sagen, nein, das war verrückt, sie wollte nicht mehr verrückt sein... und der Mann war sicher nicht ihr Mann, denn ihr Mann war tot. Gerade als sie dastand und auf das Telefon starrte, klingelte es. »Eine falsche Nummer«, dachte sie. Sie griff sofort danach. Eine falsche Nummer war keine Gefahr; sie konnte ans Telefon gehen, wenn es eine falsche Nummer war.

»Hallo?«

Ein Moment der Stille. Sie hörte das Atmen des Mannes – sein Einatmen. Ihr Mann war auf dieselbe Art still gewesen, hatte darauf gewartet, daß sie sprechen würde, hatte langsam und vorsichtig Atem geholt. Sie beugte sich lauschend vor, drückte ihr Gesicht nach vorn.

»Hallo?«

Endlich sprach er. Sie schien seine Worte zu hören, ehe er sie wirklich aussprach. »Hallo, ist da Sharon?«

»Wer ist da?«

Ihre Augenlider schienen sehr schwer. Sie schloß ihre Augen zu engen Schlitzen.

»Jemand, den Sie gerade getroffen haben«, sagte er.

»Was wollen Sie?«

Wieder Stille. Sie stand verwirrt in einer Art Starre da. Sie preßte das Telefon gegen ihr Ohr und die Seite ihres Kinns. »Was wollen Sie?« sagte sie schrill.

Sie warf den Hörer hin.

Was ist die Verbindung zwischen Männern und Frauen?
Sie verbrachte den Abend in einem Zustand nervöser Erregung. Sie wartete, daß er zu ihr kommen würde. Sie wartete, daß das Telefon wieder klingeln würde. Stunden vergingen. Sie spürte, wie ihr Körper leicht wurde, als sei er von dünner Luft verwirrt, von Luft hochgetrieben. Sie war ganz benommen. In ihren Lenden begann etwas zu pulsieren, in der Verborgenheit ihres dunklen, feuchten Fleisches, das sie nicht zu kontrollieren vermochte. Sie rieb sich mit den Händen die Augen. Sie saß auf der Bettkante und bürstete sich die Haare in harten, schnellen Strichen. Sie zog ungeduldig die Haare aus der Bürste. Sie konnte nicht hier in ihrer Wohnung bleiben, und sie konnte nicht weggehen ... sie konnte hier nicht bleiben, sie konnte nicht weggehen. Sie konnte nicht die ganze Nacht hierbleiben.

Was für ein Gefühl ist es, eine Frau zu sein?
Jetzt klingelt wieder das Telefon. Es ist sehr früh am Morgen – fast fünf Uhr. Niemand würde sie um diese Zeit anrufen. Es mußte eine falsche Nummer sein. Sie hastet zum Telefon, streckt die Hand aus ... und steht dann starrend da, fasziniert davon, daß das Telefon klingelt. Ein Klingeln nach dem anderen. Klingeln. Ein derart verwirrendes Geräusch! Am anderen Ende ist dieser Mann, *dieser Mann*, er ist die ganze Nacht aufgewesen und hat getrunken, er hat über sie nachgedacht, er wird zu ihr sagen, *Ich komme rauf.*

Sie geht nicht ans Telefon. Aufgeregt, benommen, ungeduldig. Sie geht von einem Zimmer zum anderen. Diese schäbige Wohnung! – es ist die vierte oder fünfte Wohnung, die sie gemietet hat, seit sie aus dieser ersten Wohnung ausgezogen ist, auf der Suche nach Veränderung, immer auf der Suche nach Veränderung. Ihr Herz schlägt dumpf. Es schlägt immer dumpf, wie eine Faust, die auf ihre Brust pocht. In ihr scheint Strom zu sein. Ihre Beine bewegen sich schnell, nervös. Sie wird auch aus dieser Wohnung ausziehen müssen.

Was für ein Gefühl ist es, eine Frau zu sein?
Augäpfel: dichte weiße Kugeln, Materie. Haut: stramm gedehnt und heiß über den Knochen. Sie muß völlig still sitzen, daß es keine Spur von ihr gibt. Wie kann er wissen, daß sie hier ist? Sie könnte irgendwohin weggelaufen sein, sie könnte geflüchtet sein . . . Etwas in ihren Augenwinkeln bringt sie dazu, sich umzudrehen. Eine Tischkante. Ein Lampenschirm. Sie verschränkt ihre Arme über der Brust, als wolle sie das Schlagen ihres Herzens beherrschen.

Ist das ein Klopfen an der Tür?

Sie hat nichts auf der Treppe gehört – kein Knarren. Sie hat so angestrengt gelauscht, daß sie kaum noch hören kann.

Ein Klopfen an der Tür.

Es ist das Geräusch seiner Knöchel. Seiner knochigen Knöchel. Sie sitzt auf der Bettkante, die Augen geschlossen. Die Verzweiflung steigt in ihr hoch, wird fast zu einem Wimmern. Er ist still auf dem Flur. Sie ist still und wartet. Dann kommt das Klopfen wieder – dreimal – das Klopfen seiner Knöchel.

Sie geht zur Schlafzimmertür. Die Tür zum Flur ist zu. Abgeschlossen. Wenn jemand draußen ist, kann sie ihn nicht sehen, kann durch die Tür seinen Schatten nicht sehen, sie kann ihn nicht atmen hören. Aber sie ist so aufgeregt, daß sie nicht sicher sein kann. Was ist, wenn er ihren Namen ruft? Er kennt ihren Namen, er hat ihn auf dem Briefkasten in der Vorhalle gelesen.

Er klopft nochmals an der Tür. Sanft. Er will niemanden im Haus wecken.

Sie geht plötzlich einen Schritt vor.

Sind Sie da?
Er hat das gesagt. Er hat etwas gesagt – sie hat es nicht genau gehört. Ihr schwirrt der Kopf, so daß sie nicht hören kann, sie kann nicht denken. Sie geht beherzt zur Tür. Sie legt ihre Hand auf den Türknopf und steht da, ein oder zwei Fuß von ihm entfernt.

»Was wollen Sie?« sagt sie.

Sharon?

Es war wie ein Stich tief in ihrem Bauch, dieser Name! Dieser Name, von ihm ausgesprochen! Er hat getrunken, ja. Sie spürt es. So kam ihr Mann vor Jahren spät abends nach Hause, und sie hatte die Tür aufschließen müssen, um ihn hereinzulassen; er hatte getrunken, er hatte an die Tür geklopft, an seine eigene Tür, und sie war gekommen, um ihn hereinzulassen . . . Wenn sie diesem Mann die Tür öffnet, wird sie seine Augen sehen und die Augen, die in ihnen sind, und sie anschauen; sie wird seine Hände sehen.

Er klopft wieder, seine Knöchel berühren die Tür kaum. Es ist wie ein Flüstern. Die beiden sind sich sehr nahe, nur einen Fuß oder so getrennt, einander zugeneigt. Sie wird die Tür aufschließen, denkt sie plötzlich. Sie wird aufschließen und die Tür aufmachen.

Sharon?

Sie hebt die Hand, um den Riegel zurückzuschieben, und alles öffnet sich, fällt auseinander.

Ins Deutsche übertragen von Barbara von Bechtolsheim

Von Joyce Carol Oates in der DVA

Joyce Carol Oates im dtv

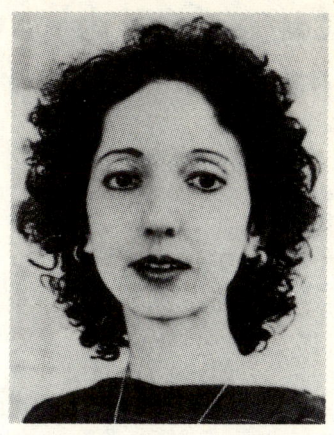

Grenzüberschreitungen

Zart und kühl, bitter und scharf analysierend, erzählt die Autorin in fünfzehn Kurzgeschichten von der alltäglichen Liebe, dem alltäglichen Haß und ihren lautlosen Katastrophen. dtv 1643

Jene

Die weißen Slumbewohner in den Armenvierteln des reichen Amerika, die sich nicht artikulieren können, sind die Helden dieses Romans. Die Geschichte einer Familie, aber auch die Geschichte Amerikas. dtv 1747

Lieben, verlieren, lieben

Von ganz »normalen« Menschen erzählt die Autorin, vor allem von Frauen, von Hausfrauen, Ehefrauen, Müttern und Geliebten. dtv 10032

Ein Garten irdischer Freuden

Ein Mädchen will ihren ärmlichen Verhältnissen entfliehen. Sie tut es – nichts anderes bleibt ihr übrig – mit Hilfe von Männern. dtv 10394

Bellefleur

Der Osten der USA ist der Schauplatz dieser phantastischen Familiensaga. Aus dem Leben der Menschen des Hauses Bellefleur wird ein amerikanischer Mythos. dtv 10473

Im Dickicht der Kindheit

In einem Provinznest lebt die starke, in ihrer Sinnlichkeit autonome Arlene mit ihrer jungen Tochter Laney, deren Schönheit und Wildheit der vierzigjährige Aussteiger Kasch verfällt. dtv 10626

Engel des Lichts

Die Geschichte einer alten Familie in Washington, die zwischen Politik und Verbrechen aufgerieben wird. dtv 10741

Unheilige Liebe

Auf dem Campus einer exklusiven Privatuniversität spielen die Mitglieder des Lehrkörpers eine »Akademische Komödie des Schreckens«. Sie lieben sich, sie hassen sich, aber keines dieser Gefühle hält vor. dtv 10840

Letzte Tage

Amerikanische Kleinstädte und europäische Metropolen sind die Schauplätze dieser sechs Erzählungen. dtv 11146

Die Schwestern von Bloodsmoor

Ein romantischer Roman, aber auch eine sarkastische Abrechnung mit den USA nicht nur des vorigen Jahrhunderts. dtv 11244

Geschichten von der Liebe im dtv großdruck

Max von der Grün:
Späte Liebe
Erzählung
dtv 25061

Max von der Grün:
Späte Liebe
Erzählung

dtv

Milan Kundera:
Die unerträgliche Leichtigkeit
des Seins
Roman
dtv 25040

Doris Lessing:
Die andere Frau
Erzählung
dtv 25098

Una Troy:
Ein Sack voll Gold
Roman

dtv

Una Troy:
Ein Sack voll Gold
Roman
dtv 25002
Mutter macht Geschichten
Roman
dtv 25003
Die Pforte zum Himmelreich
Heiterer Roman
dtv 25052